东北财经大学学术专著出版资助

货币哲学

林继肯◎著

中国金融出版社

责任编辑：张　铁
责任校对：刘　明
责任印制：陈晓川

图书在版编目（CIP）数据

货币哲学／林继肯著．　-- 北京：中国金融出版社，
2024. 7.　-- ISBN 978 - 7 - 5220 - 2492 - 9

Ⅰ．F820 - 02

中国国家版本馆 CIP 数据核字第 20244RV563 号

货币哲学

HUOBI ZHEXUE

出版
发行　**中国金融出版社**

社址　北京市丰台区益泽路 2 号

市场开发部　（010)66024766，63805472，63439533（传真）

网 上 书 店　www.cfph.cn

　　　　　　　（010)66024766，63372837（传真）

读者服务部　（010)66070833，62568380

邮编　100071

经销　新华书店

印刷　北京七彩京通数码快印有限公司

尺寸　169 毫米 ×239 毫米

印张　20

字数　276 千

版次　2024 年 9 月第 1 版

印次　2024 年 9 月第 1 次印刷

定价　68.00 元

ISBN 978 - 7 - 5220 - 2492 - 9

如出现印装错误本社负责调换　联系电话（010）63263947

目 录
Contents

绪论　辩证唯物主义和历史唯物主义是货币哲学的理论基础

辩证唯物主义和历史唯物主义是整个马克思主义学说的重要组成部分和理论基础。马克思主义哲学是马克思主义学说的世界观和方法论的基础，也是货币哲学的理论和方法论的基础。

一、货币哲学是理论化和系统化的世界观、人生观、货币观

世界观就是人对整个世界的根本观点和看法，哲学是对人类世界观的理论阐述。人们为了满足生存、生活、发展的需要，每时每刻都离不开世界。人们在物质资料的生产过程中，不断地积累对周围世界的认识，并在实践中根据自己的认识，向着自然界开发自己所需要的一切。人们从对世界个别的认识、具体的认识逐步发展到对世界较为全面的认识，逐步形成对世界本质、世界上各种事物之间的联系、人与人之间的联系等问题的根本看法，这就是世界观。

哲学上的世界观包括对人与自然关系的总体理解、对人与社会关系的总体理解、对人本身以及人生总体意义的理解、对历史以及人与历史关系的总体理解，这些关系到人们对待生活的根本态度以及人们思想行为的根本准则。人们在日常生活中自发形成的、不系统的、不自觉的、零星的对世界的看法，不能成为哲学上的世界观。只有把人们的这些日常生活中零星的、个别的对世界的看法加以理论化、系统化，使其具有严密的思维逻辑，并形成一定的哲学思想体系，才是哲学上的世界观。

哲学既是理论化、系统化的世界观、人生观，又是观察、分析和处理各种问题的方法论。有什么样的世界观、人生观，就有什么样的思想方法、工作方法和处理日常生活中事务的方法。

人们在日常生活中对世界、人生认识的深度和广度首先取决于对自然的征服程度，取决于生产力的发展水平。由于人们的经济地位不同、根本利益不同、掌握的科学技术不同，以及对社会发展持有的态度不同，人们的世界观是不同的，甚至有很大的不同。

哲学和其他学科都以世界作为研究的对象，但其他各种学科只研究世界的一个领域、一个方面、一个事物及其过程，而哲学的研究对象则不同，哲学的研究对象是包括自然界、人类社会，以及人类思维在内的整个世界。哲学作为一门学科，就是关于整个世界一切领域的知识，是对自然知识、社会知识、思维知识的概括和总结。

人生观是世界观的主要组成部分和集中体现。在人们的社会生活中，世界观关系到人对自然、历史的根本理解，关系到人们对生活的根本态度，世界观从总体上规范和指导人的全部活动，有什么样的世界观，就决定了有什么样的人生观。

人生观是关于人生问题的根本态度、根本观点。它决定人们活动的目标、人生道路的方向，以及人们对待生活的态度。世界观决定人生观，有什么样的世界观，就有什么样的人生观。不与世界观相联系的独立的人生观是不存在的。

世界观揭示了人与世界的多样关系、人在世界中的地位与作用，阐述了人的生命的意义和价值，激发了人们对理想的追求，这就决定了人的人生观。

人生观反作用于世界观，积极乐观的人，看待世界、看待社会总是积极的，人生的前途总是乐观的、光明的。人们要在科学世界观的指导下，树立积极向上的人生观，不断推动和巩固科学世界观的形成和发展。科学的世界观与积极的人生观形成良性的互动。

在货币与商品存在的条件下，人们时时处处都离不开货币，人们的世界观、人生观必然反映在货币观上，而且是最集中、最具体、最生动地反映在货币观上。

货币观是人们对货币的看法、态度和追求。人们在物质和精神上的各种需要都是通过货币来满足的，人们的经济生活每天都离不开货币，货币在人们头脑中的反映必然形成货币观，表现为人们对货币的看法、态度和追求。货币观是理性思维的表现形式，在意识形态中占据重要的地位。人的货币观是由人的人生观、世界观决定的。在市场经济条件下，货币观具有特殊重要的现实意义，并且时时处处都会反映出来。

马克思主义哲学要面对现实，在人们的日常生活中，具有基础性、决定性的现实就是经济现实，这是在一定物质生产方式的基础上确立的政治和意识结构。人类活动最根本的是生产实践活动，因为需要通过生产满足人类生产生活所需要的物质产品，而经济活动是人类最重要的现实活动。

当今世界各国大多实行市场经济，市场经济时时处处都离不开货币，只有研究货币在市场经济中的地位和作用，人们才能真正了解和掌握市场经济。因此，世界观、人生观、货币观渗透到货币这个经济范畴、概念、结构、过程中，以及人与人之间的货币关系中，这些就是货币哲学研究的对象。

马克思主义哲学是世界观、人生观、货币观的方法论，哲学是世界观、人生观、货币观与方法论的统一。哲学作为世界观、人生观、货币观的方法论主要表现在以下四个方面：

第一，哲学是人们认识世界、认识人生、认识货币的根本方法。人们认识世界观、人生观、货币观都是在总的认识方式的规范和引导下进行的，人们是以个别与一般、部分与整体、原因与结果、现象与本质、内容与形式、必然与偶然、可能与现实等哲学概念、范畴去认识世界观、人生观、货币观的。因此，哲学是人们认识世界观、人生观、货币观的根本方法。

第二，哲学是人们评价世界、评价人生、评价货币的根本方法。

在货币与商品存在的条件下，人的全部活动始终包含着追求货币，并受一定货币观的引导。货币评价就是人对各种事物能值多少货币所作的判断，世界观、人生观为人们评价一切事物提供了总的意义和框架，是人们评价事物的根本方法，这体现了世界观、人生观、货币观和方法论的统一。

第三，哲学是人们改造世界、提升自我的根本方法。人与世界是密切联系的，人一刻也不能脱离世界，并不断地改造人与自然、人与世界的关系。人的人生观使人与人、人与社会、人与自我有着密切的关系。人们总是希望通过实践改造世界、提升自我。人们的实践活动是一刻也离不开货币的。正确的货币观使人们能够正确地处理人与社会的关系、人与人的关系、人与货币的关系，并充分发挥货币的作用。

人的实践活动就是主观见之于客观的活动，也就是把主观的目的、愿望、理想变成客观的现实活动。实践活动作为知与行相统一的过程，始终包含着思维与存在、主观与客观、主体与客体、理想与现实、理论与实践等根本性的世界观、人生观、货币观问题。在人们改造世界的全部活动中，哲学是人们处理自己与世界关系的基本规范和根本原则，是改造世界、提升认知的根本方法。

第四，哲学是人们推动世界向前发展，提升自我和完善自我的根本方法。人们始终要重视哲学，努力学习哲学，自觉地运用哲学，把哲学作为推动客观世界向前发展、提升自我的根本方法。客观世界向前发展是无止境的，提升自我也是无止境的，要运用哲学这个强大的思想武器，不断推动世界向前发展，不断提升自我，为人类社会发展作出更大的贡献。

货币哲学是推动货币理论和实际工作发展与创新的根本方法。货币金融理论工作者和实际工作者要努力学习货币哲学，运用货币哲学，提升自己的货币金融理论水平，提升货币金融实际工作能力，不断推动货币理论和金融实际工作发展，为经济高质量发展、实现中国式现代化作出更大贡献。

二、思维和存在的关系是哲学的基本问题

哲学要把握的是人们生存的整个世界，而这个世界是无限复杂的、多种多样的。现象归纳起来有两大类：一类是物质现象，另一类是精神现象，哲学要把握这两大类现象以及这两大类现象之间的相互关系，即思维和存在、自然和精神、物质和意识，何者为第一性的，何者为第二性的。思维和存在的关系是哲学的全部问题，这也是重大的基本问题，原因如下：

第一，这是人类活动的特点决定的。人类的一切活动都是有目的性的、有意识的活动，存在和思维的关系贯穿于所有的人类活动中，存在和思维是人的活动中经常出现的问题，而且是首要问题。

第二，这是思维和存在关系的性质决定的。存在和思维的关系问题是哲学根本性的、全部性的、不可超越的问题。这是任何哲学学说、哲学学派都不能回避的首要问题，是都必须阐述的问题。

第三，这是人类实践活动的需要决定的。物质和精神何者是第一性的，何者是第二性的，在人们的日常生活中，这个标准指导人们的实践活动，决定人们是从主观愿望出发还是从客观实际出发这个根本性的问题。

三、心理货币和货币的关系是思维和存在关系在货币理论和金融实际工作中的具体表现

货币是物质的，货币是一般等价物，有货币就可以在市场上购买商品，或者享受服务；货币是财富的代表，货币多的人就是有钱人，就是富人，甚至是富豪，货币是客观的存在。

心理货币是货币在人心理上特有的反映，是人对货币存在的思维。心理货币的现象是很复杂的，因为事物各种现象之间存在一定的联系。

心理货币具有精神现象的特征，是人们手中货币和流通中的货币的主观反映，是人的主观世界所特有的。

货币是客观的存在，相对心理货币而言具有独立性、根源性；心理货币相对货币而言具有依赖性、派生性，货币是第一性的，心理货币是第二性的，这指出了货币与心理货币的关系，以及各自的地位和作用。货币与心理货币的关系，就是存在和思维的关系，要用这个货币哲学的思想观点指导人们的货币理论和实践。

人们手中的货币、流通中的货币是看得见的货币，心理货币是看不见的货币，流通中看得见的货币决定人们看不见的心理货币的存在；反过来，人们的心理货币指挥手中看得见的货币，指挥流通中看得见的货币，看不见的货币比看得见的货币具有更大的重要性，这正是存在和思维的关系在货币理论和实践中的具体体现。

四、学习货币哲学的目的和任务

对高等财经院校金融专业的学生来说，行为货币学、货币银行学是本科的必修课，货币心理学是硕士研究生的必修课，货币哲学则是博士研究生的必修课。金融专业博士研究生学习货币哲学的主要任务包括以下方面：

第一，进一步提高人的品质、修养、人生境界。在本科阶段学习哲学的基础上，通过对货币哲学的学习，博士研究生进一步提高自身的品质、修养、人生境界。人的品质、修养、人生境界是多方面的，它为年轻人树立远大的政治目标和坚定的政治信念、形成科学的世界观、人生观、货币观奠定理论基础，使青年人具备高尚的道德品质和深厚的理论功底，让博士研究生站在更高的水平上提高自己的品质、修养、人生境界。

第二，进一步掌握马克思主义哲学的基本原理。通过货币哲学的学习，进一步掌握马克思主义哲学的基本原理。要深入学习、深入理解、弄懂弄通，同时结合学习马克思主义哲学的经典著作，进一步掌握马克思主义哲学的基本观点、基本原理、基本范畴、基本规律等。马克思主义哲学的基本原理是马克思主义经典作家在自己的著作中反复论述的基本观点，这些基本观点以客观事实为依据，以自然、社会和人类思维规律为对象，以实践为标准，具有科学性和普遍性。

第三，进一步树立正确的世界观、人生观和货币观。不仅要学习货币哲学，更要运用货币哲学，树立科学的世界观、人生观、货币观。在学习货币哲学的过程中，不仅要对世界有一个正确的看法，而且要正确认识和处理人与自然、人与社会的关系，这也是进一步树立正确的世界观的过程。人生观是一个重要的哲学问题，要进一步学会做人的道理，要进一步明确人生的意义、目的和追求。

在学习货币哲学的过程中，要进一步树立正确的货币观。货币观涉及社会生活的各个方面，要正确地对待货币，正确地处理各种货币关系。在货币与商品存在的社会，人们必须树立正确的货币观，这样才能正确地对待货币，正确地处理各种货币关系，也才能迈向正确的、健康的大道。博士研究生要在更高的水平上树立正确的世界观、人生观、货币观。

第四，将货币哲学贯彻到货币金融的理论和实践中。马克思主义哲学实践性的特点，决定了学习它应采取的正确态度和根本方法，这就是学习货币哲学要与实践相联系。首先要深入、系统、完整、认真地学习货币哲学，有了扎实的理论基础，才能把学习货币哲学与货币理论研究及实践密切结合起来。

第五，促进货币金融理论研究进入更高的水平、境界、阶段。博士研究生通过货币哲学的学习是否取得了收获，是否完成了任务，是否达到了目的，检验的唯一标准就是自己的货币金融理论水平是否进入了更高的水平、境界、阶段，博士研究生应该占据哲学的制高点。

第六，培养社会主义金融工作的接班人，反对拜金主义。博士研究生通过货币哲学的学习，要全面提升自身的金融专业素养，落实立德树人的根本任务。博士研究生毕业后如果从事金融实际工作，则要在廉洁自律、拒腐防变、道德品质上表现得更明显、更突出。要坚定反对拜金主义，要和一切侵害国家、社会、集体利益的不健康的拜金主义"病毒"作坚决的斗争。

第七，不断创新货币金融的理论和实践。货币哲学的生命力在于创新，货币哲学要引导人们不断解放思想，促进时代不断变革和发展。货币哲学要凭借自己的哲学理论和观念的不断变革和创新，去推动历史和时代的前进，货币哲学的生命力就在于创新。

适应历史、时代、实践的不断变化，货币哲学理论必须不断创新。要面对新的时代、新的现实，提出新的问题，要不断地创新货币金融的理论和实践，这样才能使货币金融理论和实践向前发展。

五、货币创新理论及其特点

我提出了二十三个货币创新理论，具体包括：（1）商品内在矛盾产生货币论；（2）货币本质新论；（3）货币五力论；（4）拜金主义哲学分析论；（5）货币等价交换论；（6）货币核心论；（7）货币转化资本论；（8）货币双价值论；（9）货币需要量论；（10）货币流通规律论；（11）货币数量新论；（12）稳定货币论；（13）货币传情论；（14）货币传递真情论；（15）人驾驭货币论；（16）社会生产关系中的货币关系论；（17）货币意识论；（18）心理货币论；（19）有货币不一定快乐论；（20）货币政治危机论；（21）货币情感危机论；（22）研究活货币论；（23）货币观论。

这二十三个货币创新理论具有联系性、系统性、发展性、实践性的特点。

1. 联系性

这二十三个货币创新理论具有内在的密切联系，这种内在联系是不可分割的、不可缺少的，是货币的概念、范畴、规律的内在联系，是发生、发展的密切联系，是相互制约、相互影响、相互作用的内在联系，从而形成一个相互联系的整体。

每一个货币创新理论从一个侧面、一个方面揭示了货币创新理论联系性的特征。货币哲学就是要从整体上揭示货币创新理论相互联系的本质和规律。

2. 系统性

系统性是这二十三个货币创新理论内在的、固有的根本属性。它们是层次分明的、有一定次序的、有清晰的逻辑关系的、系统的货币创新理论。

系统性是二十三个货币创新理论本身固有的、不以人们的意志为转移的根本属性。系统性来源于二十三个货币创新理论的统一性，它们既是多层次、多方面的货币创新理论，又是具有整体性、全面性的货币创新理论。各个货币创新理论相互联系、相互制约，并形成了一个整体。这是对货币理论整体的科学探索。

要对二十三个货币创新理论的内部联系、相互作用、相互制约的关系进行综合分析、系统研究、系统观察，这样才能最有效地把握这二十三个货币创新理论的总体内容。

首先，要从总体上把握这二十三个货币创新理论，也就是说，不仅要把握各个货币创新理论的相互关系，而且要在层次上、先后次序上把握它们之间的相互关系，要注意各个货币创新理论与经济、政治、社会、环境等外部条件的关系。

其次，要从各个货币创新理论在整体货币创新理论中的地位和作用来掌握货币创新理论之间的相互联系、相互作用的方式，即要掌握货币创新理论的结构。也就是说，不仅要了解货币创新理论结构的相互联系，而且要研究货币创新理论结构作用的方式，以及各个货币创新理论在整个货币创新理论中的地位和作用。

最后，要在过程上把握货币创新理论之间的关系，也就是说，不仅要进行静态分析，而且要进行动态分析，即把握其发生、发展的客观规律。

3. 发展性

发展的观点是唯物辩证法的重要特征，事物的普遍联系必然导致事物的运动、发展和变化。发展的观点在科学预见、创新实践中有着广泛的运用。货币创新理论就是货币理论在实践中的发展，没有创新就没有发展，没有发展，创新就失去了前提。创新是发展的具体化，是一个民族的灵魂，是一个国家兴旺发达的动力。货币创新对于货币理论和实践具有重要的意义。

首先，创新推动货币理论和实践不断发展。人类文明史就是人类创新活动的历史。货币理论和实践就是在不断创新的过程中发展，没有创新，就没有货币理论和实践的发展。

其次，创新是货币理论的生命力所在。马克思主义的强大生命力就在于它与时俱进，不断创新，货币理论和实践也是这样。

最后，创新是实现货币理论不断发展的源泉和动力。没有创新就没有货币理论和实践的发展，没有货币理论的创新，货币就不能在经济、社会生活中发挥更好的作用。

4. 实践性

实践的观点是马克思主义哲学首要的和基本的观点。马克思主义的实践观点主要包括以下内容：

首先，实践是人能动地改造客观世界的活动，物质生产活动是人类最基本的活动，也是每日每时都必须进行的基本活动。

其次，实践是人存在的方式，实践不断创造人类生存和发展的根本条件，实践成为人的生命之根、立命之本，构成人类特殊的存在方式。

最后，实践是社会生活的本质。实践是人类社会的发源地，实践构成社会生活的全部内容，实践是社会关系形成的基础，实践是推动社会发展的动力，实践决定社会发展规律的特点。

总之，实践是人类社会的基础，是一切社会现象的本质，人类通过实践活动把握世界，又通过实践活动改造世界，并改造人类自己。

实践是检验真理的唯一标准。实践也是检验一切货币创新理论的唯一标准。

首先，这二十三个货币创新理论是否成立，是否具有实践意义，是否能推动货币理论和实践的发展，唯一的判断标准就是实践。要通过实践验证货币创新理论是否符合真理的本性，真理即人们对客观事物及其发展规律的正确认识。

其次，这是由实践的特点决定的。实践活动具有把主观认识与客观实际相联系的特点，一种认识是否是真理，只有通过实践来检验。

最后，实践具有直接现实性的品格，只有通过实践检验才最有说服力，实践是最公平、最权威的裁判者，所以，实践才是检验货币创新理论的唯一标准。

基于中国特色社会主义制度，根据中国的历史发展以及我国社会的实践经验，我提出这二十三个货币创新理论。人们在深入研究这二十三个货币创新理论后会发现，这二十三个货币创新理论在中国货币理论史上没有出现过，在世界货币理论史上也没有出现过。请读者对我提出的这二十三个货币创新理论予以批评指正。

第一章　货币的产生

商品的内在矛盾是产生货币的根本原因。商品是资本主义生产方式的细胞，它体现了人与人之间的社会关系，因此，我们必须用马克思主义哲学矛盾范畴研究货币的产生。

一、马克思主义哲学矛盾范畴是研究货币产生的理论基础

矛盾是反映事物内部和事物之间对立和统一关系的基本哲学范畴。对立和统一，这是事物的矛盾所固有的两个相反而又相成的基本属性或特性。

矛盾的统一性是指矛盾着的对立面相互之间内在的、有机的、不可分割的联系，是体现对立面之间相互吸引的一种趋势。统一是一种联系，但不是任何联系都可称为矛盾的统一性，只有统一体中的对立双方之间的联系才具有统一的性质。对立的双方不仅有共同的基础，而且彼此之间包含有某些共同点，这样才能形成对立的统一，才具有矛盾的统一性。

矛盾就是对立统一的关系，一切矛盾都是由对立的两个方面构成的，矛盾关系就是对立面之间的关系，没有对立面的两个方面就不能构成矛盾，同时，构成矛盾的对立面又在相互规定中存在，二者相互依存，一方的存在以另一方的存在为前提条件。

矛盾的统一性与斗争性是矛盾的两种基本属性。矛盾的统一性是指矛盾着的对立面之间的相互依存、相互吸引、相互转化的性质。矛盾中的每一方都与对立方彼此相互依赖着，它不能孤立地存在和发展，一方

的存在和发展必须以另一方的存在和发展为条件。

矛盾对立面存在相互转化的关系。矛盾的双方不仅相互依存、相互贯通、相互渗透，而且存在着共同的基础，存在着相互转化的趋势。矛盾着的双方在具备一定的条件时各向其相反的方面转化。这种向对立面转化的趋势最明显、最深刻地表现了矛盾的统一性。

矛盾的斗争性是指矛盾双方的互相反对、互相否定、互相限制、互相离异、互相分化等，这些都是从不同的侧面揭示矛盾斗争性的内容和表现形式。

统一性和斗争性是指事物两种相反的属性，但两者又是相互联系、不可分离的，失去其中的任何一方，都会使矛盾不成其为矛盾。统一性不能脱离斗争性而存在，没有斗争性就没有统一性，统一性是以差别和对立为前提的，因此，统一性必然为斗争性所制约，没有矛盾双方的相互对立、相互斗争，就谈不上它们之间相互存在、相互贯通。

斗争性也不能脱离统一性而存在，没有统一性也就没有斗争性，斗争是统一体内部的斗争，斗争性总是和统一性相联系的，如果事物之间不存在任何统一性，则不可能存在斗争性。

矛盾是事物发展的动力。矛盾范畴不仅反映了事物内部的本质联系，而且揭示了事物发展的动力。矛盾是事物发展的源泉、动力。发展就是事物对立面的斗争和统一。在各种外部条件的影响下，事物内部矛盾的双方既相互依赖，又相互排斥，既相互统一，又相互斗争，这就推动了事物的发展。因此，矛盾是事物发展的动力。

综上所述，只有用马克思主义哲学矛盾范畴研究货币的产生，才能揭示货币产生的根本原因，这是商品内在矛盾产生货币论的哲学理论基础。

二、商品内在矛盾是产生货币的根本原因

只有从商品内在矛盾的发展中才能研究清楚货币的产生，才能搞清

楚货币产生的根本原因。商品有两个因素：使用价值和价值。形成商品价值的是相同的人类抽象劳动，抽象劳动的量是由社会必要劳动量决定的。交换价值是价值的表现形式，交换价值是一种使用价值和另一种使用价值交换的量的关系和比例。使用价值和交换价值的对立统一是商品的内在矛盾，商品的内在矛盾是产生货币的根本原因。

商品的内在矛盾根源于劳动的矛盾，体现了劳动的二重性，即具体劳动和抽象劳动。不同的使用价值是由不同的具体劳动创造的，但它们又体现了人类的抽象劳动，因而才能按照一定的比例进行交换，具体劳动和抽象劳动的对立统一就是劳动的二重性，也是商品内在矛盾的根源。在以私有制为基础的商品生产条件下，生产使用价值的具体劳动表现为私人劳动，作为创造价值的抽象劳动又意味着相互联系的社会劳动，这就是商品生产的基本矛盾。

商品的使用价值转化为交换价值，具体劳动转化为抽象劳动，私人劳动转化为社会劳动，从而商品的内在矛盾导致产生货币，这就是商品内在矛盾产生货币的过程和结果。

价值形式的发展反映了商品经济的发展，简单的、个别的或偶然的价值形式是价值形式发展的历史起点。马克思指出："指明这种货币形式的起源，就是说，探讨商品价值关系中包含的价值表现，怎样从最简单的、最不显眼的样子一直发展到炫目的货币形式。这样，货币的谜就会随之消失。"①

商品的内在矛盾表现为使用价值和交换价值、具体劳动和抽象劳动、私人劳动和社会劳动之间的矛盾，表现为外在两个商品之间的对立，一个商品处于相对价值形式，另一个商品处于等价形式。等价形式具有三个特点：第一，使用价值成为它的对立面，即价值的表现形式；第二，具体劳动成为它的对立面，即抽象劳动的表现形式；第三，私人劳动成为它的对立面，即社会劳动的表现形式。处于等价形式的商品，它的自

---

① 马克思. 资本论：第一卷［M］. 北京：人民出版社，1975：61.

然形态就成为了价值形式，它是当作物的一定量、当作一定分量起等价作用，这就具体地分析了货币产生的根本原因，即商品的内在矛盾，怎样从最简单的、最不显眼的样子一直发展到炫目的货币形式。

三、商品内在矛盾产生货币论

商品内在矛盾产生货币论的主要内容、理论意义和实践意义如下。

（一）商品内在矛盾产生货币论，启示人们要对商品这个细胞重新看

重新看，即重新认识，重新看的内容主要包括以下五个方面：

第一，我们不能停留在过去的认识水平上，马克思对资本主义生产方式的分析是从商品这个细胞开始的，只认识到这一点是远远不够的。这个细胞应该作为资本主义生产方式的起源来研究，应该作为资产阶级社会的经济细胞来认识，应该从这个细胞体现的资本主义生产方式的实质来重新认识。

第二，马克思分析货币拜物教也是从商品开始的，他对商品价值形式的发展作了详尽的分析，从简单的、个别的价值形式到总和的或扩大的价值形式，到一般的价值形式，到货币价值形式，并指出一切的神秘性都来自价值形式。因此，对价值形式发展的分析也就是对货币拜物教产生原因的分析，也就是对商品内在矛盾产生货币的分析。

第三，马克思货币拜物教学说对资本主义生产方式中商品这个细胞作了整体的、概括的、本质的分析，这也是对资本主义生产方式中商品这个细胞作出的最后的分析总结。

第四，马克思分析货币的产生是从简单的、个别的形式到总和的或扩大的价值形式，到一般的价值形式，到货币的价值形式。我们要认识到，这不仅是对货币产生的分析，而且是对货币拜物教产生整个过程的分析。

第五，在价值形式的分析过程中，马克思指出商品内在矛盾促成了

价值形式的发展。简单的、偶然的价值形式存在着缺点，从而发展到总和的或扩大的价值形式；总和的或扩大的价值形式存在着缺点，从而发展到一般的价值形式；一般的价值形式存在着缺点，从而发展到货币的价值形式。马克思在这里没有直接指出货币价值形式存在的缺点，所以，一般的货币银行学教科书都不讲货币价值形式的缺点。其实，马克思认为价值形式发展导致产生货币拜物教，这是对价值形式发展最后导致产生货币的总结，指出了货币拜物教的性质及其秘密，也就是指出了货币价值形式本质性的、根本性的、深层次的、隐蔽性的缺点，这个缺点使极少数人走上了拜金主义的邪路，因此，人们一定要高度重视货币价值形式的缺点。在货币银行学教科书中一定要补充这方面的知识，并进行深入阐述。

（二）马克思货币拜物教学说的精髓

商品拜物教使人与人之间的社会关系表现为人们之间的物的关系，商品支配人，而不是人支配商品，商品统治人，而不是人统治商品，人与物的关系颠倒了过来。商品拜物教发展到货币货拜物教，不是人统治货币，而是货币统治人，不是人支配货币，而是货币支配人，人与货币的关系颠倒了过来。马克思举例说："用木头做桌子，木头的形状改变了。可是桌子还是木头，还是一个普通的可以感觉的物。但是桌子一旦作为商品出现，就变成了一个可感觉而又超感觉的物了。它不仅用它的脚站在地上，而且在对其他一切商品关系上用头倒立着，从它的木脑袋里生出比它自动跳舞还奇怪得多的狂想。"①

用头倒立着，从它的木脑袋里生出比它自动跳舞还奇怪得多的狂想，这就是马克思货币拜物教学说的精髓，因为这揭露了货币拜物教的要害，把商品与人、货币与人的关系颠倒了过来。拜金主义者对社会上一切问题都倒着看，做各种各样的黄金梦，这对于我们今天分析现实生活中的拜金主义者仍然具有重要的指导意义。事实上，在现实生活中，拜金主

---

① 马克思. 资本论：第一卷［M］. 北京：人民出版社，1975：87－88.

义者都是头倒立着，倒着看问题。

当拜金主义者沦为罪犯，走向审判台时，在他们痛哭流涕的忏悔中，他们的头才慢慢地顺过来，面对法官对他们的量刑。他们过去获得的一切非法货币都被清零，上交给国家和人民，这时他们才认识到这是一个骗局，货币欺骗了自己，自己欺骗了自己。

（三）正确认识和对待转化

商品内在矛盾产生货币论告诉人们，商品的内在矛盾使具体劳动转化为抽象劳动、私人劳动转化为社会劳动，从而商品转化为货币。人们必须正确认识和对待这个转化，不能有任何非分之想，不能把自己的具体劳动转化为更多的抽象劳动，不能把自己的私人劳动转化为更多的社会劳动，不然就形成了不等价的商品货币交换，那是非法的，是要受到法律严惩的。拜金主义者沦为罪犯，就是因为他们不能正确地对待这种转化。人们在日常经济生活中一定要正确地认识、正确地对待、正确地处理这种转化，千万不能掉以轻心。

（四）货币产生与货币起源的关系

货币产生与货币起源是两个既有联系又有区别的范畴。货币起源告诉人们充当货币的物的形式的发展变化。世界各国曾经用过不同的商品充当货币，后来发展到用铸币、银行券、纸币、数字货币。因此，货币起源研究的是货币的物的形式的发展变化。

货币产生是研究商品内在矛盾产生货币的原因、过程、性质。两者对货币的研究是既有联系又有区别的不同方面和侧面，货币起源研究货币外部形式的发展变化，货币产生研究商品内在矛盾的发展变化，两者不能混同。

商品内在矛盾产生货币论是我提出的第一个货币创新理论，请读者批评指正。

复习思考题

1. 为什么说马克思主义哲学矛盾范畴是研究货币产生的理论基础？

2. 对商品这个细胞重新看的主要内容是什么？

3. 马克思货币拜物教的精髓是什么？

4. 如何正确对待自己劳动的转化？

5. 简述货币产生与货币起源的关系。

6. 简述商品内在矛盾产生货币论的理论意义和实践意义。

第二章　货币的本质

在分析货币的本质时，我们必须用马克思主义哲学现象和本质、质量互变规律进行研究。

一、货币是一般等价物

现象和本质规律能够揭示货币的外在联系和内在联系，并指导人们透过货币的现象来把握货币的本质。本质是货币的根本性质，货币的本质由货币本身固有的特殊矛盾构成，货币的根本性质对货币来说就是货币本身的特殊性质，对其他事物来说，就是它们之间的本质区别。

现象是货币的外部联系和表现特征，货币的外部表现、现象是个别的、片面的或表面的东西，是货币本质的具体表现。本质是同类现象的共性，本质是现象的根源，本质决定现象，现象总是从不同的侧面表现货币的本质。科学的任务就是通过现象认识货币本质，从货币与商品无数次的交换中认识货币是一般等价物，这就是货币的本质。一切事物的现象和本质都是对立统一的，这是唯物辩证法。只有把唯物辩证法用于对货币的认识过程，人们对货币的本质是一般等价物才会有一个全面的、正确的认识。

不仅如此，货币作为一般等价物不可能是不变的，不可能是永远停止的。当人们研究事物的联系和发展时，首先遇到的问题就是事物的质和量、质变和量变及其相互关系。质和量有着不可分割的联系，量变、质变的相互过渡、相互交替就是事物的质量互变规律。我们要用马克思唯物辩证法的质量互变规律研究货币本质的新变化。

质属于哲学范畴，是指一事物区别于其他事物内在固有的规定性。任何事物都存在自身质的规定性，当一事物丧失了自己固有的规定性，它就不再是原来的事物，而变为其他事物。质是一定事物的质，离开特定事物的质是不存在的。

事物的质是事物固有的规定性，但一事物的质又要通过与其他事物的关系表现出来，这就反映了质是事物的属性。每一事物具有多方面的质，为了准确、全面判断哪些属性对确定事物的质具有决定性的作用，我们必须从事物多方面属性中抓住与实践密切相联系的根本属性。

量是事物存在和发展的规模、程度、速度等，是可以用数量表示的规定性。量的规定性不同于事物质的规定性，质与事物的存在是直接同一的，量则在一定范围内增减变化，并不影响事物原来的质。

任何事物都是质与量的统一体，质与量的统一体现在"度"这个范畴中，度就是一定事物保持自己质的量的限度。任何度的两端都存在着极限或界限，或者说临界点，在这个范围内，事物的质保持不变，超过了这个范围，事物的质就会发生变化，这就要求人们在实践中掌握适度的原则。

量变与质变是事物变化的两种基本状态和形式，量变是指事物的数量的增减变化，是事物在原有性质的基础上，在度的范围内发生的变化。质变是事物性质的变化，是事物由一种质向另一种质的变化，是事物性质的根本变化。

量变与质变的关系是辩证的，量变不是质变，但又可以引起质变；质变不是量变，但又可以引起新的量变。量变在度的范围内进行，是一种保持事物质的稳定状态的不显著变化。质变是原来量变的终止，又是新的量变的开始，在新质的基础上又进行新的量变，因此形成了质量互变规律。

从以上分析可知，我们必须用马克思主义哲学现象和本质、质量互变规律研究和分析货币的本质。

二、货币本质新论

随着社会生产力的发展以及社会生产关系的改变，货币是一般等价物这个属性不可能一成不变。在市场经济中，货币的本质发生了新变化，这种新变化应该从"质、量、变"三个方面进行研究。

"质"是货币的属性，"量"是货币的数量，"变"是货币属性的变化，这三者是密切联系、相互依存的。质是事物的内在规定性。随着事物的发展，事物的质往往表现为多样的属性或特性。货币的质也是这样，货币不是具有单一的属性。这是客观的，不以人的意志为转移的。在发达的商品经济初期，货币开始具有二质，即两个属性。第一，货币是一般等价物，这个属性是最基本的，没有改变，这是一质；第二，货币是财富的代表，发展到市场经济以后，这个属性更加明显，这是二质。为什么货币增添了一质呢？这是因为在市场经济中货币已经不仅仅充当商品交换的媒介，与简单商品经济中的货币相比，货币属性发生了新变化。

第一，社会财富明显增加。随着市场经济的发展，商品生产和流通规模扩大，从事生产的企业增加，商业繁荣，服务业兴旺，交通运输业发达，出现了金融业、借贷资本、国际贸易等。科学技术革命对社会生产力的发展有巨大的推动作用，促使社会财富不断增加。这些社会财富都是通过货币来表现的，因此，货币变成了财富的代表。拥有货币，就是拥有财富，人如果拥有较多的货币，就变成了富人，甚至富豪。货币具有了财富代表的属性，并且这一属性日益明显、更加突出。在简单商品经济条件下，不存在这么多行业，也不存在这么多社会财富。

第二，在资本主义制度下，人们拥有的财富极不平衡。由于资本的积累和集中，财富越来越集中到少数资本家手中，社会上少数人掌握了绝大多数财富，产业后备军日益扩大，无产阶级贫困的状况愈加严重，出现了相对贫困化。根据资本主义积累的一般规律，必然导致产生两个对立面，即财富在资产阶级一方积累，贫困在无产阶级一方积累，形成了严重的贫富两极分化。货币作为财富的代表是唯一的重要标志。这反映了资本主义社会阶级矛盾进一步激化，这是引起抢劫、刑事犯罪等不断发生的一个重要原因，罢工浪潮也此起彼伏。

第三，在我国社会主义制度下，人民走共同富裕的道路。我国脱贫攻坚取得全面胜利，农村贫困人口实现了脱贫，我国已经全面建成了小康社会，并且持续增进民生福祉，扎实推动共同富裕。在改善收入和财富分配格局以及完善个人收入和财富信息系统的过程中，货币作为财富代表的属性更重要、更深刻。

从以上分析可知，在市场经济条件下，货币的性质是一般等价物，这仍然是货币最基本的属性，但是，这已经不能概括货币属性的全部，货币增添了另一个属性，即货币是财富的代表，前者已经不能概括后者，因为货币作为一般等价物和财富的代表，已经是两个事物，在性质上是不同的。第一，货币作为一般等价物，是价值的代表；货币作为财富的代表，是富裕程度的"指示器"。两者的性质是不同的。第二，货币作为一般等价物，是商品交换的中介，是转瞬即逝的，而且流通中的货币是纸币，它本身是没有价值的。财富是拥有的财产，包括金钱、物资、房屋、土地、有价证券等，都是高价值的商品。第三，财富是积累的劳动，是多年来辛勤劳动的成果，货币只占其中的一部分。第四，货币是财富的代表，富裕是和贫困相对的，贫富差距就是占有财产的差距，要了解共同富裕的情况，就必须同时了解货币收入和财富的情况，两者缺一不可。第五，作为一般等价物和财富的代表，货币是全面衡量小康社会的主要标准之一。20世纪五六十年代财产的代表是手表、电视机、缝纫机、自行车四大件；当前，在农村财产的代表包括土地、房屋、生产工具等；在城市财产的代表包括房产、汽车等，有的人在逐步实现有房、有车的目标，这已经是很普遍的现象；有的人还拥有其他财富。货币作为财富的代表在各个时期是不同的。因此，货币作为财富的代表已经比货币作为交换的媒介更重要、更明显、更现实。

量是货币的核心。在市场经济的一切经济活动中，货币数量都是核心。量和质一样，也是事物固有的一种规定性，量的规定性也是客观的。区分事物的质和认识事物的量，两者是辩证的统一。质是认识事物的开始，是考察量的前提；量是认识事物的继续，是对事物认识的深化。在市场经济的一切经济活动中，量都是核心。相比简单商品流通条件下，市场经济条件下量的核心显得更为重要。

第一，在市场经济中，商品转化为货币，人们最关心的是货币的量。对商品出售者来说，是商品能转化为多少货币；对商品购买者来说，是需要支付多少货币。因此，货币的量是核心。在简单商品经济条件下，商品生产者更关心的是商品能否转化为货币、拿这些货币能否购买到自己需要的商品。

第二，在资本主义制度下，在相对剩余价值生产和绝对剩余价值生产中，在大货币产生小货币中，货币数量是核心；在贫富两极分化中，货币数量是核心；在国家之间产生的经济矛盾和摩擦中，货币数量是核心；在经济危机造成经济下滑中，货币数量是核心。总之，资本主义社会人与人之间的关系是金钱关系，因此，货币数量是核心。

第三，在中国特色社会主义制度下，我国经济实现高质量发展，正在实现中国式现代化。货币数量是国民经济发展的核心，从货币数量上也能反映我国经济发展取得了新的历史性成就，表现为经济运行总体平稳，经济结构持续优化，创新型国家建设成果丰硕，农村现代化稳步推进，粮食生产连年丰收，生态环境明显改善，人民生活水平显著提高，深化改革取得重大突破，对外开放持续扩大。

从以上分析可知，货币数量是市场经济活动的核心，是货币运行的核心，是人们关注的核心。在市场经济中，矛盾有许多，这些矛盾大多集中表现为货币数量的矛盾，这也往往是家庭、亲戚、朋友之间关系和交往的核心。因此，从微观经济到宏观经济，从货币的量变到质变，从物质到意识，货币数量都表现为货币运行的核心。

变是货币数量的变化。事物总是在运动、变化和发展，它的这种能动的活力是通过它固有的量和质这两种规定性的变化，即通过量变和质变表现出来的。当货币数量增加到一定程度时，货币就增添了另一个质，即货币是财富的代表；当货币数量增加到一定界限时，货币转化为资本，这是货币的质变，资本是一个独立的经济范畴，不属于货币这个经济范畴，但是，资本是从货币转化来的。在我国社会主义初级阶段，资本创造了大量的社会财富，大货币产生了小货币，这由公有制经济和非公有制经济共享。资本能够创造出更多的社会财富，这让人刮目相看。在简单商品经济条件下，不存在资本，因此货币也就不可能增值。

在市场经济条件下，货币本质出现了新变化，我们要研究货币"质、量、变"三者的相互关系，要从货币的量变、质变以及新的量变、质量互变来研究三者的关系，这是研究货币本质新变化的根本方法。货币是一般等价物，当货币数量增加到一定程度时，货币作为一般等价物的质就产生货币是财富代表的新质，财富是人们长期劳动积累的结果，积累越多的货币，拥有的财富就越多，财富越多，生活越富裕。研究货币"质、量、变"三者关系变化的实践意义在于坚持按劳分配为主体、多种分配方式并存的分配制度，提高劳动报酬在初次分配中的比例，完善按生产要素分配的制度，扩大中等收入群体规模，完善再分配机制，改善收入和财富分配的格局，更好地实现共同富裕。

货币的质和量这两种规定性是不可分割的，货币具有质和量两个方面的特性，是质和量的统一体。货币处于经济活动的运行、变化和发展中，是通过量变和质变表现出来的，量变是质变的准备阶段，质变是量变的必然结果。这表现为当货币数量达到一定程度时，货币产生"货币是财富代表"的新质；当货币数量达到一定规模时，并投入生产和经营，货币就会增值，大货币产生小货币，货币就转化为资本，这是货币的量变到质变；货币又在新的质的基础上产生量变，财富越多，生活越富裕；资本越多，创造的社会财富越多，这就是货币质量互变的客观规律。货币质量互变的特殊性在于货币数量是核心。

一切事物都不是孤立存在的，都同周围的事物发生联系，货币也是这样的。货币的"质、量、变"三者是密切联系、相互依存的，是相互发生重要作用的，这三者不是非本质的联系，而是本质的联系。因此，只有从这三者的整体上研究货币本质的新变化，才能更好地掌握货币本质新变化的理论意义和实践意义，把握市场经济条件下货币本质的新变化，从而更好地发挥货币在市场经济中的作用。

在市场经济条件下，货币本质的新变化使货币对经济、社会、人这三者都发挥更大的作用，使人们更加重视货币，更加关心货币，更加惦记货币。对思想健康的人来说，他们更愿意通过自己的辛勤劳动换取更多的货币，使自己和家人过上更美好的生活，同时创造更多的社会财富，为国家、集体作更多的贡献。

三、货币本质新论的理论意义和实践意义

从以上分析可知，货币只充当一般等价物，这是在简单商品经济阶段货币的属性，理论已经远远落后于实际。习近平总书记代表党和人民庄严宣告："经过全国各族人民持续奋斗，我们实现了第一个百年奋斗目标，在中华大地上全面建成了小康社会，历史性地解决了绝对贫困问题，正在意气风发向着全面建成社会主义现代化强国的第二个百年奋斗目标迈进。"① 坚持共同富裕，要先富带后富，发展共享，分配公平，民生福祉要提高到新水平，全体人民共同富裕要迈出坚实步伐。共同富裕是中国特色社会主义制度的本质要求，因此，提出货币作为财富代表的属性关系到社会主义制度下共同富裕这个根本性问题，具有重要的现实意义。市场经济通过竞争机制实现优胜劣汰，促进社会生产力发展，创造更多的社会财富，调节社会资源合理有效配置。但是，市场经济也会引发社会分配不公，导致社会两极分化等市场失灵，所以，必须进一步通过货币是财富的代表这一属性，了解和掌握各个时期走共同富裕之路的情况和问题，财富在城乡、地区、社会各阶层的分布情况，个人拥有

① 习近平总书记在庆祝中国共产党成立100周年大会上的讲话 [N]. 人民日报，2021－07－02.

财富发生变化的情况，以及怎样才能更好地实现共同富裕，要以此作为党和国家在政治上、经济上采取各项政策措施的参考。政府应对市场失灵进行宏观调控，以更好地实现共同富裕，实现人民对美好生活的向往。

货币本质新论是我提出的第二个货币创新理论，请读者批评指正。

复习思考题

1. 简述货币本质的形式和内容。
2. 简述货币本质的新变化。
3. 货币作为财富的代表，其质和量是什么关系？
4. 货币作为财富的代表，其量变和部分质变是什么关系？
5. 货币为什么有二质？
6. 简述研究货币本质新变化的理论意义和实践意义。

第三章　货币的作用

过去货币理论只研究货币对经济、社会的作用，不研究货币对人的作用，这是片面的，是不全面的。我们必须以马克思主义哲学本体论的思想为指导，全面研究货币对经济、社会、人这三者的作用，这样才能客观、全面、正确地认识货币的作用。尤其是在市场经济条件下，人们总希望货币收入多一些，货币支出少一点。愿意货币多，恐怕货币少。因此，研究货币对人的作用尤为重要。

一、马克思主义哲学本体论及其方法论是研究货币对人作用的指导思想

人类社会发展的主体是人，物质生产活动的主体是人。人的主体地位是指在对客观世界的改造中人占主导地位，具有主观的能动性和改造客体的特性。主体性是自然属性、社会属性、精神属性的集中表现。

本体论为方法论，是指把人的全面发展作为经济发展的目标，把人作为经济社会发展的动力，把人作为经济社会发展的主体。

货币对经济产生作用，促进社会生产力发展，必然对社会生产力中占主导地位的、最活跃的组成要素之一的人发生作用，主要依据有以下四个方面：

第一，人的因素在社会生产力中占据特殊重要的地位。在社会生产力中，劳动者是生产过程的主体，是首要的生产力，是生产力诸要素中起主导作用的因素。劳动者是生产工具的创造者和使用者，物质要素只

有被人掌握、与劳动者结合起来，才能成为现实的生产力。在物质资料的生产以及相应的分配、交换和消费中，人起着决定性的作用。所以说，货币在对经济发生作用的同时，必然也对人发生作用。不仅如此，劳动对象和人共同构成社会生产力，但人的因素和物的因素是根本不同的，物的因素是死的，人的因素是活的，人是有心理活动、有思维、有意识的。人的思维、动机决定人的行为，物的因素是由人来掌握和使用的、由人来创造的。因此，货币对物的作用和对人的作用是根本不同的，这就要求我们必须根据社会生产力中人的特殊地位和人的因素的性质进行独立的、系统的研究。不同的人的货币心理、货币意识、货币行为不同，对经济发展产生的作用也有很大的不同。

第二，货币是一种特殊商品。从货币产生的历史来看，货币是从商品世界中分离出来的、占据特殊地位的商品，即货币是商品世界中的一般等价物。对其他任何一种普通商品来说，人们对它的需要有很大的差别性和局限性；但对货币来说却不一样，因为人人都需要货币，因此，人们需要把自己生产和掌握的商品转化为货币，再拿货币换取自己日常生活需要的商品，没有这种转化，人的日常生活就会出现困难，这也是社会分工所必需的。货币对人的日常生活产生很大的影响，因此，必须研究货币对人的作用。

第三，人有相对独立的经济生活。货币对人的作用不局限于货币对经济作用的过程中，人在经济过程以外还有个人独立的生活。人们一般将更多的时间和精力用在个人生活上，从这个层面上来说，货币对人的作用更加明显。因此，货币不仅在经济过程中对社会生产力中人的因素发生作用，而且在经济过程以外，货币对个人独立的经济生活产生更直接、更强劲的作用。

第四，货币对人的作用是最直接的。很多人感觉不到、不懂得、不关注货币对国民经济发展的作用，但没有一个人感觉不到、不懂得、不关注货币对日常经济生活的作用，这是因为人感觉货币对国民经济的作用往往是间接的，这使很多人感觉不到，也不太关注；相反，每个人在日常生活中都会感觉到、懂得和关注货币对自己的作用，因为这种作用是很直接、很具体、很敏感的，它的影响也是很大的。

以上分析表明，我们必须对货币对人的作用进行独立的、系统的研究。不仅如此，货币对人的作用，尤其不同于其对社会生产力中其他因素的作用，这主要表现在以下四个方面：

第一，人的目的性。人总是有追求的，包括物质、精神、理想、抱负、成就等各方面，人在生存和发展中会产生物质和精神的需要，这是推动社会经济发展最直接、最根本的原因。因此，发展生产是为了创造更多的社会财富，满足人的需要，为了使人更好、更快乐地生存和发展。

第二，人的主观能动性。人在获得知识和应用知识的过程中，利用感觉、知觉、记忆、思维和语言等获取信息，这些信息经过神经系统的加工处理，形成人的内在的心理活动，进而支配人的行为，这是人的认知过程。人的认知和行为是在动机的支配下进行的，动机的基础是人的多种需要，包括物质和精神方面的需要。动机是行为的动力，它具有激活、指向、维持和调整行为的功能。情绪是在认知的基础上产生的，又对认知产生了很大的影响，成为调节和控制认知活动的一种内在因素。在人的动机和情绪的支配下，人不仅能认识世界，而且能在自己的活动中有目的、有计划地改造世界，这就是人的主观能动作用。

第三，人的个体心理特性。人在获得和应用知识的过程中，或者在信息加工的过程中，会形成各种各样的心理特性，显示出人与人之间的心理差异。人的心理特性有些是暂时的，有些是稳固的、经常出现的。心理特性包括能力和人格，能力是顺利实现某种活动的心理条件，能力的高低会影响人所从事的活动的效率；人格是构成一个人的思想、情感及行为的独特模式，人格包括人的气质、性格和自我调控，表现出一个人区别于他人的心理品质。

第四，人的独立性。人的文化、知识、修养、思想、道德、人品等都是不同的，因此，货币对人的作用在反作用于经济时，也是不同的，甚至有很大的不同。有的人能正确对待、认识和掌控货币，有的人则不能。因此不同的人掌控的货币对经济的反作用也是不同的。正因为货币对人的作用不同，人的货币心理、货币行为也会不同，人对经济的作用也是不同的。

鉴于以上货币对人产生作用的客观必然性和特点，我们必须对货币对人产生的作用进行全面的、深入的研究，这样才能正确、深入地把握人对货币运行的作用和货币对发展经济的作用。

不仅如此，我们还要用马克思主义哲学本体论对货币对人的作用进行深入的分析。马克思主义主义哲学本体论的主要内容包括以下四个方面：

第一，把人的全面发展作为经济、社会发展的目的。要把满足人的全面需要和促进人的全面发展作为经济、社会发展的根本出发点和落脚点。要一切为了人民，要围绕人的生存、发展、享受需要提供充足的物质文化产品和精神服务，要围绕人的全面发展，推动经济社会的全面发展。

第二，把人作为经济、社会发展的动力。要充分调动人的积极性和创造性，发挥人的聪明才智。生产力是推动经济社会发展的根本动力，人是生产力诸要素中唯一能动的要素，只有以人为本，把人的潜力充分调动起来，才能使经济、社会充满活力，充满无限发展的生机。历史证明，生产力的每一次大发展都是人征服自然主观努力的结果。

第三，把人作为经济、社会发展的主体。马克思主义哲学本体论的核心要义就是要尊重人的主体地位，人是社会历史发展的主体，因此，在经济、社会发展中，人应该以主体的身份出现。人民群众是历史的创造者，是社会历史的主体，是经济、社会发展的主体，而且人民是经济、社会发展的力量源泉。

第四，把人作为经济、社会发展的目标。人的全面发展和经济、社会、政治、文化、生态发展是互为前提和基础的，人越全面发展，经济、社会、政治、文化、生态就会越向前发展，经济、社会、政治、文化、生态就越会得到改善，它们之间是相互促进、良性互动的。

从以上分析可知，研究货币的作用，不仅要研究货币对经济、社会的作用，而且要研究货币对人的作用。研究货币对人的作用，是马克思主义哲学本体论的客观要求。

二、货币五力论

货币对人有五个作用，可以概括为货币五力论，主要内容如下。

（一）货币的吸引力

货币的吸引力是指货币把人的注意力集中或转移到货币上来。货币的吸引力是伴随着货币的产生而产生的，也就是说，货币一经产生，货币就有了吸引力，货币对人就具有这种力量。这是因为货币是一般等价物，有了货币就可以购买任何商品，供人们消费；反之，没有货币，日常生活就难以维持。

人类存在的第一个前提，是必须能够生存，而想要生存，则必须有生活资料。人们关心和重视自己的生活水平能否得到改善，关心自己的经济利益，这是正当的，也是必然的。货币是一般等价物、财富的代表，这是货币具有吸引力的客观基础。

经济利益在人类经济生活中可以作为经济范畴出现，而在道德活动中，经济利益是任何道德范畴的基石，因此，经济利益是两个不同范畴的中介和连接点，它既是经济关系的表现，是人们在经济活动中追求的目标，又是道德所要调节的目标。这就决定了货币吸引力是这样一种力量，它既来自作为一般等价物、财富代表的货币这个客观经济范畴，又来自既是客观经济范畴，又是思想、道德范畴的经济利益。货币的吸引力既通过客观存在的货币这个经济范畴和客观存在的利益产生，又通过货币作用于人的人生观和货币观而产生，是通过经济因素和非经济因素的共同作用，通过人的思想、心理、大脑产生的。因此，货币的吸引力既具有客观性，又具有主观性。货币吸引力的大小不像货币购买力的大小那样可以直接通过货币本身计算出来。货币吸引力是随着商品经济的发展而不断增加的。在货币产生伊始，人们之间的商品交换较少，货币吸引力也较小。随着商品经济的发展，货币作为一般等价物日益普遍，其作用日益明显，货币吸引力也日益增加。商品经济和社会分工的发展促进了作为媒介的商业的发展，在历史上，商业资本的形成先于资本主义生产方式的形成，并且在逻辑上也是形成资本主义生产方式的必要条件。商品流通是资本的起点，商品生产和发达的商品流通即贸易，是资本产生的历史前提，这种商品资本的存在，只需以简单商品和货币流通为条件，只要是存在这种条件的地方，就有商品资本的存在和发展，而这种商业利润的获得是不等价交换的结果，正是因为通过商品的贱买和贵卖可以赚到更多的货币，人被吸引从事商业活动。商业和商品市场的出现进一步增强了货币的吸引力。

在历史上，高利贷活动是促进货币吸引力增加的另一个重要因素，高利贷资本在资本主义生产方式出现以前就已经存在，因为发放高利贷可以生息、能够赚钱，这就增加了货币的吸引力。高利贷资本作为生息资本是同小生产、自耕农和小手工业占优势的情况相适应的，小生产是最不稳固的，极轻微的震荡就会使小生产者破产，于是小生产者便求助于高利贷者，而一旦他们陷入高利贷者的魔掌，高利息就会侵吞他们的全部剩余产品，使他们破产。

资本主义生产实质上是剩余价值的生产，资本家占有工人的绝对剩余价值和相对剩余价值，并且通过延长劳动时间、加强劳动强度、减少流通费用、加速商品周转等方式赚到很多钱，特别是剩余价值的资本化，扩大了资本规模，提高了生产能力，使资本家赚到更多的钱，货币对资本家的吸引力极大增强。

金融资本家既不从事生产，也不从事商品经营，而是从事银行业的资本运作和股票、期货、外汇等的买卖，但往往能赚到很多钱，甚至比其他资本家赚到的钱更多，但其面临的风险也更大。金融资本与产业资本结合，导致形成金融寡头，他们操纵和垄断经济，追求更多的货币，货币对他们的吸引力也极大。

通过以上分析可以得出以下三个结论：

第一，货币的吸引力经过了一个历史的发展过程，从小到大。人们逐步认识到货币作为一般等价物、财富代表的作用，人们认识到有了货币后能赚更多的钱，因此，货币的吸引力逐渐增加。

第二，货币如果只是被用于日常消费，一般来说，货币的吸引力比较稳定，但这也不是绝对的。每个人的经济、思想、心理、货币意识是不同的，因此，货币的吸引力也是不同的。

第三，在不同的社会，对不同的阶层来说，货币的吸引力是不同的。在我国社会主义市场经济条件下，货币吸引力通过不同人的人生观、货币观反映出来，因此，货币的吸引力可能是很不相同的。对有些人来说，货币的吸引力很小；对有些人来说，货币的吸引力很大。对大多数人来说，货币吸引力处于正常范围内和保持稳定状态，这是我国社会主义市场经济条件下货币吸引力的特点。

对于具有不同人生观、货币观的人而言，货币的吸引力可以用以下直观方式表示：货币→人生观、货币观→货币吸引力。

货币对具有不同人生观、货币观的人发生不同的作用，产生不同的货币吸引力。货币吸引力可以分为以下三种情况：

1. 货币→正确的人生观、货币观→货币吸引力→在正常范围内。

我国人民生活总体上已经达到了小康水平，城乡居民的货币收入稳定增长，人民的物质文化生活水平不断提高，全民族的思想道德素质和科学文化素质不断提高，因此，绝大多数人已经树立起正确的人生观、货币观，能够正确对待货币，他们通过自己辛勤的劳动和工作，为发展社会主义经济作贡献，货币对他们的吸引力稳定地处在正常范围内。因此，货币吸引力能够推动人们从事正常的体力和脑力劳动，创造更美好的生活。

2. 货币→思想先进的人的人生观、货币观→货币吸引力→货币吸引力很小。

思想先进的人胸怀广阔，具有高尚的情操和崇高的道德品质，货币对他们的吸引力很小，他们经常拿出自己手中的货币扶贫帮困、助学救急，为社会献爱心。

3. 货币→不正确的人生观、货币观→货币吸引力→货币吸引力过大。

在日常生活中，有这样一些人，他们通过自己的劳动和工作得到货币收入，但这些人经常计较货币的多少和工资待遇的高低，为了金钱经常和亲人、朋友发生争吵，货币对他们的吸引力过大，结果给自己和别人都带来了苦恼。

从以上分析可知，货币吸引力是普遍存在的。只要有商品生产和货币交换，只要人们有生存、发展和享受的愿望，只要人们的劳动仍以货币付酬，货币对人们的吸引力就是普遍存在的。货币吸引力使人产生货币行为，从而促进经济的发展，有助于为社会创造更多的财富。

（二）货币的和谐力

货币的和谐力产生于人们有了剩余货币之后。有些善良的人出于同情心，用货币扶贫帮困，货币因而产生和谐力。货币自产生那天起就是私有的，为个人所用，人们对货币的私有观念很牢固。如果有人乐于帮助他人，把自己手中的钱拿出来给别人用，那么这个人必须在思想认识上有一个飞跃，突破私有制的观念。因此，货币的和谐力是指通过货币给别人以资助，带去爱心，传递人间真情，送去温暖，减轻或者解决别人的经济困难，使别人从痛苦中解脱出来，将痛苦转化为欢乐，这样会使人与人之间的关系更加和谐，货币因此产生了和谐力。

在家庭中，利用货币尽孝心，供养老人，或者帮助困难的亲戚，货币在家庭中就产生了和谐力。如果朋友发生临时的经济困难，或者急需用钱，有人能在货币上给予支持和帮助，那么货币就在朋友中产生了和谐力。

资助个人是货币发挥和谐力的最初、最普通的一种形式。后来，随着经济和社会的发展，为了资助更多的人，帮助更多需要帮助的人，筹集更多的资金，更好地发挥货币的作用，人们逐步成立了各种组织或团体，如各种慈善基金会、教育基金会、少年儿童基金会、残疾人基金会等，以及许多以个人名字命名的基金会，这是货币发挥和谐力的另一种形式。

2008 年 5 月 12 日，四川汶川发生特大地震，灾难无情人有情，全国上下众志成城，捐款捐物，支援灾区群众，爱心在中国大地涌现。老人捐款、儿童捐款，企业家、艺术家、军人等各行各业的广大人民群众捐款，华人华侨、国际友人捐款。其中涌现出许多可歌可泣的动人故事，国家意志在此体现，民族精神在此提升。货币充分体现出和谐力，反映出全国人民同属于一个大家庭。人间有爱，捐赠无论多少，体现出的都是爱心，全国人民的爱心是借助货币来表达的，货币表现出极大的和谐力。

在抗击新冠疫情的过程中，全国人民捐款捐物，帮助湖北人民战胜疫情，取得武汉、湖北疫情阻击战的伟大胜利。医务工作者逆向而行，他们是人民英雄，可敬可佩！他们挽救了患者的生命，温暖了中国人民的心，货币的和谐力传递了人间珍贵的真情。

综上所述，货币的和谐力对人产生了巨大的作用，传递了人间真情，这对构建和谐社会有重大意义，主要表现在以下四个方面：

第一，产生了很大的积极力量。中国有句俗语叫"一分钱难倒英雄汉"，经济困难往往是拦路虎，让人难以越过，通过别人的资助，经济困难减轻或解决了，人就可以从痛苦和忧愁中解脱出来，重新振作精神，从而愉快地劳动和工作。

第二，传递了人间真情。别人无私的资助往往使受资助的人终生难忘，也许就是这次资助对他们的一生产生了很重要的影响，使他们得到了新的机遇。无私资助给他们送去了温暖，送去了爱心，使人与人之间的关系更亲近、更和谐。

第三，增强了人间信心。比如，个人在遭受经济困难的时候，甚至会想走绝路，但在别人的资助下，困难化解了，他们恢复了信心，增加了力量。又如，被资助的人实现了愿望，他们会用优异的成绩回报资助人，发挥聪明才智，为社会多作贡献。

第四，发挥了每个单位货币最大的效用。如果货币有剩余的人资助缺少货币的人，那么每个单位的货币就能发挥最大的效用。例如，同样是 100 元钱，对富裕的人来说是无足轻重的，但对贫困的人来说则是十分顶用的。

一个国家的货币和谐力是否普遍存在以及资助货币数量的大小能集中反映该国的社会制度、经济发展水平和社会风气状况。

第一，反映社会制度的状况。在社会制度比较先进的国家，人们之间的根本利益一致，大家互帮互助，货币和谐力普遍存在；反之，在社会制度比较落后的国家，人们之间的关系比较淡漠，货币和谐力就发挥不好。

第二，反映经济发展情况。只有一个国家的经发展水平较高，人们生活水平普遍较高，有较多的货币，才能为货币发挥和谐力创造前提条件；反之，在经济条件不好的情况下，货币也可以发挥和谐力，但不太普遍。

第三，反映社会风气和人的素质。如果一个社会风气好，人的素质普遍较高，人们和谐相处，并注重提升道德品质和思想修养，那么货币和谐力就普遍存在。

决定货币和谐力的因素主要包括以下三个：

第一，人的主观愿望是决定因素。个人突破了货币私有的观念，把自己的钱拿出来用在别人身上，这是一种思想上的飞跃，需要有较高的思想境界，特别是在拿出较多的货币时，需要在思想境界上自我超越。

第二，有剩余货币是相对因素。人们要想用货币帮助别人，自己必须有货币，这是货币发挥和谐力的前提。如果没有剩余货币，那么只能爱莫能助；如果有剩余货币，资助多少、贡献多少力量则是一个相对的因素。

第三，社会风气是促进因素。如果社会风气好，人们都以助人为乐，更多人愿意帮助别人，大家彼此相互帮助，那么就会有更多的货币发挥和谐力；反之，社会风气不好，各人自扫门前雪，人与人之间关系淡漠，人们的货币私有观念重，发挥和谐力的货币就少。

总之，货币和谐力的特点体现为人们突破了货币私有的观念，用自己的钱扶贫帮困，帮助别人解决经济困难。这种高尚的货币行为使人与人之间的关系更加和谐，有助于促进社会和谐发展，形成良好的社会风气。

（三）货币的扭曲力

人们为了获得货币或者获得更多货币而使事物发生扭曲，这样货币就产生了使事物扭曲的力量，这就是货币的扭曲力。货币的扭曲力产生得很早，在人们完全认识到货币是一般等价物、财富的代表后，自私心理导致人们产生不正当的货币行为，这使事物本来的面目或性质发生了扭曲，这时就产生了货币的扭曲力。俗话说，"卖瓜的都说自己的瓜甜"，卖瓜的人为了招揽生意，这么说是无可厚非的；但如果他明知道自己的瓜不是甜的，那么他这么说就是为了把自己的瓜卖出去，就是为了赚更多的货币，这种赚钱的货币行为扭曲了事物的本来面目，这就是货币产生的扭曲力。中国还有一句俗语叫"挂羊头卖狗肉"，可以用来比喻货币行为表里不一，但这句俗语也说明了在商品交换中的确存在这样的事情。货币作用于人就会产生货币的扭曲力。卖肉的人挂的是羊头，卖的却是狗肉，扭曲了事物本来的面目。随着商品经济的发展，有些不法商人出售假冒伪劣产品，这种现象时有发生，货币的扭曲力也时有发生。

纵观人类历史，货币产生扭曲力，扭曲了客观事物的本来面目和性质，主要表现在以下三个方面：

第一，人身关系的扭曲。人身关系起初是一种血缘关系，也是一种自然关系。随着商品经济的发展和货币的出现，在阶级产生后，这种自然的血缘关系往往不能维持而遭到破坏。以封建社会为例，土地逐渐集中到地主手中，农民被剥夺了土地，没有土地的农民生活艰难，遇到灾荒年，卖儿卖女的现象是经常发生的，父母含泪把自己的亲生女儿卖给富人做童养媳、丫鬟，在这里货币发生了扭曲力，为了得到卖儿卖女的钱，就扭曲了最亲的血缘关系，这种扭曲的货币行为造成了人世间的悲剧。

在现实生活中，货币对人具有扭曲力。如果人们重货币、轻真情，一味追求更多的货币，往往就会使人与人之间的关系发生扭曲，使真情变味。在货币与真情的关系上，表现为货币是硬的，真情是软的，真情一碰到货币就发生了扭曲，就变味了。父子或母子关系本来是一种血缘关系，母子爱、父子情是世上最伟大的真情，人们都赞美伟大的母爱、父爱。从子女出生开始，父母不考虑任何困难，全心全意地抚养子女，不计任何回报。孩子长大后都会组建自己的小家庭，但有极少数重货币、轻真情的子女，往往考虑货币多，忘记了母爱、父爱，把老人当包袱、累赘，这种货币行为使真情变味，即货币产生了扭曲力。兄弟姐妹从小生长在一个家庭，朝夕相处，但各自结婚以后，有极少数人重货币、轻真情，使兄弟姐妹关系疏远陌生，有的子女为了争夺遗产而变成了仇人，这种货币行为使真情变味，即货币产生了扭曲力。

夫妻本应是患难与共的伴侣，但有极少数重货币、轻真情的人使夫妻情变味，他们为了金钱经常吵架；有的青年女子就是要嫁给有钱人，甚至想要嫁入豪门，结果大多上当受骗，这种货币行为给人世间带来不少悲剧，这就是货币产生了扭曲力。这种货币行为使真情变味，使人际关系扭曲，污染了社会货币氛围。

第二，经济关系的扭曲。在不同的社会形态中，无论是物质资料的生产还是相应的交换、分配和消费，一切经济活动都是按照客观经济规律进行的，货币的扭曲力往往是通过人的货币行为使经济过程发生扭曲。在阶级社会中，人剥削人的货币行为使经济过程发生扭曲。在我国社会主义市场经济中，由于管理制度不健全或制度执行不力，极少数人的货币行为也会使经济活动发生扭曲。

在生产领域，经济承包制本来是调动人们生产积极性的一种方式，但有的人出于获得超额奖励的错误货币心理，伙同上级把定额压得很低，使正常的生产过程发生扭曲，这种货币行为会使国家和企业遭受很大的经济损失，即货币的扭曲力使经济关系发生扭曲。例如，企业偷工减料、产品质量达不到规定标准等，这种错误的货币动机和货币行为使经济关系发生扭曲。

在流通领域，有的企业的经办人出于想拿好处的心理使商品发生倒流，采购原材料时舍近求远，或者出售假冒伪劣产品，货币的扭曲力造成了商品流通中的扭曲现象。

在消费领域，有的人公款吃喝、公款旅游等，甚至个人消费也拿到单位报销，这种扭曲现象也是货币扭曲力带来的结果，造成消费领域虚假繁荣，使单位、国家增加了开支，这种货币行为是化公为私，侵吞了国家、单位的劳动成果。

第三，人际关系的扭曲。在中国特色社会主义制度下，人与人之间应该是互助合作的关系，但少数人重货币、轻真情，这样人与人之间的关系就发生了扭曲。朋友情总是会给人带来快乐的享受，《论语》有云："有朋自远方来，不亦乐乎！"如果后来朋友中出现了贫富差别，有少数重货币、轻真情的人会把昨日最亲的朋友看作陌生人；尊师爱生是中华民族的优良传统，但这种优良的师生关系也会发生扭曲，极少数中小学教师课内少讲课程内容，而是课外拿讲课费；救死扶伤是中华民族的优良传统，但个别医务工作者想获取更多的货币，于是收取患者的红包，这使医患关系发生扭曲。

综上所述，货币的扭曲力如图3-1所示。

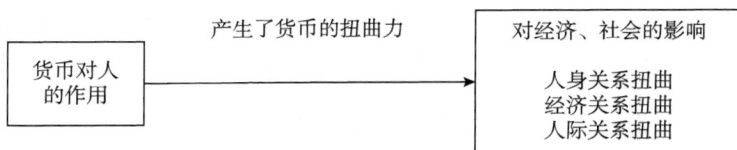

图3-1 货币的扭曲力

货币的扭曲力对能够正确对待货币、树立正确货币观的人不发生作用或者作用很小，只有对那些思想不健康的人，以及重货币、轻真情的人才发生作用，而且这种作用不能被低估，它扰乱了人们的思想，败坏了社会风气，给社会主义制度抹黑，这种货币行为必须引起我们足够的重视。

过去只研究货币对经济、社会的作用，而不研究货币对人的作用，这种研究方法是片面的、脱离实际的。从图 3-1 和上文的分析可知，货币对人产生作用，因此货币对经济、社会的作用也发生了扭曲。

（四）货币的诱惑力

货币的诱惑力是指货币作为一般等价物，在质上是无限的，可以购买任何商品，在量上是有限的，每个人拥有的货币总有一定的数量，因而货币对思想不健康的人产生了一种诱惑力。在货币产生以后，当人们已经完全了解货币可以交换任何商品时，货币的诱惑力就形成了。最初个别人受到货币的诱惑而进行偷窃，到后来则可能发展为抢劫。随着商品经济的发展，货币诱惑力使经济犯罪不断增加。资本主义社会提倡自由平等、个性解放，但实际上，资本主义社会是一个很放纵的社会，到处充满了货币的诱惑力。在市场经济条件下，货币对思想不健康的人会产生诱惑力，具体表现在以下三个方面：

第一，物质诱惑。市场上商品琳琅满目，到处是商品广告，这使人们眼花缭乱。富人居住在各式各样的豪华别墅，出入坐各种款式的豪华轿车，有的富人还拥有私人飞机、游艇；普通人住在一般商品房或经济适用房。人们之间生活水平相差越大，越存在物质上的货币诱惑力。

第二，精神诱惑。有钱人很体面，也很有面子，他们看上去很神气，亲戚朋友对有钱人特别热情。有的富人奉行享乐至上，过着灯红酒绿、大吃大喝的生活，而一般收入者只能过着普通的生活。

第三，色情诱惑。谈恋爱需要钱，没钱显得很掉价，有的漂亮的姑娘只愿意嫁给有钱人，没钱则不予理睬。谈婚论嫁也需要一大笔钱。道德败坏的拜金主义者包养情妇更需要货币，这是一个无底洞。

上述物质诱惑、精神诱惑、色情诱惑，归根结底都是货币诱惑，没有货币，上面的一切享受都无法获得。货币诱惑力有一个逐步形成和增减变化的过程，随着客观条件和主观思想意识的变化，它有时变化快些，有时减弱，有时增大，大致包括以下四个阶段：

第一，货币诱惑力的萌芽阶段。一部分思想不健康的人在日常生活中受到外界的干扰时，会偶尔受到货币诱惑力的影响，但偶发性事情过去以后，这些人的思想、心理、情绪又恢复到正常状态，或者受到外界的教育和帮助，或者通过自我的反省和努力，这些人的脑子会恢复到正常状态。但有极少数人会产生彷徨和消极的情绪，并影响到正常的生活、正常的心理和行为。

第二，货币诱惑力的缠绵阶段。一部分思想不健康的人多次受到货币诱惑力的袭击后，自己不能觉悟，货币诱惑力经常在他们的脑子中出现，在他们的眼前晃悠，使他们处于不能自拔的状态。这时他们会出现消极的情绪，心里不能安宁，东张西望，感觉心里堵得慌。

第三，货币诱惑力的升温阶段。一部分思想不健康的人对货币产生了贪婪心理，对货币追求的热度增加，信奉"爹亲娘亲不如钱亲"，认为"小贪别人看不见，不容易被发现""不捞白不捞""过了这个村没了这个店"，在自我欺骗的状态下，货币的诱惑力在不知不觉中逐步升温。

第四，货币诱惑力导致产生拜金主义阶段。一部分思想不健康的人对货币的贪婪心理日益严重，做着各式各样的黄金梦，甚至认为暴富才是人生最大的快乐。他们在思想上已经完全变成拜金主义者，但行为上离拜金主义还差一步。

根据以上分析，货币诱惑力有以下三个特点：

第一，货币诱惑力不是对所有人都起作用，它只对那些思想不健康的人才产生作用。对思想不健康的人来说，货币的诱惑力在他们的脑子中经常发生作用；而对思想健康的人来说，货币诱惑力或许只是在眼前晃了一下，他们很快就用正确的思想战胜了它。

第二，对思想不健康的人来说，货币诱惑力是逐步渗透的。对思想不健康的人来说，货币诱惑力在他们的脑子中是不知不觉地起作用的，是逐步渗透的，是日积月累形成的。在这个过程中也存在两种可能性：

一种情况是这些人在客观条件的影响和主观努力下，最后用正确的思想战胜了它，这是绝大多数；另一种情况是一些人越陷越深，这是极少数。

第三，货币诱惑力占领了拜金主义者的灵魂。对这部分极少数人来说，货币诱惑力占据了他们的全部思想，渗透其灵魂。他们麻木不仁，是行尸走肉，这些人在思想上已经沦落为拜金主义者。

动机是一种目标或对象所引导、激发和维持人活动的内在心理过程或内部动力，是人类行为的基础。货币诱惑力发展到最后阶段，拜金主义者产生了贪污的动机，这时拜金主义者的思想、情绪、动机三者相结合，但还没有形成贪污的货币行为，离贪污的货币行为只差一步。

行贿是现实的、行为上的货币诱惑力。行贿有内部行贿，如下级对上级行贿，但绝大多数是外部行贿，即不法商人对主管部门官员行贿，他们仍然是在利用货币的诱惑力。但是，行贿者使用的货币的诱惑力与前面所讲的货币的诱惑力比较则是现实的、行为上的货币诱惑力，它具有以下特点：

第一，利用人际关系。关系是人与人之间的相互联系，寻找关系就是为了拉近人们心理上的距离。行贿者利用中国人重视关系的心理，把与官员的关系搞成哥们儿关系，在这种心态下，官员容易失去防线、失去警惕性，这时行贿者就可以采取各种阴险的手段对官员事先布置好诱饵、陷阱，伺机围猎。官员上钩之后，就会被行贿者牵着鼻子走。

第二，了解官员的性格和爱好。行贿者经常说的一句话是："不怕领导讲原则，就怕领导没爱好。"行贿者从官员的爱好中寻找突破口，如果官员喜欢喝酒，就举办品酒会，请官员参加，往官员家中送各种名酒；如果官员喜欢喝茶，就用"雅好"的名义，举办茶友会，请官员参加，往官员家中送各种名茶；如果官员喜欢养生，就请中医为官员会诊，赠送各种滋补品，官员的父母患病，则为他们联系大医院、名医生；如果官员喜欢打高尔夫球，就陪同官员到处打高尔夫球。通过以上手段，行贿者寻找行贿官员的突破口。

第三，外诱内应。行贿者向官员行贿，使货币诱惑力再次出现在那些思想不健康人的面前，他们中毒已深，甚至发展到货币诱惑力四个阶段中的最后阶段，他们在思想上已经变成拜金主义者。在外诱内应的作用下，这些官员被货币诱惑力牵着鼻子走。

第四，现实的货币诱惑力。不法商人往往是没有被揭发的老牌的拜金主义者，他们的歪道很多，坏经验很丰富，他们所使用的货币诱惑力已经不是前面提及的货币诱惑力，他们开始向官员送礼品，待时机成熟后，就直接向官员送现金、银行卡、金条等，思想上的货币诱惑力变成了现实的货币诱惑力，使货币诱惑力变得鲜活，使货币的魅力进一步加大。

第五，行为上的货币诱惑力。行贿者的行贿企图得逞后，就已经不是前面讲的思想上的货币诱惑力，而是行为上的货币诱惑力，行贿受贿的行为就走到了最后一步，他们已经掉进了犯罪的深渊。

根据以上分析，行贿的货币诱惑力具有以下特点：

第一，力度更大。思想上的货币诱惑力是思想、情绪、动机上的货币诱惑力，行贿的货币诱惑力则变成了现实的货币诱惑力，因此其力度更大。

第二，魅力更大。行贿者把货币送到官员手中，思想上的货币诱惑力变为现实的货币诱惑力，拜金主义者日夜向往得到的货币现在已经在自己的手上，因此，其魅力更大。

第三，杀伤力更大。思想上的货币诱惑力是思想上的错误，行贿的货币诱惑力则是行为上的货币诱惑力，如果该行为完成，则要受到党纪国法的严惩，不仅断送了自己的一生，而且危及全家。

从思想、情绪、动机上的货币诱惑力到行为上的货币诱惑力，贿赂就走完了最后一步，行贿受贿者就掉进了犯罪的深渊。以上分析揭示了货币行贿为什么有这么大的魅力，竟能使官员甚至高级官员变成罪犯。

研究货币诱惑力产生拜金主义的一般规律，目的是预防和反对拜金主义，即使在思想、情绪、动机上已经完全是拜金主义者，但是在行为上还没有受贿，则"亡羊补牢，未为晚也"。这时仍然可以挽救更多的失足者，避免发生更多家破人亡的悲剧。有少数人会逐步觉醒，或是受到外界的影响而幡然悔悟，重新走上正确的道路。

拒绝受贿，回头是岸。有极少数拜金主义者或者因行贿者的货币数量太少而没有被打动，或者发现行贿者的险恶用心，或者是出于恐惧心理，或者受到廉洁教育，或者经过亲属的严厉劝说等，过去把货币当作偶像崇拜，现在发现偶像变成了洪水猛兽而拒绝受贿；也有极少数人一时接受了贿赂，但是事后感到后悔而主动坦白，交回赃款。这是脱离虎口，是飞跃的一步，回头是岸，人生的道路又可以重新开始。

粉碎痴梦，头正着看。极少数拜金主义者从行贿者的圈套里冲了出来，出了一身冷汗，发现自己白日做黄金梦，终于清醒，唤回了自我，召回了灵魂，回到原来居住的房子、原来的办公室、原来的家庭，感到十分后怕。恐慌的心理慢慢消失，感到很自责，头慢慢从过去倒着看重新转过来正着看。

辛勤劳动，按劳取酬。有的人不再白日做黄金梦，终于真正明白人要生活，必须依靠自己辛勤劳动，只有辛勤劳动才能提高生活水平，过上美好的生活，只能凭借自己辛勤的劳动，才能取得货币报酬，不能做"伸手派"，眼睛不能盯着他人、集体、国家的财产，对于不属于自己的财富千万不能伸手，这是血的教训。这些人这时才真正明白等价交换、按劳取酬是客观经济规律，违反了这个客观规律，终将碰得头破血流。

清理思想，总结教训。极少数拜金主义者头慢慢地正着看，通过清理自己的思想，能够真正认识到提高自己思想、提高自我修养的迫切性，管好看不见的货币，即心中的货币的重要性。社会上流传这么一句话："钱是好的东西，也是坏的东西。"货币作为一般等价物，能够促进经济发展，方便人们的经济生活，给人们带来快乐和幸福。但是，极少数人为了获取金钱变成罪犯，则认为金钱是坏的东西。其实，坏的不是金钱，而是极少数人的思想。只要这些人迷途知返，金钱就又会回到其身边，为重新开始美好的生活服务。

（五）货币的国际力

货币的国际力使人们的经济活动不再局限于本国，它是促使经济活动走向国际市场的一种力量。货币国际力的产生比前四种力量要晚，因为只有国家产生和形成后，才能产生货币的国际力。国家出现后，各个国家由于受地域和自然条件的限制，要求开展国家间的商品交换，这时货币就产生了国际力。但是，最初国家之间的经济联系较少，货币不统一，货币的国际力受到一定的限制。随着金属货币的出现，金块或银块成为国际支付货币，货币的国际力才逐步增强。

随着资本主义经济的发展，以及经济全球化和科学技术的发展，货币的国际力大为增强，这主要表现在以下六个方面：

第一，经济全球化。各国经济活动由国内向国际扩展，经济生活成为国际化现象，各国政府推动并通过签订协定或条约形成经济联合体，使经济全球化。跨国商品和服务贸易的开展、国际资本流动的形成和规模增大，以及技术的广泛传播，使世界范围内各国经济的相互依赖性增强，经济全球化使货币的国际力大大增强。

第二，区域经济一体化。由于经济的发展，特别是生产和资本国际化的迅速发展，区域各国间的经济联系和相互依存关系日益增强，并逐步形成有组织的、可协调的、能有效运转的国际经济体系。这使区域经济成为一个有机整体，区域经济集团化使货币的国际力大大增强。

第三，国际贸易飞速发展。随着商品结构逐渐高级化、国际贸易方式多样化、国际贸易地理结构多极化，国际贸易日益成为世界经济发展的重要推动力。信息技术产品贸易充当世界贸易发展的引擎，服务贸易得到迅速发展，区域贸易的自由化与跨区域的贸易联合不断加强，世界贸易组织的建立和中国加入世界贸易组织，都促进了货币的国际力增强。

第四，金融全球化和国际资本流动。金融全球化是资本流动全球化的反映。金融证券市场的全球化、融资的国际化、金融机构的跨国化、金融信息的全球化以及国际货币体系的发展，都促进了货币的国际力增强。

第五，跨国公司的发展。由于资本要追求更多的利润，投资逐步从国内走向国际。国际投资从间接投资（如国际信贷等）逐步发展为直接投资。国际直接投资的主体就是跨国公司，跨国公司既是经济全球化的产物，又是经济全球化得以扩大和发展的推动力。为了追求更多的货币，发达国家的大企业利用世界各国不同的资源和市场优势，在世界范围内选择产品或者产品部件的生产场所，从事直接投资，这促进了跨国公司的迅速发展。它们在贸易、金融全球化以及技术的扩散中发挥了重要作用，促进了国际贸易的发展、国际资本的流动，加快了生产国际化的进程，促使生产力发展和产业结构升级，促进技术开发、扩散与合作，推动了经济全球化的发展，从而促进了货币的国际力增强。

第六，服务业走向国际化。服务业逐步成为世界经济的主要产业。金融服务业和信息服务业是现代服务业的重要组成部分，跨境旅游业发展迅猛，中介服务业对促进经济国际化发挥了重要作用，这一切都促进了货币的国际力增强。

各国人民同心协力构建人类命运共同体，共同促进贸易和投资自由化、便利化，推动全球经济朝着更加开放、包容、普惠、平等、共赢的方向发展。中国坚持对外开放的基本国策，坚持打开国门搞建设，积极促进"一带一路"国际合作，努力实现政策沟通、设施联通、贸易畅通、资金融通、民心相通，打造国际合作新平台，增添共同发展新动力。中国加大对发展中国家特别是不发达国家的援助力度，促进缩小南北发展差距。中国支持多边贸易体制，促进自由贸易区建设，推动建设开放型世界经济，这一切都将促进货币的国际力增强。

综上所述，随着经济全球化的发展，国家之间的经济联系日益密切，各国人民共同构建人类命运共同体，促使人们走向国际市场进行贸易、投资，提供劳务服务，购买债券、股票等，争取获得更多的盈利，赚到更多的货币，由此促使货币的国际力大大增强。

货币的国际力是货币的吸引力、和谐力、扭曲力、诱惑力在国际市场上的延伸，正如货币职能中的世界货币职能是其他四个职能在国际上的延伸一样。货币的五个力是密切联系的，如同货币的五个职能是相互联系的一样。在货币这"五力"中，最基本的是货币的吸引力，这是因为货币是一般等价物、财富的代表，对个人来说是私有的，因此，货币的吸引力对人们是普遍发生作用的。人们突破了私有制的观念，扶贫帮困，货币产生了和谐力。货币的吸引力和货币的诱惑力是根本不同的，这种不同具体表现在以下三个方面：

第一，力量产生的基础不同。货币吸引力源于货币是一般等价物、财富的代表，来源于物，是有客观物质基础的。只要有市场经济存在，有货币存在，货币对人的吸引力就是客观存在的。货币的诱惑力来自人们的主观意识，是主观意识的产物，因此，这两种力的性质不同，区分的标准是劳动，通过自己的辛勤劳动获得货币，这是货币吸引力起作用；想不劳而获，这是货币的诱惑力起作用。

第二，作用的范围不同，货币的吸引力来自货币本身，因此对一切使用货币的人都发生作用。货币的诱惑力只对一部分思想不健康的人、想不劳而获的人才产生作用，对绝大多数人生观、货币观正确的人来说是不起作用的。

第三，力的作用不同。货币吸引力对人起正面作用，能够调动人们劳动和工作的积极性；而货币的诱惑力则起反面作用，引诱人们走邪路，影响人们的正常生活和工作。

虽然货币的吸引力和货币的诱惑力是不同的，但是，如果人的思想发生了不健康的变化，货币吸引力就会转化为货币的诱惑力，甚至转化为货币的扭曲力。这种变化不是来自货币本身，仍然源自人的主观思想发生的不健康的变化；反之则相反，如果人的思想向正确的方向发展，货币的扭曲力、诱惑力必将减弱或向健康的方向发展。

三、货币"五力"与货币五个职能的联系和比较以及货币"五力"的性质

货币的"五力"与货币的五个职能是密切联系的，既有共同点又有区别。二者的联系和共同点如下：

第一，二者都是来源于货币是一般等价物。货币存在五个职能是因为货币是一般等价物，货币的职能是货币本质的体现。同样地，货币的"五力"也是来源于货币是一般等价物，都是货币的一般等价物这个本质的体现。

第二，二者都是货币作用于社会生产力的产物。货币作用于社会生产力中物的因素产生了货币的五个职能，货币作用于社会生产力中人的因素产生了货币的"五力"，而其中物的因素和人的因素又是密切联系的。货币的"五力"和货币的五个职能都是货币作用于社会生产力的产物，即货币作用的目的物是相同的。

第三，二者都受社会生产方式的制约。货币对经济的作用是货币职能的综合反映，它受不同社会生产方式的制约，货币对人的作用也受不同的社会生产方式的制约。货币的五个职能是随着商品生产的产生而出现并逐步发展起来的，货币的"五力"也是随着商品生产的产生而出现并逐步发展起来的。

货币的"五力"与货币的五个职能的不同点如下：

第一，货币的五个职能是货币对经济、社会的作用，只要有商品生产和货币的存在，货币的作用就是客观存在的；货币的"五力"是货币对人的作用，这是二者的根本区别。只要有货币的存在，有人的存在，货币就会对人发生作用，这是客观的，但又是主观的，货币"五力"的大小，对不同的人来说是不同的，因此，货币的"五力"既是客观的，又是主观的。

第二，社会生产力中人的因素和物的因素是不同的。人是社会生产力中最活跃的、起主导作用的因素。影响人的因素比较多，不仅有客观的条件，而且有主观的因素。因此，影响货币"五力"变化的因素比较多，对不同的人来说影响因素是不同的，甚至是千差万别的。

第三，货币的"五力"主要是由人的主观因素决定的，它不仅决定于社会生产方式，更决定于人的世界观、人生观、货币观。

以上分析表明，货币的"五力"既是客观的，又是主观的。从客观上说，只要有商品生产存在，货币作为一般等价物、财富的代表，货币的"五力"就是客观存在的；从主观上说，货币作用于不同的人，货币的"五力"的力度对不同的人来说是不同的，这决定于不同的人的主观世界，因此，货币的"五力"又是主观的，它具有以下三个特点：

第一，对一个具体的人来说，货币有时存在一种力，如只存在货币的吸引力；有时存在两种力，如存在货币的吸引力和货币的和谐力。

第二，货币的"五力"作用于每一个人的力度是不一样的，这是由人的主观世界决定的。例如，货币的吸引力对这个人来说可能比较大，对另一个人来说则可能比较小。

第三，货币的"五力"作用于一个人时，可能不是马上就发生作用，而是经过一段时间才发生作用。例如，对一个具体的人来说，货币开始对他没有诱惑力，但当这个人面对的外界条件或其主观思想发生变化时，货币的诱惑力可能渐渐产生；或者在年轻时事业向上发展的时期，货币对他没有诱惑力，后来，在他的思想退步后，货币对他产生了诱惑力。

拜金主义是违背马克思主义哲学本体论的学说，它否认人是社会发展的主体，否认人的主体对客体的主导地位，把人与货币的关系颠倒了过来，把货币看成是主体，看一切问题都倒着看。因此，我们必须要用马克思主义哲学本体论的学说批判拜金主义。

对于拜金主义我们要用马克思主义哲学辩证唯物主义的基本范畴——形式和内容、现象和本质进行分析。

现实中任何一事物都有形式和内容这两个侧面，它们是形式和内容的统一体。形式和内容这对范畴进一步揭示了由可能到实际的转化过程。事物的内容是构成事物的一切要素，即事物的各种内在矛盾，以及由这些矛盾决定的事物的特性、成分、运动的过程、发展的趋势等的总和；事物的形式则是指把内容诸要素统一起来表现内容的形式。

我们经常通过媒体看到、听到个别省部级干部因为贪污受贿被查被捕，为什么这么高级的干部还会贪污受贿呢？为什么货币有这么大的诱感力，能把高级领导干部迷倒？这个问题使许多人困惑，我们必须通过哲学上形式和内容范畴的分析找到正确答案。形式就是个别省部级领导干部的职务，内容就是这些省部级领导干部已经变质，已经不是高级领导干部，而是拜金主义者。货币的诱惑力渗透了他们的灵魂，使他们逐步变成拜金主义者，使这些领导干部麻木不仁，变成行尸走肉。从内容来看他们已经是拜金主义者，不再是形式上的高级领导干部，所以会走到被查被捕的地步，这是拜金主义哲学分析论回答的第一个现实问题。

为什么货币有这么大的诱惑力？这也要用哲学上的形式和内容范畴来分析。贪污分子一般是先受到思想上的货币诱惑力的影响，受贿则是思想上的货币诱惑力变为行为上的货币诱惑力，前者为后者在思想上铺了底，行为上的货币诱惑力是在官员的心理上、行为上下功夫，是人调控的、精心策划的货币诱惑力。行贿者一般采取迂回的方式包围官员，使用的方式和花样很多，一般规律如下：

关系。行贿者利用中国人重视关系的心理，从拉关系开始，想方设法四处找关系，拉近和官员心理上的距离，和官员的关系搞得很近，使官员失去了防线，放松了警惕，行贿者便趁机而入。

围猎。了解官员的爱好，投其所好，设置诱饵，合围而猎。

决口。行贿者往往从官员的生活作风上打开缺口，行贿者陪同官员进出私人会所，过着灯红酒绿的生活，使官员腐化堕落，与行贿者同流合污，失去了防线。

行贿是人为的、现实的货币诱惑力，这种货币诱惑力是力度更大的货币诱惑力，是施展各种伎俩的货币诱惑力，是外诱与内因相结合的货币诱惑力，是命中率很高的货币诱惑力。高级领导干部忘记了自己的使命，忘记了党和国家的培养，忘记了人民的重托，一步一步被货币迷倒。这是拜金主义哲学分析论回答的第二个现实问题。

我们用马克思主义哲学辩证唯物主义的现象和本质范畴对拜金主义进行分析。现象和本质揭示了事物外在的联系和内在的联系，指导人们透过事物的现象把握其内在的本质。本质是事物的根本属性，是组成事物要素的内在联系，事物的本质是由事物本身固有的特殊矛盾构成的，一事物的根本性质就是该事物本身的特殊本质，相对于其他事物来说，就是它们之间的本质区别。

本质是事物的根本属性，回答了为什么"老虎""苍蝇"一起打，"老虎"和"苍蝇"虽然贪污的数额不同，犯罪的程度不同，但是从本质上来分析，他们都是拜金主义者，都是损害党和国家健康肌体的蛀虫，都要清除，要清除干净，这是拜金主义哲学分析论回答的第三个现实问题。

与本质相反，现象是事物的外部联系和表面特征，是事物的外在表现。按照表现本质的不同方式，现象可以分为真相和假象。真相是指那些从正面直接表现本质的现象，但真相仍然是现象，而不是本质。假象是指那些从反面歪曲表现本质的现象。个别贪污的领导干部已经是拜金主义者，贪污了巨款，但是，他们表面上装得若无其事，不动声色，甚至生活很简朴，还给职工作反腐倡廉的报告，这就是假象，人们在日常生活中不容易识破，这是拜金主义哲学分析论回答的第四个现实问题。

哲学的任务就是透过现象认识本质。现象和本质是对立统一的关系，告诉我们既不能抹杀二者的差别，也不能否认二者的统一。通过现象认识本质，这是认识事物的直接任务。唯物辩证法的规律和范畴既是事物联系和发展普遍本质的反映，也是人们通过现象抓住事物本质的方法论。我们必须把唯物辩证法应用于认识论，唯物辩证法也是马克思主义的认识论。

行贿者通过各种关系、各种手段、各种花招对领导干部行贿，把个别领导干部拉下水。行贿者都是老牌的拜金主义者，他们给国家和集体造成重大的经济损失，败坏了社会风气。我们要通过现象看本质，这也是对行贿者同样要给予法律上的严惩的原因，这是拜金主义哲学分析论回答的第五个现实问题。

对于坦白从宽、悔过自新，主动退回全部赃款的贪污分子，应从宽处理，这是透过现象看本质的英明政策。贪污分子的本质是拜金主义者，只要他们在思想上、感情上、行动上和拜金主义划清界限，他们从此便不再是拜金主义者，应该对他们网开一面，这是拜金主义哲学分析论回答的第六个现实问题。

马克思主义哲学的辩证唯物主义通过现象看本质，这告诫我们：在社会主义市场经济条件下，最主要的危险是拜金主义，拜金主义者人数虽然极少，但是危害却极大，这决定了反腐败斗争永远在路上，这是拜金主义哲学分析论回答的第七个现实问题。

货币五力论是我提出的第三个货币创新理论，拜金主义哲学分析论是我提出的第四个货币创新理论，请读者批评指正。

复习思考题

1. 货币为什么对人产生作用？
2. 货币对人产生作用和对经济产生作用的共同点和不同点是什么？
3. 什么是货币吸引力？货币吸引力的大小由什么决定？
4. 什么是货币和谐力？具备货币和谐力需要什么条件？
5. 什么是货币扭曲力？请举出日常生活中的例子。
6. 什么是货币诱惑力？你认为货币诱惑力的发展有哪些阶段？
7. 货币诱惑力和货币吸引力有什么区别？二者之间是否有联系？
8. 什么是货币国际力？货币国际力的大小由什么决定？
9. 简述货币的"五力"与货币的五个职能的区别和联系。

第四章　货币交换的根本原则是等价交换

　　货币交换的根本原则是等价交换。但是，这个原则在实践中能否真正实现，还必须按照马克思主义哲学唯物辩证法范畴中关于必然性和偶然性、可能性和现实性的理论进行深入的分析，要从不同方面研究货币交换这个根本原则的实现。等价交换也是人的货币行为的根本原则。

一、货币交换的基础和核心

　　商品与货币交换是以交换的双方处在平等地位为前提的，双方都有随意支配自己商品的权利，都要求这种交换是相互需要的、等价的，否则，商品与货币的交换就很难完成。在前两个价值形式，即简单的、个别的或偶然的价值形式和扩大的价值形式中，商品交换是物与物的直接交换，交换双方关心两个问题：商品是否相互需要？交换是否等价？在后两个形式中，即一般价值形式和货币价值形式中，商品交换双方对商品的相互需要已经不存在，等价交换就是商品所有者最关心的问题，也是其根本利益所在，等价交换就变成了货币交换的核心。

　　商品的使用价值转化为交换价值，具体劳动转化为抽象劳动，私人劳动转化为社会劳动，从而商品交换转换为货币交换，这一切实际上都是劳动交换。因此，劳动是货币交换的基础，这是从商品的内在矛盾到商品生产基本矛盾的分析中得出来的重要结论之一。

　　在现代社会，货币价值形式已经不是当初的金银，也不是铸币，而是价值符号，主要是纸币和数字货币，这是因为货币发挥流通手段职能的特点是转瞬即逝的。马克思说："只要金仅仅作为铸币发生作用或经常处在流通中，金实际上只是商品形态变化的连结，是商品的仅仅瞬息间的货币存在。""商品的交换价值在这个过程中所得到的和金在它的流通中所表现的现实性，仅仅是闪电一样的现实性。金虽然是实在的金，但只执行虚幻的金的职能，因而在这个职能上可以由自己的符号来代替。"货币价值符号是用它所代表的人类社会劳动来衡量一切商品的价值，一般等价物是价值符号的外壳，代表人类社会劳动是价值符号的内核。价值符号的外壳和内核是货币的两个侧面，外壳是价值符号存在和表现的形式，内核是价值符号存在的基础，二者是统一的。在价值符号的外壳和内核中，内核是起决定性作用的，是比较活跃的。当价值符号的内核代表人类社会劳动发生变化，价值符号的外壳就会反映这种变化，货币和商品交换的价格就会发生变化。因此，价值符号的内核决定价值符号的外壳。货币和商品交换，实际上就是价值符号所代表的人类社会劳动和商品所凝结的人类社会劳动相交换，二者必须是对等的，这里等价仍然是核心。

　　如果纸币发行过多，纸币就会贬值，每个单位纸币所代表的价值就会减少，这是由纸币流通的特殊规律决定的。马克思说："没有价值的记号，只有在它们在流通过程中代表金的限度内，才能成为价值符号，它们又只有在金本身原来就会作为铸币进入流通过程的限度内，才代表金，这个量，在商品交换价值和商品形态变化速度既定的时候，是由金本身的价值决定的。"马克思又说："国家固然可以把印有任意的铸币名称的任意数量的纸票投入流通，可是它的控制同这个机械动作一起结束。价值符号或纸币一经为流通所掌握，就受流通的内在规律的支配。"由此可见，纸币发行的数量是由纸币流通的客观规律决定的，如果国家连续发行纸币超过客观的限度，就会发生通货膨胀，国家就要花大力气来制止通货膨胀。因此，在纸币流通条件下，必须保证货币的等价交换能够正常进行。

商品所有者的根本利益、纸币流通的特有规律、历史和现实的结合都充分说明了一切货币交换必须按照等价交换来进行,因此,等价交换是货币交换的核心。这是从商品的内在矛盾到商品生产基本矛盾的分析中得出来的重要结论之二。

商品生产和交换是货币交换的前提,商品内在矛盾的斗争是通过外部商品和货币的交换来解决的。因此,商品生产和交换决定货币交换,货币交换反作用于商品生产和交换。货币交换对发展商品生产、扩大商品交换、建立市场经济发挥着重要作用。金融是现代经济的核心,经济决定金融,金融反作用于经济,但作用和反作用不是绝对的。在一定条件下,金融也可以起决定性作用,这是在实际的经济和金融工作中研究经济和金融关系的基本观点。因此,经济决定金融,金融反作用于经济,这是从商品的内在矛盾到商品生产基本矛盾的分析中得出来的重要结论之三。

以上三个重要结论是根据马克思主义哲学唯物辩证法,从商品的内在矛盾到商品生产基本矛盾的分析中得出来的关于货币交换的三个重要结论,这也是研究货币交换的根本方法,是马克思哲学唯物辩证法在分析货币交换时的具体运用。

二、货币等价交换论

从以上分析可知,商品生产和交换是货币交换的前提,劳动是货币交换的基础,商品与货币交换说到底就是人类社会劳动的交换,人类社会劳动的交换必须是对等的,因而货币交换的核心是等价交换,这保证了交换双方的根本利益不受任何一方的侵害。在存在商品与生产和交换的社会中,商品与货币交换必须遵循等价交换这个根本原则。在中国特色社会主义市场经济条件下,每个人的日常生活、社会与经济的运行都离不开货币交换,认识到货币交换的根本原则是等价交换,对建设中国特色社会主义是十分重要的。

遵循货币的等价交换原则，是使市场在资源配置中起决定性作用和更好发挥政府作用的客观要求。社会再生产中的生产、分配、流通、消费是有机的统一体，是密不可分的，这种连接只能通过货币交换来实现，货币交换是连接社会再生产的纽带。如果货币的等价交换原则遭到破坏，货币交换的这个纽带就变成了"纸带"，直接影响市场在资源配置中的决定性作用发挥。

货币的等价交换是市场经济正常运行的根本原则。只有保持货币的等价交换，才能保证交易双方的经济利益不受侵害，市场经济才能有序地健康运行，才能促进经济高质量发展；否则，市场经济运行就会受阻，甚至很难进行下去，这直接影响正常的经济秩序，必然会给社会主义市场经济带来严重的损害。

货币的等价交换是促进社会公平合理的基础。劳动者只有多劳动、多贡献，才会有更多的获得感；劳动者的经济利益得到保护，不受任何侵害，才能保持社会公平合理。否则，劳动者的付出得不到应有的回报，其劳动成果受到侵害，也就谈不上社会的公平合理。

货币的等价交换是促进社会安定团结的前提。劳动者的经济利益受到保护，劳动者和劳动者之间，劳动者和企业、单位之间没有经济利益冲突，社会矛盾得到及时化解，就能够促进社会安定团结，有利于建设和谐社会。

以上分析表明，一切违反等价交换原则的货币心理和货币行为都会损害社会主义市场经济的根本利益，都会触碰中国特色社会主义建设的底线、警戒线，都将受到应有的惩罚。违反等价交换原则是拜金主义者的起始点，这必须引起人们足够的警惕。我们必须认识到等价交换才是货币交换的根本原则，不能做伸手派，要牢固树立劳动观点，一切货币都需要用辛勤的劳动换来。

（一）货币交换存在着表面上等价、实际上不等价的可能性

过去在论述价值形式发展时，都是这样表述的：随着商品生产和交

换的发展，简单的、个别的或偶然的价值形式存在着缺点，发展到扩大
的价值形式；扩大的价值形式存在着缺点，发展到一般的价值形式；一
般的价值形式存在着缺点，发展到货币价值形式。到此为止，人们产生
一种错觉，以为货币价值形式就不存在缺点，事实上不是这样的。第一
章已经指出了货币价值形式本质性的、根本性的、深层次的、隐蔽性的
缺点，这里从货币价值的形式上进行分析，也可发现其存在着隐蔽性的
缺点。这是因为一般等价物出现后，商品的直接交换便过渡到间接交换，
这是价值形式发展的质的变化。质的变化是根本性的变化，这时参与商
品交换的已经不是双方，而是存在着三方，这使商品交换的等价变得看
不见、摸不着，不明显，从而具有隐蔽性。这里存在着迷藏，存在着人
为因素，存在着人的货币心理和货币行为，因而可能产生货币交换的欺
骗性。货币价值形式的这个缺点比以往任何价值形式的缺点离我们的年
代更近、离我们的生活更近，甚至是天天出现的，这是更重要的。货币
价值形式是价值形式发展最后的、最方便的、唯一的价值形式，但我们
也要看到货币价值形式的缺点，这个缺点就是存在着表面上等价、实际
上不等价的可能性，我们必须从理论上和实践上搞清楚这个缺点。

　　货币交换既存在着等价交换，也存在着不等价交换，这是一个事物
的两个方面。货币交换的不等价交换不可能是赤裸裸的、看得见的、摸
得着的，如果是这样，不等价交换就很难存在了。那么，不等价货币交
换究竟采取什么样隐蔽的形式呢？这是需要深入研究的问题。马克思的
剩余价值学说就是通过货币交换的现象揭露不等价货币交换本质的典范。
现象是由事物的本质决定的，但现象是变化的，本质是事物内部深藏的。
现象完全歪曲它的本质，这是资本主义制度最主要的特点。马克思研究
资本主义社会的利润，是从 G（货币）—W（商品）—G′（货币）开始
的，目的是追踪利润所掩盖的剩余价值，追溯剩余价值的发源地。其全
部秘密就在于新价值的生产过程中，只要劳动时间延长到为补偿劳动力
价值所需要的时间以上就生产出剩余价值，劳动过程分为劳动力的再生
产和剩余价值的生产，劳动力的劳动时间超过了劳动力再生产所需要的

时间就会产生剩余价值。马克思说："如果我们现在把价值形成过程和价值增值过程比较一下，就会知道，价值增值过程不外是超过一定点而延长了的价值形成过程。"这就揭露了利润是被掩盖的剩余劳动，剩余劳动是利润的源泉。劳动力所有者和资本家在市场上相遇，双方在法律上是平等的，但是，实际上一个是被剥削者，另一个是剥削者、掠夺者，他们表面上是平等的，实际上是不平等的，而且是很不平等的。根据资本家和工人双方签订的劳动合同，资本家按照工作时间向工人支付工资，从表面上看是等价的，但实际上是不等价的。货币交换反映了这种表面上等价、实际上不等价的商品生产关系。因此，这时货币交换表面上等价、实际上不等价，这是货币交换不等价的典型表现形式。

研究货币交换表面上等价、实际上不等价的重大现实性和理论性就在于：研究资本主义社会货币交换表面上等价、实际上不等价，有助于进一步揭露资本主义生产方式的剥削本质和掠夺性。在中国特色社会主义制度下，也存在着货币交换表面上等价、实际上不等价的货币心理和货币行为，这直接损害了人民的根本利益，不利于社会主义经济建设，特别是这种不等价的货币交换采取了表面上等价的隐蔽方式，一时很难被发现，其持续的时间越长，对人民利益的损害就越大，就越不利于建设公平、正义、和谐的社会主义社会。因此，我们必须逐步减少和清除这种不等价的货币交换，更好地建设中国特色社会主义，使人民生活更美好。

货币交换表面上等价、实际上不等价是货币交换不等价的表现形式，我们必须将其与商品供求关系变动导致商品价格有时高于或低于价值严格区别开来，后者体现的是价值规律的调节作用。在市场上，商品价值自发地变为商品价格，由于存在商品供求关系，两者不可能完全一致，商品价格和价值向一个方向的任何背离，都会由相反的背离来修正和补充，围绕着商品价格和商品价值的背离，价格机制调节生产、调节需求的作用得以发挥。因此，这种商品价格背离商品价值仍然属于货币等价交换，其与货币交换表面上等价、实际上不等价在表现形式上是不同的，在性质上是根本不同的，两者不能混淆。

研究货币交换中表面上等价、实际上不等价，要搞清楚马克思主义哲学上唯物辩证法范畴的两个关系：必然性和偶然性的关系、可能性和现实性的关系。

必然性是客观事物联系和发展合乎规律、确定不移的趋势，是在一定条件下的不可避免性和确定性。货币交换中的等价交换是市场经济中的主流，是一种必然性，是市场经济运行中合乎规律的、确定不移的趋势，是市场经济条件下的不可避免性和确定性。因此，货币交换的等价交换是市场运行的根本原则，也是市场经济运行的客观要求。

与必然性相反，偶然性是指事物发展的必然过程中呈现出的某些摇摆、偏离，是可以这样出现也可以那样出现的不确定的趋势。

必然性和偶然性这两种不同的趋势在事物的联系和发展中起着不同的作用。必然性产生于事物内部的主要原因，它在发展过程中处于主要地位，决定事物发展的前途和方向。偶然性则不同，它产生于事物次要的外部原因，因而在发展中一般处于从属地位，对发展的必然性起着促进或延缓的作用，使发展的趋势带有这样或那样的特点和偏差。

货币交换的等价交换是货币交换的主流，在货币交换中占支配地位，这是货币交换的必然性。货币交换中表面上等价、实际上不等价是货币交换的偶然性。在市场经济运行中，当出现表面上等价、实际上不等价的客观条件时，这种偶然性就有可能出现；当客观条件不存在时，它就不可能出现。在市场经济运行中，如果不具备这些条件，它是永远不可能出现的。

必然性和偶然性是对立的统一。两者相互依赖，并在一定条件下相互转化。必然性总是和偶然性相联系，没有脱离偶然性的必然性；偶然性是必然性的补充和表现形式，不通过偶然性只表现为纯粹的必然性的现象是根本没有的。

偶然性总是和必然性相联系的，没有脱离必然性的偶然性。与不存在纯粹的必然性一样，也不存在纯粹的偶然性。凡存在偶然性的地方，其背后总是隐藏着必然性；在偶然性起作用的地方，其始终受着内部必然性的支配。

必然性和偶然性的统一，不仅表现为它们相互依赖、相互渗透、不可分割，而且表现为它们能够在一定条件下相互转化。人们在日常生活中要立足于必然性，又不能忽视偶然性，这才是马克思主义哲学辩证科学的态度。

我们必须用马克思主义哲学辩证唯物主义可能性和现实性的范畴研究货币交换表面上等价、实际上不等价。现实性是指现在的一切事物、现象的实际存在性，是已经实现了的可能性。现实性作为哲学范畴，不是孤立地、凝固地确认个别事实和现象的实际存在，而是对相互联系、变化发展着的客观事物、现象的综合。可能性包含在现实性中，但又不等于现实性，现实性是实现了的可能性。可能性是与现实性相对立的范畴，它是指包含在现实事物中的、预示着事物发展前途的种种趋势，是潜在的、尚未实现的。因此，可能性包含在当前的现实性之中，但又不等于现实性，它预示着未来的现实。现实性和可能性存在内在的联系，只有合乎规律、合乎必然的可能性才能转化为现实性。

把握可能性范畴时，要把可能性和不可能性区别开来。凡说一事物有出现的可能时，就是说它在不同程度上有出现的客观根据和条件；否则，就是不可能。不可能性是指一事物在现实中没有任何出现的根据和条件，因而它是永远不可能出现的。

可能性和现实性是对立统一的关系。现实性与可能性的对立和相互排斥在于，可能性不是现实性，现实性也不再是可能性。可能性是事物潜在的趋势，它着眼于未来，预示事物的发展方向和前景。现实性是现存的客观实际，它着眼于现在，标示着事物的现状。两者具有质的区别，不能把两者等同起来。

可能性和现实性这两个对立面又是相互统一的。可能性与现实性二者紧密相连，是不可分割的。可能性包含在现实性中，是没有实现的现实性。现实性是已经实现了的可能性，同时它又孕育着新的可能性。

从可能性与现实性的这种内在的联系就可以看到，它们是相互过渡、相互转化的。客观现实的发展是不断产生可能、可能又不断变为现实的过程。可能性转化为现实性需要一定的条件，其中包含客观条件和主观条件，在具备客观条件时，人们的主观能动性对实现这种转化起着重要作用。

货币交换表面上等价、实际上不等价的可能性和现实性是紧密相连的。可能性转化为现实性，需要具备客观条件和主观条件，客观条件是社会制度，主观条件是人的货币观。在资本主义制度下，资本家占有生产资料，无产阶级一无所有，只有向资本家出卖自己的劳动力，资本家通过货币交换购买工人的劳动力，从表面上看是等价的，但实际上是不等价的。西方经济学否定货币交换反映的这种不等价关系、剥削关系，吹嘘资本主义社会是平等的、自由的，掩盖了实际上不平等的真相。西方经济学把资本主义社会的生产关系看作是永恒的，认为它和自然现象一样，是永存的。西方社会工人罢工游行的原因是多方面的、复杂的，但大多是因为工资待遇不公平、不合理引起的，这是货币交换表面上等价、实际上不等价造成的。为了抗议货币交换这种表面上等价、实际上不等价，罢工浪潮此起彼伏。美国甚至屡屡发生枪击事件，其中有的就是为了反抗资本家的压迫和凌辱，仇视这种社会制度带来的表面上平等、实际上不平等，因为这种社会制度长期以来给人带来了精神上的压抑和折磨。

从以上分析可知，在资本主义社会货币交换表面上等价、实际上不等价的这种可能性转化为现实性是必然的，是屡见不鲜的。

在中国特色社会主义制度下，人民当家作主的主人翁地位，以及全心全意为人民服务的宗旨使货币交换表面上等价、实际上不等价的可能性转化为现实性的主客观条件发生了根本性变化，使这种转化表现为暂时性、偶然性、个别性。社会主义市场经济偶尔会出现的摇摆、失衡、不协调，使货币交换表面上等价、实际上不等价可以偶尔这样出现或那样出现，这带有偶然性，是暂时的、个别的。例如，分配制度有待进一步调整和完善，流通渠道有待进一步疏通和规范，消费市场有待进一步整顿和治理，民营企业劳资关系有待进一步协调。从主观条件来看，还存在极少数拜金主义者搞各种非法活动。

从以上分析可知，我国社会主义制度下出现的不等价交换和资本主义制度下出现的不等价交换在主观和客观条件上是根本不同的，在性质上也是不同的，必须严格区别开来。

（二）减少和消除不等价的货币交换是一个长期、艰巨和细致的任务

在中国特色社会主义制度下产生不等价的货币交换，虽然具有暂时性、偶然性、个别性，是支流，但它的危害性却很大，它与中国特色社会主义制度是格格不入的，直接损害了广大人民群众的利益，直接危害经济的正常运行，直接妨碍全体人民走共同富裕的道路，直接危害社会公平、正义。因此，我们千万不能掉以轻心，必须深入细致地分析其产生的原因、性质和对策，这样才能使它逐步减少以至不再发生。

货币交换存在表面上等价、实际上不等价的支流，反映出中国现阶段处于并将长期处于社会主义初级阶段的国情没有变，社会主义初级阶段还存在着旧社会的斑痕，以及旧的经济体制的束缚和影响。消除旧社会的斑痕、旧的经济体制的束缚和影响是一个长期、艰巨的任务。

在商品与货币存在的条件下，生产商品的社会必要劳动量不可能直接用劳动时间来计算，只能通过货币来测量，商品价值的货币表现形成商品价格，这个价格是历史上无数次商品与货币交换形成的。因此，商品交换的不等价有的表现明显，比较容易解决；有的表现不明显，只能通过无数次商品与货币交换的实践才能逐步被人们认识，因此，减少和消除表面上等价、实际上不等价的货币交换是一个十分细致的任务。

减少和消除表面上等价、实际上不等价的货币交换，要从客观条件即不断发展和完善中国特色社会主义制度，以及主观条件即人的条件这两个方面着手。在社会主义市场经济条件下，任何经济活动都是通过货币交换来实现的，消除不等价的货币交换涉及经济的各个领域。

　　我国已全面建成小康社会，脱贫攻坚已经取得决定性成就，正在向着第二个百年奋斗目标进军。这为减少和消除表面上等价、实际上不等价的货币交换奠定了牢固的经济基础；充分调动亿万人民群众的积极性和创造性，充分发挥中国特色社会主义制度的优越性，为减少和消除货币交换表面上等价、实际上不等价的可能性提供了强大的力量。

　　全面深化改革，在更高起点上推进改革开放。深入贯彻以人民为中心的发展思想，让改革发展成果更多、更公平惠及全体人民，促进社会更公平、更正义、更合理。这些会从根本上减少和消除表面上等价、实际上不等价的货币交换的发生，因为货币交换中表面上等价、实际上不等价正是经济运行中不公平、不正义、不合理现象的货币表现，把表面上等价、实际上不等价的货币交换去掉一件，社会的公平、正义、合理就增添一分。因此，减少和清除表面上等价、实际上不等价的货币交换，要一件事接着一件事去做，一年接着一年去干。

　　新时代我国社会的主要矛盾是人民日益增长的美好生活需要和不平衡不充分的发展之间的矛盾，要提高人民的收入水平，逐步实现全体人民共同富裕是实现新时代目标的重要内容。坚持经济由高速度增长转向高质量发展，必然会使人民的收入更多更快地增长，人民的生活也能更高质量发展。在提高劳动生产率的同时，实现劳动报酬同步增长，扩大中等收入群体，使中等收入群体比例明显提高，增加低收入群体的收入，调节过高收入，缩小城乡和区域发展差距以及人民生活水平的差距。上述这一切能够从收入分配上减少和消除表面上等价、实际上不等价的货币交换。

　　坚定不移地贯彻"创新、协调、绿色、开放、共享"的新发展理念。把经济发展的着力点放在实体经济上，要依靠科技创新和科技进步，吸收世界科技发展的新成就、新经验，提升经济发展的质量和效益，有效化解过剩产能，促进产业优化重组，支持传统产业优化升级。建设现代化经济体系，要充分发挥金融对实体经济的支撑作用，把更多的金融资源配置到经济发展的重点领域和薄弱环节，提高直接融资的比重，促进多层次资本市场健康发展。但金融对实体经济的支撑不能只满足于贷款的数量增加，银行信贷同样要从数量型向质量型转变，要看贷款的经济效益。不能见物不见人，在金融工作中要看到人的货币行为的作用。对实体经济，尤其是对小微企业的贷款，有一部分被人为"截留"，转向虚拟经济，甚至转向债券、股票市场，或中途进行拆借，获取高利息，存在着脱实向虚的现象，虚拟经济源源不断地从实体经济中夺取资金，这是产生不等价货币交换的十分重要的渠道，必须引起足够的重视。

完善社会主义市场经济体制。要使市场在资源配置中起决定性作用，这是通过市场机制实现的。市场机制就是价格机制，即在公平竞争中产生价格，它反映资源的稀缺程度，指引资源的合理流向，实现各项资源最有效的配置，实现竞争公平有序、优胜劣汰，防止市场垄断。要更好发挥政府作用，完善宏观调控，发挥国家发展规划的战略导向作用，从而最大程度地提高经济效益。市场垄断、公平竞争削弱、供求失衡是产生表面上等价、实际上不等价货币交换的重要原因。因此，必须充分发挥市场在资源配置中的决定性作用和更好发挥政府作用，逐步减少和消除表面上等价、实际上不等价的货币交换。

充分发挥财政税收的调节作用，深化财政税收体制改革。财政政策和税收政策是宏观经济政策的重要组成部分，财政政策和税收政策要促进供给侧结构性改革，激发经济活力，提升经济增长的质量和效益，化解过剩产能。财政预算既要保证国家战略重点的资金需要，又要满足公共产品服务的资金需要，更多地提供教育、医疗和社会保障等公共服务，要管控好政府债券规模，防止出现债务风险。要改善初次分配和再分配结构，通过财政第三次分配，增加低收入群体的收入，调节过高收入，通过财政税收调节作用，逐步消除和减少表面上等价、实际上不等价货币交换的发生。

保持通货基本稳定。通货稳定能够促进经济稳定、健康发展，促进社会安全团结。要使人民收入的增长超过物价上涨；否则，人民的实际生活水平就会下降，这会导致发生表面上等价、实际上不等价的货币交换。银行存款利率不能太低，否则，在物价上涨的情况下，银行存款就会出现负利率，虽然名义上存款的数额没变，但其购买力却在下降，这就导致发生表面上等价、实际上不等价的货币交换。因此，在通货膨胀的情况下，表面上等价、实际上不等价的货币交换就会发生。

防范和化解金融风险，特别是系统性金融风险，这是金融工作永恒的主题，它直接关系国家的安全、人民的利益。因此，要加强金融监管，杜绝金融风险导致发生不等价的货币交换。

三、等价交换是货币行为的根本原则

货币交换的根本原则是等价交换，我们一定要把这个根本原则搞清楚、弄明白，并且要认识到等价交换也是货币行为的根本原则。

人的货币行为产生的原因包括内在原因和外部原因。内在原因首先是生理上的原因，包括衣、食、住、行的需要；其次是社会原因，人生活在社会中，不能脱离社会生活的需要，这导致人们产生货币行为。外部原因主要是指外来的刺激，外来的刺激引起人的货币行为。货币行为的内在原因和外部原因是密切联系的。货币行为源自人们生存、生活的基本需要，这种需要是持久的。人的货币行为因人的欲望而产生，因欲望得到满足而终止。

人们往往希望自己和家庭生活过得好些、更好些，这就产生了对物质利益的需要，追求物质利益的欲望导致产生了追求物质利益的动机。人的货币行为与人们的生存和发展直接相联系，因此，物质利益对人的货币行为的支配作用十分明显。物质利益是人们通过自己的劳动、生产或工作得到的收入，能够满足自己及家庭的生存和发展的各种物质需要。货币行为就是人们在经济生活中满足物质需要的各种行为，因此，它也是人们最基本的、最重要的行为。

人的生存和发展不仅需要物质利益的满足，还需要非物质利益的满足，如兴趣、爱好、学习、成就、交往等需要的满足，这些对人的生存

和发展也是必不可少的。除了物质利益和非物质利益的需要以外，人们还有度假、休息、闲暇等需要。非物质利益和度假、休息、闲暇等需要也是以物质利益为基础的。在社会主义市场经济中，要正视、承认、尊重、正确引导人们对物质利益和非物质利益的追求，逐步满足人的全面需要和实现人的全面发展，让人们享受更美好的生活。

综上所述，人们要生存和发展，必须有衣、食、住、行等维持生存和发展的物质资料，因此，物质资料的生产是人们生存和发展的基础。物质资料的生产是指劳动者按照预期的目的，运用劳动手段，通过辛勤的劳动，加工于劳动对象，使它适合于人们生存和发展的需要。人们的生产活动首先是一个劳动过程，劳动就是具有一定生产经验和劳动技能的劳动者，使用劳动工具进行的有目的的活动。生产资料包括劳动资料和劳动对象，这是进行物质资料生产的客观条件，人的劳动是进行物质资料生产的主观条件。

人们在生产出产品以后，按照一定的分配原则，各分得一部分产品。在存在社会分工的条件下，人们自己生产的产品往往不是自己需要的产品，这时人们必须用自己生产的产品与别人进行交换。交换是通过货币进行的，交换的双方必须遵循等价交换的原则；否则，不等价交换会伤害一方的利益，这样交换就不可能实现。因此，等价交换是货币交换的根本原则。要获取货币，唯一的途径是辛勤劳动，这是获取货币的前提。人们的生产、分配、交换和消费关系，即社会生产关系的总和构成了社会的经济基础。政治、法律、宗教、文学、艺术、教育、社会意识等社会上层建筑是在一定的经济基础上建立起来的。人们在上层建筑各部门工作，同样要付出辛勤的劳动，也要根据等价交换的原则获取货币。因此，获取货币最根本的途径就是辛勤劳动和工作。劳动是货币交换的基础，等价是货币交换的根本原则，有效地多劳动，创造更多的社会财富，获得更多的工作业绩，就能够获得更多的货币。

在资本主义制度下，资产阶级一贯鼓吹自由、平等，说什么资本主义社会是最自由、最平等的社会，但实际上只是表面上的平等、自由，本质上是不平等、不自由的。无产阶级只有集会、游行、喊口号、受剥削、受奴役的自由、平等，实际上是不平等、不自由的。因此，货币交换表面上等价、实际上不等价就是资本主义制度在政治上表面上平等、自由而实际上不平等、不自由在货币交换中的反映。

在中国特色社会主义制度下，人民当家作主，一切以人民为中心，劳动人民是国家的主人，全体人民走共同富裕的道路。企业的领导和工人都是普通的劳动者，无论职务的高低，他们在人格上一律是平等的、自由的，在人格上都受到尊重，这样能够调动广大劳动者劳动的积极性和创造性，为国家、集体多创造财富、多作贡献。因此，在我国社会主义初级阶段，减少和消除表面上等价、实际上不等价的货币交换，从客观条件上讲，就是要不断发展和完善中国特色社会主义制度。从主观条件上讲，就是要充分调动广大劳动者劳动和工作的积极性、创造性，因为只有辛勤劳动和工作才是获取货币唯一的途径。

在社会主义制度下，一切违反等价交换这一货币交换根本原则的行为，或者想通过不等价交换多获取货币的行为都是不允许的，是要受到谴责的，甚至是违法的。不是通过辛勤劳动和工作得到的货币，千万不能伸手，有了第一次，就会有第二次，甚至更多次，不平等的货币交换就会把人带到毁灭一生的邪路上。因此，只有辛勤劳动和工作才是获取货币唯一正确的途径。

从以上分析可知，人的货币行为必须通过货币交换才能实现，货币交换的基础是劳动，货币交换的根本原则是等价交换，这就决定了人的货币行为的根本原则也必须是等价交换。违反了这个原则，人的货币行为就无法实现，甚至会受到惩罚。

四、必须遵循等价交换这个根本原则

货币交换是商品生产条件下社会分工的结果，是指人们之间的劳动产品根据等价的原则进行交换，货币交换是货币运行规律的表现形式，因此，货币交换具有客观性。

货币行为源于人的货币心理，它是人的货币心理活动的结果，因此，货币行为具有主观性。人的货币行为和货币交换有着密切的联系，主要表现在：一是人的货币行为是通过货币交换实现的；二是等价交换是货币交换的根本原则，也是货币行为的根本原则；三是货币不是自己进入交换领域的，而是人的货币行为投入的。

货币交换的客观性与货币行为的主观性又是根本不同的，主要表现在以下四个方面：

第一，等价交换是货币交换固有的、内在的根本原则，等价交换也是货币行为的根本原则，但这不是货币行为本身固有的，不是人人都遵守这个根本原则，不同的人有不同的打算和想法，可能遵守也可能违反这个根本原则。

第二，一旦货币交换违反了等价交换的根本原则，货币交换中的一方或多方的利益就会受损，货币交换就不能成立，此次货币交换就会结束。但是，如果货币行为违反了等价交换的根本原则，当事人就要被追究责任。

第三，货币交换存在着名义上等价、实际上不等价的可能性，这种可能性是通过人的货币行为实现的，是货币行为把这种可能性转化为现实性。极少数人货币心理上存在谬误，往往企图通过货币交换名义上等价、实际上不等价的货币行为来捞取货币。

第四，减少和消除不等价的货币交换是一个长期、艰巨、细致的任务。如果货币行为违反了等价交换的根本原则，则当事人会受到法律的严惩，严重的甚至落得家破人亡的结局。

以上货币行为与货币交换的不同，实际上表现为货币是载体、人是主体的不同，货币是不能自己进入流通的，是人把它投入流通的，货币有其运行的客观规律，但受人的指挥和调控，因此，人对货币在经济、社会中发挥的作用有很大的影响。

等价交换也是货币行为的根本原则，根据这个原则的要求，人们就应该辛勤劳动、无私奉献，从而会快乐幸福、一生平安；违反这个根本原则的结果是轻视劳动、捞取货币，从而导致违法乱纪、自食恶果。

货币等价交换论是我提出的第五个货币创新理论，请读者批评指正。

复习思考题

1. 货币交换的基础是什么？为什么？

2. 货币交换的核心是什么？为什么？

3. 从商品的内在矛盾到商品生产的矛盾，如何得出关于货币交换的三个重要结论？

4. 为什么说等价交换是货币交换的根本原则？

5. 货币价值形式为什么是价值形式发展质的变化？

6. 货币交换表面上等价、实际上不等价的两个哲学范畴的关系是什么？

7. 减少和消除表面上等价、实际上不等价的货币交换的客观条件是什么？

8. 减少和消除表面上等价、实际上不等价的货币交换的主观条件是什么？

9. 为什么说辛勤劳动和工作是获取货币的根本途径？

10. 你对货币等价交换论有什么看法？

第五章　货币的重要性

在日常经济生活中，人离不开货币，货币离不开人，时时处处体现出货币在经济生活中的重要性。

一、从哲学上分析货币的重要性

实践是人类社会的发源地，人类社会完全是人类实践活动的产物，实践推动社会生产力的发展。马克思主义哲学要面对现实，在社会经济生活中具有基础性、决定性的现实就是经济现实，经济现实中最重要的是货币，因为货币在市场经济活动中占据核心地位，人们的货币思维必须以哲学为指导。

马克思指出："货币，因为具有购买一切东西、占有一切对象的特性，所以是最突出的对象。货币这种特性的普遍性是货币本质的万能，所以它被当成万能之物。货币是需要和对象之间、人的生活和生活资料之间的牵线人。但是在我和我生活之间充当媒介的那个东西，也在我和他人为我的存在之间充当媒介。"①

市场经济不仅是一个经济问题，而且是一个哲学问题，必须以马克思主义哲学理论为指导，要在哲学理论上提高认识，在思想意识上重视道德、伦理建设，反对拜金主义。

---

① 马克思：《1844 年经济学哲学手稿》，见 1927 年苏联出版社出版的《马克思恩格斯文库》第三卷，附录。

二、货币是市场经济活动的核心

市场经济是通过市场配置社会资源的经济形式，市场是商品和劳务交换的场所。经济活动要遵循价值规律的要求，适应供求关系的变化，通过价格杠杆和竞争机制，把资源配置到效益最好的环节中去，实现企业优胜劣汰。运用市场信号反应灵敏的特点，促进生产和需求的及时协调，促进经济高质量发展。

从上述市场经济的性质、货币的本质和作用可以得出，货币是市场经济活动的核心，理由有以下五个：

第一，在市场经济中，商品的价值取决于生产该商品的社会必要劳动时间，各种商品均以各自的价值量为基础进行等价交换，商品所包含的社会必要劳动时间不能直接用社会必要劳动时间来表示，只能通过货币与商品的交换来间接表现在货币上，商品的等价交换也只能反映在货币上。因此，商品的价值表现和交换都离不开货币，货币成为市场经济活动的核心。

第二，在市场经济中，竞争的实质就是商品生产者劳动消耗的比较。市场经济中各个利益主体为了获得最佳的经济效益，通过竞争获取有利的投资场所和销售条件，从而获取最大的经济效益，最大的经济效益也是通过货币来比较的。市场竞争是经济效益的竞争，是围绕着以获取多少货币为核心的竞争。因此，货币是市场经济活动的核心。

第三，在市场经济中，通过供给与需求之间的平衡形成各种商品的市场价格，并通过价格调节商品供给量和需求量，最终实现商品供求的基本平衡。这种商品供给和需求的平衡是通过商品的价格来调节的，当商品的供给大于商品的需求时，商品的价格就下跌；当商品的供给小于商品的需求时，商品的价格就上涨。商品的价格是商品价值的货币表现，通过商品价格来调节市场的供需，实际上就是通过货币来调节市场的供需，这里调节的核心是货币。因此，货币是市场经济活动的核心。

第四,在市场经济条件下,货币数量的多少、适不适应经济发展的要求直接影响币值的稳定。币值基本稳定、保持最适度货币数量是经济高质量发展的必要条件。如果货币供应量等于货币需要量,保持经济发展中最适度货币数量,货币币值就稳定;反之,如果货币供应量大于货币需求量,不能保持最适度货币数量,货币就会贬值,就会直接影响经济的高质量发展。因此,货币是市场经济活动的核心。

第五,货币是联系生产、分配、交换和消费的纽带,没有货币交换就没有市场经济的正常运转,也就没有经济的高质量发展。各个国家通货膨胀的历史充分表明,在通货膨胀期间,货币这个联系国民经济的纽带变成了"纸带",社会生产、分配、交换和消费都会受到很大影响。因此,货币是市场经济活动的核心。

从以上分析可知,货币是市场经济活动的核心,这关系着社会资源的有效配置,关系着经济的高质量发展,关系着人们的日常经济生活。人们在日常生活中,时时处处都能感觉到货币的特殊重要性,人们心理上货币的特殊重要性正是对市场经济中货币特殊重要性的反映。

三、要反对拜金主义

马克思指出:"它(货币)是有形的神明,它使一切人和自然的特性变成它们的对立物,使事物普遍混淆和颠倒;它能使冰炭化为胶漆。""货币这种神力包含在它的本质中,即包含在人的异化的、外化的和外在化的类本质中。它是人类外化的能力。"马克思在这里明确指出,货币具有神奇的力量,具有很大的魅力。在中国特色社会主义制度下,我们一定要反对拜金主义。

在中国特色社会主义制度下,市场经济与市场社会、市场观念在性质上是不同的,一定要严格区别开来。

建设社会主义市场经济必须以马克思主义哲学思想为指导。市场经济应该是法律的经济、道德的经济,要遵循社会主义道德观,以社会主义核心价值观为指导。市场经济是发展社会生产力、发展经济的有效方法，但在充分发挥市场经济作用的同时，应强化法律和道德的作用。不仅市场这只看不见的手起作用，也应发挥政府这只看得见的手的调节作用，必须两只手同时发挥作用。

我们建设的是社会主义市场经济，而不是西方的资本主义市场经济，这两种市场经济在性质上是根本不同的。社会主义的市场是资源配置的有效方式，资本主义社会是一切被市场操纵的社会，人与人之间的关系、人的伦理道德都由市场引导、由市场指挥，因此，西方的市场经济和社会主义市场经济所起的作用是根本不同的。

市场观念与市场经济是既有联系又有区别的。在社会主义市场经济下，一切生产和经营活动要从有效配置资源出发，要树立搞活市场有利于发展生产，能够创造更好的经济效益的观念，要有竞争的观念、优胜劣汰的观念。搞活市场的目的是促进经济高质量发展。西方的市场经济下只能形成唯利是图的观念，这两者在性质上是有根本区别的。

在社会主义制度下建设市场经济是为了建设一个自由、平等、公正、道德、法治的社会主义社会；在资本主义制度下只能形成自私自利、唯利是图、拜金主义的社会。

搞清楚以上社会主义市场经济和资本主义市场经济的根本不同是十分重要的，两者不能混淆。

四、货币核心论

基于以上对市场经济性质的分析，以及对货币在市场经济中特殊重要性地位的分析，我提出了货币核心论。这个理论系统地阐述了货币的地位、作用、内容、双核心、新内涵、新领域、新境界。

社会主义市场经济通过市场配置资源，资源配置遵循价值规律的要求。通过价格杠杆和竞争机制配置资源，这是通过货币并围绕着货币实现的；资源的配置要通过等价交换来实现，等价交换也围绕着货币这个核心；竞争机制要求获得最佳的经济效益，这也是围绕着获得更多的货币这个核心；商品供给与需求的平衡关系引起价格的变动，这也是围绕着货币这个核心；社会再生产中的生产、分配、交换、消费之间的联系纽带是货币，因此可以说货币是联系社会再生产的纽带。通过以上对市场经济几个主要方面和领域的分析，可以得出货币在市场经济活动中处于核心地位的结论，这就是货币核心论。

人们心理的产生依赖于物质的存在，物质是第一性的，人的心理是派生性的。货币是市场经济活动的核心，货币也是人们心理上的核心。以上几个方面充分、系统、全面地论述了货币是市场经济活动的核心。

货币是市场经济活动中的核心，货币是人心理上的核心，这两个核心是统一的、不可分割的整体。货币是市场经济活动的核心，这是货币在人们心理上占据核心地位的基础；货币是人们心理上的核心，这是市场经济活动中货币是核心在人们心理上的反映。这两个核心是不可分割的，这是"货币是第一性的、货币心理是派生性的"在人的心理上的反映。

货币核心论开创了货币理论研究的全新领域。货币不仅是我们过去已经认识到的客观的经济范畴，其对经济、社会发生重要作用，而且要进一步认识和研究货币自己没有长腿，是不能走进流通界的，而是人们在一定心理的指引下，把货币投入流通界的。货币心理是人的心理活动的核心，只有深入分析人的货币心理和货币行为，才能更好地发挥货币对经济、社会的作用；只有深入分析和研究人的货币心理和货币行为是否适当，才能更好地检验和识别货币、金融的实际工作是否正确和适当。过去只是孤立地、片面地按照货币是客观的经济范畴来研究货币对经济、社会的作用，这种研究是脱离实际的，是从书本上研究货币对经济、社会的作用，是纸上谈兵。货币核心论就是要告诉人们，货币的客观作用与人的货币心理的主观作用两者要结合起来研究，进行双向研究，双向提高，这样才能使货币对我国经济高质量发展、对实现中国式现代化发挥更好的作用。

货币核心论开创了货币研究的新领域、新境界、新前景，我们要系统地、全面地、深入地研究人的货币心理，这样才能使人的货币心理和货币行为对经济、社会的发展发挥更重要的作用，对人们的日常经济生活发挥更重要的作用。货币心理的研究是一个新的领域，研究的领域广阔、前景无量。货币核心论就是要使货币的客观作用和货币心理的主观作用双提高、双创新。

货币核心论是我提出的第六个货币创新理论，请读者批评指正。

复习思考题

1. 你对从哲学上看货币的重要性还有什么补充？
2. 简述市场经济与市场社会的关系。
3. 简述市场经济与市场观念的关系。
4. 简述社会主义市场经济与资本主义市场经济的区别。
5. 简述市场调节与政府调节的关系。

第六章 货币的转化

货币的本质有两个转化：当货币数量增加到一定程度时，货币就转化为财富的代表；当货币数量增加到一定界限时，货币就转化为资本。本章研究货币转化为资本，我们必须用马克思主义哲学否定之否定的规律研究这种转化。

一、运用否定之否定规律研究货币转化为资本

由于事物内在的矛盾性，任何事物内部都包含着肯定方面的因素和趋势与否定方面的因素和趋势，这种内在的否定性或内部矛盾的力量促使事物转化为自己的对立面，由肯定达到自身的否定，继而再由否定达到新的肯定，即否定之否定，从而显示出事物自己发展自己的完整过程。这一规律揭示了事物发展的基本过程、方面和方向，完整地揭示了事物的自我运动、自我发展、自我完善的唯物辩证法。

任何事物的内部都包含着肯定和否定两个方面，肯定不是否定，肯定是事物中维持其存在的方面，即肯定一事物为它自身，而不是别的事物；否定不是肯定，否定方面是促使它灭亡的方面，即破坏现有的事物，使它转化为其他事物的方面。在事物的肯定和否定这两个方面的相互对立和斗争中，当其中肯定方面处于优势时，事物就保持其原有的性质和自身的存在；一旦否定方面在发展中取得支配地位，就使事物转化为它的对立面，达到事物的自身否定，也就是事物发展过程中质的飞跃，即矛盾的转化和解决。

肯定和否定两个方面是相互依存、相互依赖、相互渗透的。肯定包含着否定，没有纯粹的肯定，肯定中总是渗透着否定。如果肯定中不包含任何否定的因素，事物就只能永远是它自身，就不会有任何发展。

与之相联系的，在一定意义上，肯定就是否定。人们对事物作出的任何一个规定都是一个肯定，同时，也就是某种否定，也就是对于这个界限之外的事物的排除，所以，肯定总是离不开否定。

否定中又包含着肯定，与没有纯粹的肯定一样，也没有纯粹的否定，不是否定一切，而是把某种肯定包含于否定之中。与此相联系，在一定意义上，否定就是肯定。

事物的辩证否定不是一次完成的，而是事物自己完善自己的有规律的过程，即肯定、否定、否定之否定的过程。事物由一个极端向它的反面转化，即由肯定到否定，但还未结束自己的发展进程，而它的更重要的阶段，乃是对否定再度进行否定，或新的否定。

事物由肯定、否定到否定之否定的自己发展的过程，从表现形态和发展态势上看，是一个螺旋式或波浪式，即曲折前进的过程。

否定之否定规律表明，事物发展的总方向、总趋势是前进的、上升的；事物发展的具体道路又是曲折的、迂回的。事物发展的波浪式前进或螺旋式上升，指的正是事物在自我发展过程中的前进性和曲折性、上升性和回归性的对立统一。

二、货币转化为资本

资本主义生产方式没有发达的商品流通是不行的，马克思指出："商品流通是资本的出发点，商品生产与发达的商品流通即商业是资本产生的历史前提。"[①] 资本主义商品生产是商品生产的进一步发展，但资本主义商品生产不同于简单商品生产，不仅从数量上看，有极大量的产

---

① 马克思. 资本论：第 1 卷［M］. 北京：人民出版社，1957：167.

品卷入了商品流通，商品流通成为占统治地位的形式，而且是商品活动的场所出现了新的商品，即劳动力，产生了新的社会生产关系。货币充当了新角色，货币是资本的最初表现形式，货币转化为资本。

马克思在分析资本主义经济时使用的一些经济范畴反映的是商品与货币的一般关系，在社会主义市场经济条件下同样可以使用，也必然是客观存在的，只不过它们所反映的已经不是资本主义的生产关系，而是社会主义的生产关系，资本也是这样。资本是能够增值的价值或能够带来收益的价值，这是资本最基本、最本质的特征，也就是说，资本是商品经济共有的经济范畴，具有普遍的意义。在我国社会主义市场经济中，普遍存在着能够增值的价值，也就必然存在着资本。资本在社会主义市场经济中也发挥着重要的作用，具体表现在以下五个方面：

第一，促进社会主义生产力的发展。随着社会主义增值价值的不断资本化，社会主义资本会不断积累和集中，从而有力地促进了生产力的发展。

第二，优化资产结构，提高资产的运作效率。社会主义资本积累达到一定规模后，在市场经济的竞争和优胜劣汰的作用下，通过资本的集中，逐步产生实力雄厚的大型企业集团，它们走向世界市场，从而增强我国的国力和企业在世界市场上的竞争力。

第三，促进市场体系的形成。资本市场是社会主义市场的重要组成部分，资本市场能够引导社会投资的合理配置及在各地区、各产业之间的合理流动，提高资本的利用效率，加速生产要素市场的发展和成长，从而促进形成统一开放、竞争有序的市场体系。

第四，推动现代企业制度的建立。全民所有制资本的确立和运行，必然要求企业从生产经营转变为资本经营，从而要求对企业的管理制度、经营方式和经营战略等进行一系列变更和创新。要明确产权关系，促进产权清晰、权责明确、政企分开、管理科学的现代企业制度的建立和发展。

第五，推动和扩大开放。培养和发展资本市场，推动中国资本市场与国际资本市场接轨，不仅有利于中国资本市场的发展，而且有利于推动中国经济对外开放。

从以上分析可知，在社会主义市场经济中，资本的存在和发展是市场经济发展的必然结果，资本的存在和发展反过来又推动社会主义市场经济高质量发展。

资本只有在运动中才能增值。作为产业资本的货币能够带来更多的货币，也就是说，大货币能够产生小货币。在社会主义制度下，也必须不断追求剩余劳动和剩余产品，这是人类社会发展和进步的基础。在社会主义制度下，劳动者也创造剩余产品，为了区别于资本主义制度下的剩余价值，可以将它称为净增价值，而且在剩余产品的分配上也是不同的，在剩余产品中劳动者所得的比重大大增加，除了劳动者应得的工资外，企业利润中还有用于职工福利、保险、公积金、公益金的部分。另外，企业通过税收上交给国家的净增价值，最终还是用在实现全体人民的利益上。

三、货币转化资本论

事物在不断运动、变化或发展，它的这种能动的活力，是通过它固有的量和质这两种规定性的变化，即通过量变和质变表现出来的。这种变化反映在货币作为一般等价物的质上，产生了两种质的变化：一种是货币增添另一质，即货币是财富的代表；另一种是当货币数量增加到一定界限时，货币转化为资本，这是货币的质变。资本是一个独立的经济范畴，不属于货币这个经济范畴，但是，资本是从货币转化来的，资本创造了更多的社会财富，大货币产生了小货币，资本更让人刮目相看。

但是，对极少数思想不健康的人来说，货币转化为资本，大货币能够产生小货币，使货币增加了诱惑力，这主要表现在以下五个方面：

第一，在更大范围内追求货币。由于货币可以转化为资本，资本所有者可以通过各个领域、多种渠道、各种方法追求更多的货币，大货币产生小货币的范围和领域大大扩展了。

第二，在更高数量水平上追求货币。货币转化为资本，大货币产生小货币的数量大大增加。资本运作能够带来利润，利润又可以转化为货币，资本所有者往往追求扩大资本的数量，而资本的数量是无止境的，因此，资本所有者是在更高数量水平上追求更多的货币。

第三，资本越多能量越大。在市场经济中，由于货币是一般等价物、财富的代表，经济和社会活动离不开货币，人们掌握的货币多少也往往影响他们的社会地位，货币数量越多，资本越大，能量越大，能量的大小往往和资本的多少成正比。

第四，资本越多，越受青睐。资本所有者赚取了更多的利润，获得了更多的小货币，就可以享受更优渥的生活，因而一部分人用羡慕的眼光看待他们，他们也很得意，神气十足。年轻女子甚至向往嫁给富豪，即使年龄大很多也没关系。

第五，国际上资本主义制度的广泛存在。资本主义制度在世界范围内广泛地存在着，在那里拜金主义达到了登峰造极的地步，人与人之间的关系可以归结为赤裸裸的金钱关系。我国和资本主义国家有着密切的联系，存在着日益增多的经济、政治、社会和文化交流，资本主义的道德标准、思想意识和生活方式随时随地渗透和影响着我们，这也是我国产生拜金主义的原因之一。资本的本质就是不断增值，就是赚钱。当货币被用于购买劳动力这一特殊商品时，货币就转化为资本，所以，资本家最关心的就是如何榨取更多的剩余价值，赚到更多的钱，而且竞争的规律使资本必须不断增值，赚钱是资本的必然本性。因此，资本家有绝对的致富欲，完全受赚钱的绝对欲望支配，为赚钱而工作，资本家的人格、意志、愿望和道德情操都服从于它。货币这种对人的作用影响人的思想、情感、价值观和道德观，这是不以人的意志为转移的。

因此，资本主义制度下经济伦理的主流必然是拜金主义。金钱不仅是评价一切经济活动的标准，而且成为评价一切社会道德的原则和标准，在经济和社会生活中，金钱使黑白、美丑、善恶、贵贱、是非等一切价值判断都颠倒了。一切不是商品的东西，或者是被传统视为尊贵和高尚的东西，也都可以用金钱收买。例如，人们的良心、名誉等可以用金钱收买。社会道德败坏，人的羞耻心、良心都消失了。金钱把爱变成恨，把恨变成爱，把坚贞变成背叛，把德行变成恶行，把恶行变成德行。

资本必须不断增值的这一特性是拜金主义产生的经济基础。资本家为了获取利润，不惜使用一切卑鄙无耻的手段，他们对工人创造的剩余价值就像狼一样贪婪。他们不择手段地追逐利润，什么卑鄙的事都能干，甚至违法犯罪。例如，制造假冒伪劣产品，以次充好，卖假货，甚至不顾及顾客的生命安全而在食物中掺假。追求利润是资本家的本性，资本家为了达到赚钱的目的，用尽一切卑鄙无耻的手段，极端的不道德都反而成为他们的道德，因为它能帮助达到赚钱的目的。

西方敌对势力通过意识形态对社会主义国家进行渗透，是它们企图瓦解社会主义国家的一个重要方式。它们宣扬赚钱就是一切，拜金主义就是它们手中的一张王牌。它们对社会主义国家进行资产阶级思想意识的渗透，其手段也是多种多样的，是多渠道的，无孔不入。

根据以上分析，货币转化为资本，促进了经济发展和财富积累。但对极少数思想不健康的人来说，这是最大的诱惑力、最大的迷惑力。它往往使少数人为了赚钱，为了扩大自己的资本，为了提高自己的影响力而走上邪路，这特别要引起有资本的人的警惕。

货币转化为资本是对货币是一般等价物的质的否定，资本已经不是货币，但是又是对货币的质的肯定，正是因为货币是一般等价物，货币才能转化为资本，资本才有这样大的魅力，才能在人世间通行无阻。大货币产生小货币，大货币是对小货币的否定，但是，大货币是从小货币积累而来的，又是对小货币的肯定。因此，货币转化为资本，充分展示了否定之否定规律，这是研究货币转化为资本的唯物辩证法。

货币转化资本论告诉人们，在货币转化为资本的过程中，持有辩证的否定观是十分重要的。它告诉人们对待一切事物都要有正确的科学态度，既不能肯定一切，也不能否定一切，要采取科学的态度，坚持辩证的否定观。人们要正确地对待货币转化为资本，为发展社会生产力、实现中国式现代化多作贡献，为社会、集体多作贡献。如果沉迷在货币转化为资本的诱惑力中，就会否定货币转化为资本的过程，就会否定自己，就会使自己从正确的道路转到邪路，甚至转到犯罪的道路上去。这就是货币转化资本论的理论意义和实践意义。货币转化资本论是我提出的第七个货币创造新理论，请读者批评指正。

复习思考题

1. 什么是马克思主义哲学否定之否定规律？
2. 怎样运用否定之否定规律研究货币转化为资本？
3. 大货币产生小货币对社会有什么作用，对个人有什么作用？
4. 如何正确地对待货币转化为资本，这有什么重要意义？
5. 你对货币转化资本论有什么看法？
6. 简述货币转化资本论的理论意义和实践意义。

第七章　货币的价值

马克思主义哲学立足于科学的实践观，揭示了价值的本质和特性，阐述了价值评价的特点和标准、价值观的形成和功能。马克思主义本身就是真理观与价值观的有机统一。

一、哲学上的价值与货币价值的联系和区别

作为哲学范畴，价值是指在实践的基础上形成的主体与客体之间的一种关系。人的需要的复杂性、客观事物属性的丰富性决定了价值形态的多样性。

人们总是根据自己的需要，自觉地掌握和占有客体，利用客体的属性和功能满足人们的需要，以实现人们要达到的目的。也就是说，在主客体的相互作用中，存在着一种主体按其需要对客体的属性和功能进行选择、利用和改造的关系，或者说客体的属性和功能满足主体需要和实现主体目的的关系。这种关系就是价值关系，某事物能够满足人们的需要，就是有意义的、有价值的；不能满足人们的需要，就是没有意义的、没有价值的。价值的大小，就是客体满足人们需要程度的大小，就是客体对主体价值意义的大小，这就是哲学上价值的本质。

从以上分析可知，货币价值只是哲学上客体价值中的一种，部分价值不能代替整体价值，因此，哲学上的价值本质和货币价值本质是有区别的，也就是部分和整体的区别。

哲学上的价值可以分为物质价值、精神价值和交往价值三种基本形

态。物质价值是指客体满足人们物质需要的价值，货币价值是满足人们物质需要的价值；精神价值是指客体满足人们精神需要的价值；交往价值是指客体满足人们交往需要的价值，货币价值也是满足人们交往需要的价值。

从以上分析可知，货币价值满足人们三种价值形态中的两种价值形态的需要，因此，货币价值和哲学上的价值是密切相连的。但是，货币价值只是哲学价值形态中的一个组成部分，不能代替哲学价值的整体形态，因此，货币价值和哲学价值又是有区别的。

二、货币双价值论

有货币的存在，就存在货币的客观价值，这反映不以人的意志为转移的客观过程。有货币的存在，就有货币主观价值的存在，货币的主观价值按其反映的形式来说是主观的，按其反映的物质来说，又是客观的，因此，货币的主观价值是主观和客观的统一，也是反映不以人们意志为转移的客观过程。在日常经济生活中，人们往往感到有货币客观价值的存在，又往往感到有货币主观价值的存在，这种矛盾的心理正是这种货币的双价值在人们头脑中的反映。在一般情况下，货币的客观价值是主要的，但是，两者是可以转化的。迄今为止，没有人探讨过这个问题，下文对这个问题进行分析研究。

货币的客观价值是一个古老的问题，同时又是货币的核心问题。在人类历史上，许多商品充当过货币，货币交换都是围绕着货币价值、围绕着是否等价展开的，最后是货币价值符号——纸币代替了有完全价值的货币，这是因为货币发挥流通手段职能的特点是转瞬即逝的，一切商品的价值是通过价值符号来衡量的，为什么没有价值的价值符号可以衡量商品的价值呢？这是因为价值符号是代表人类社会劳动来衡量商品的价值的，价值符号是一般等价物的外壳，人类社会劳动是价值符号的内核。在纸币流通条件下，马克思说："国家固然可以把印有任何铸币名称的任意数量的纸币投入流通，可是它的控制同这个机械动作一起结束，价值符号或纸币一经为流通所掌握，就受流通的内在规律所支配。"① 这是纸币流通的客观规律，也是纸币客观价值决定的规律。因此，纸币代表的价值是客观的，是不以人的意志为转移的。当今世界各国流通的是纸币、数字货币，其价值都是客观的，都是由纸币流通的客观规律决定的。

但是，在日常的经济生活中，人们往往会有这样的感觉，例如，100元货币，对富豪来说是微不足道的，但是，对普通老百姓来说，100元就是一天的生活费。不仅如此，这100元对每个人的价值感觉又是不同的。针对这个实际生活中的问题，我提出了货币双价值论。货币不仅存在客观价值，而且存在主观价值，货币的主观价值是货币的客观价值在人们心理上的反映，其是由不同人的不同的心理决定的。因此，对每个人来说，货币的主观价值是不同的，甚至有很大的不同。

货币的主观价值是递减的，由此形成了货币主观价值递减规律，主要原因有以下四个：

第一，人的生存、生活、社交所需要的货币总有一个限度，超出这个限度，个人对货币的需要是递减的，这决定了货币的主观价值是递减的。

第二，随着货币的增多、物质财富的增长，人对货币的欲望是递减的。因为人的某种欲望被满足后，人心理上的紧张状态得到了放松，心理上恢复了平衡，这种欲望就消失了。例如，购买了高级轿车，又不会经常更换，这方面的欲望就变小了。

第三，满足人的精神生活所需要的货币达到一定的限度后，人对货币的欲望是递减的。比如，去某地旅游，如果去过之后再去，人的兴趣就会降低，这方面的欲望会变小。

第四，货币越多，人的疲劳也越多，这决定人的货币主观价值是递

---

① 马克思，恩格斯. 马克思恩格斯全集：第十三卷［M］. 北京：人民出版社，1962：109.

减的。人从参加劳动或工作就开始挣钱，长期挣钱往往使人感到很疲劳，因为人的精力、体力是有限度的。货币增多，人挣钱的积极性就会慢慢减退，这会引起货币主观价值递减。

根据以上分析，每个人的货币心理不同，而且通常有很大的差别，这决定着货币的主观价值对每个人来说是不同的。货币的主观价值和货币的客观价值在性质上有根本的不同，货币的客观价值是由货币代表的人类社会劳动量的多少决定的，在正常的情况下，是比较稳定的。但是，货币的主观价值因每个人的货币心理不同而不同，而且货币的主观价值是递减的。

三、对货币边际效用递减规律的评述

1871—1874 年，奥地利经济学家门格尔、英国经济学家杰文斯、法国经济学家瓦尔拉斯提出货币边际效用递减的规律，即在一定时期内，在其他商品消费数量保持不变的条件下，随着消费者对某种商品消费量的增加，消费者从该商品连续增加的每一消费单位中所得到效用递减，即边际效用是递减规律。这是西方经济学中的重要理论。

根据货币双价值论，我对货币边际效用递减规律提出以下三点意见：

第一，这个学说是不全面的。这一理论在比较富裕的人们的日常生活中适用，对不发达国家、贫困地区的人来说，货币的边际效用也是递减的吗？贫穷地区的人们对货币有很大的需要，而且是迫切的需要，他们每天都需要货币，不存在或很少存在货币的边际效用递减。

第二，货币边际效用递减不发生在货币上，而是发生在人们的主观价值上，发生在人们的心理上，发生在人们对货币主观价值的感觉和判断上。换句话说，是货币主观价值递减规律在起作用。

第三，这一理论没有认识到货币既具有客观价值又具有主观价值。人的货币主观价值是递减的，而不是货币的效用是递减的。这一理论混淆了货币的主观价值与客观价值。

针对货币边际效用递减规律提出以上意见，请读者批评指正。

四、货币双价值论的理论意义和实践意义

价值的本质涉及价值是什么、价值从何而来的问题。在人类哲学史上，对此大致有三种不同的观点。

第一种是客观价值论。这种观点认为，价值是完全脱离于人之外的存在，即使世界上没有人类，价值还存在于世界，存在于各种事物本身。

第二种是主观价值论。这种观点认为，价值完全是主观的，价值的主体是人，如果没有人类，就没有价值，不同的人赋予同一事物不同的价值。

第三种是实践价值论。这种观点是马克思主义的价值论，实践价值论认为，价值是客体满足主体需要的一种意义上的关系。价值来源于客体，如果客体没有特定的属性，就不可能满足人的需要；价值取决于主体，如果主体没有对价值的需要，价值的意义就不存在。价值产生于实践，世界不会主动满足人的需要。因此，从归根结底的意义上说，实践产生价值，实践创造价值，实践实现价值。

以马克思主义哲学价值思想为指导，以及对人类哲学史上关于价值讨论的回顾，我提出货币双价值论。它既不是货币客观价值论，也不是货币主观价值论，而是认为货币既存在客观价值，又存在主观价值。货币的客观价值是货币的客观属性，反映不以人的意志为转移的客观过程。货币的主观价值是每个人心理上的货币价值，反映以人的意志为转移的过程，甚至一个人在不同的时期的货币的主观价值都是不同的。货币双价值论是基于人类历史上长期经济生活的实践经验而提出来的，货币双价值论是创新理论，它从理论上回答了在人们日常经济生活中经常出现的货币既具有客观价值又具有主观价值这个根本性问题，因此货币双价值论具有一定的理论意义和实践意义。

实现中国式现代化，经济实现高质量发展，践行以人民为中心的发

展思想，不断提高全体人民的物质文化生活水平，这能为全体人民缩小货币的主观价值和客观价值的差距奠定坚实的物质基础。从主观上说，人们通过社会主义核心价值观的教育，以及自我思想意识的锻炼，尽可能缩小货币的主观价值与客观价值的差距，那么全体人民就能享受到公平、公正、平等的美好生活。

货币双价值论是我提出的第八个货币创新理论，请读者批评指正。

复习思考题

1. 简述哲学上的价值与货币价值的联系和区别。
2. 什么是货币的客观价值?
3. 什么是货币的主观价值?
4. 你对货币双价值论有什么看法?
5. 你对货币主观价值递减规律有什么看法?
6. 简述货币双价值论的理论意义和实践意义。

第八章 货币流通规律

在商品生产和货币交换存在的条件下，一切经济活动都通过货币来进行。货币流通规律是商品经济中重要的客观规律之一，我们必须根据马克思主义哲学关于客观规律的论述研究和分析货币流通规律。

一、客观规律

客观规律既是马克思主义哲学上联系的范畴，又是发展的范畴。联系是发展中的联系，发展是联系中的发展，联系与发展的统一集中体现在客观规律之中。马克思主义唯物辩证法就是关于世界和人类思维运动的一般规律的科学。客观规律就是事物及其发展过程中所固有的本质的、必然的、稳定的联系。

第一，客观规律是事物及其发展过程中的本质联系。事物之间存在着普遍的联系，但是，不是所有的联系都是本质，都构成客观规律。客观规律必须是事物的本质联系。规律和本质是同等程度的概念，这就是说客观规律不是事物的现象，而是事物本质的属性。客观规律不是通过人的感官被直接把握的，客观规律属于人的理性思维的认识。客观规律始终是事物的本质关系，或本质之间的关系。

第二，客观规律是事物发展过程中的必然联系。客观规律是事物发展过程中存在的确定不移的趋势。客观规律的必然性是指客观规律的存在、作用及其后果的不可避免性。一些事物的存在不可避免地引起另一些事物的出现，事物发展的这一阶段不可避免地把事物引到另一阶段，这就是客观规律的具体体现。

作为必然联系，客观规律是一种因果联系，但是，客观规律的联系并不等同于因果关系的联系，或者说，并不是所有的因果联系都构成客观规律。只有事物之间的联系不仅具有因果的制约性，而且这种联系构成本质的联系时，才具有客观规律的意义。

第三，客观规律是事物及其发展过程中的稳定联系。稳定联系是指只要具备一定的条件，客观规律就会反复起作用，普遍地体现出来，客观规律的必然性正是在客观规律作用的重复性、普遍性中得到体现的。客观规律作用的重复性正是客观规律的特点。只要具备一定的条件，客观规律就可以无限次地发挥作用，重复它的必然性。

任何规律都是客观的，都是不以人的意志为转移地发挥作用的，既不能人为地创造它，也不能人为地清除它。但是，人们可以通过改变客观规律发生作用的具体条件来改变客观规律发生作用的形式，或者创造条件，使某些客观规律自行失去作用。

二、货币流通规律

（一）什么是货币流通规律

在商品生产和商品流通存在的条件下，所有经济活动都通过货币来进行，货币流通规律是商品经济中重要的客观经济规律之一。

什么是货币流通规律？简单地说，货币流通规律就是决定流通界货币需要量的规律，货币流通规律揭示了哪些因素决定着市场的货币需要量。为了更明确地表述货币流通规律的内容和客观要求，也可以把它叫作货币流通必要量的规律，或者叫作货币流通量的规律。马克思是这样表述货币流通规律的："在一定的货币流通速度下——无论货币是作为流通手段还是作为支付手段——一定时期内流通中的货币总量决定于待实现的商品价格总额，（加上）同一时期中到期的支付总额，减去彼此抵消的支付。"① 如果把它列成公式，就是：

$$市场货币需要 = \frac{待实现的商品价格总额 + 到期支付总额 - 彼此抵消的支付}{货币流通速度}$$

从商品流通和货币流通的关系来说，商品流通是基础，货币流通是派生的，货币流通是由商品流通引起的。也就是说，商品流通是货币流通的基础和前提，货币流通必须同商品流通相适应。但是，货币流通和商品流通不同，商品生产出来后投入流通，经过交换，最后要退出流通界而被消费，而货币却一直留在流通界进行不断的、重复的流通。那么究竟多少货币才能满足商品流通的需要呢？这就产生了流通中的货币需要量问题。

从上述公式可以看出，流通中的货币需要量主要是由三个因素决定的，即商品价格水平、商品量和货币流通速度。因此，也可以说，货币流通规律揭示了流通界对货币的需要量同决定货币需要量各因素之间的本质联系。流通界对货币的需要量同决定货币需要量诸因素之间的关系可以简单地归纳为：货币需要量与商品价格水平、商品数量成正比，与货币流通速度成反比。

商品价格水平是决定货币需要量的重要因素。假设货币流通速度和商品数量不变，商品价格提高，货币需要量就增加；商品价格降低，货币需要量就减少。但是，这不是说所有的商品价格都提高或降低，才影响到流通界对货币的需要量，而是其中几种主要商品价格提高或降低，就会影响流通界对货币的需要量。例如，粮食、棉布和其他主要生活资料的价格提高或降低，就会明显地使货币需要量增加或减少。在货币价值符号流通的条件下，向流通界投放过多的货币，必然会引起商品价格的波动。因此，乍一看来，好像货币数量可以决定商品的价格水平。但是，这只是表面现象。实际上，流通中的货币价值符号增多了，每个单位货币价值符号所代表的价值就降低了。

商品的数量是商品总价格的决定性因素之一。商品的数量增加，意

① 马克思.政治经济学批判 [M].北京：人民出版社，1964：131.

味着生产的发展和商品流通的扩大。在商品价格和货币流通速度不变的条件下，商品数量增加，货币需要量必然增加。

前文说过，货币流通和商品流通不同，货币不能进入消费，而是留在流通界进行不断的、重复的流通。由于货币流通的这个特点，一枚货币可以为多次商品流通服务，因此，货币需要量与货币流通速度成反比，货币流通速度增加，货币需要量减少；货币流通速度减少，货币需要量就增加。

以上是对决定货币需要量诸因素的抽象分析，这些因素是相互影响的，在实际经济生活中，它们之间的关系要比上面讲的复杂得多。

货币流通规律不仅制约着具有完全价值的货币的流通，而且制约着货币价值符号的流通。在货币价值符号流通的条件下，货币流通规律的作用表现在：流通中可以投放货币价值符号的数量取决于流通中对货币商品的需要，而每个单位货币价值符号所代表的价值量取决于流通中货币价值符号的数量。我们知道，货币价值符号本身是没有价值的，而商品是人类社会劳动的结晶，它不可能同没有价值的货币价值符号相对等。货币价值符号在流通中之所以能够同商品相对等，是因为货币价值符号代表货币的价值。因此，货币需要量总是指流通中对货币商品的客观需要，流通中的货币价值符号所代表的货币的价值，与它在流通中的数量成反比。流通中货币价值符号的数量增加，它所代表的价值就减少；反之，流通中货币价值符号的数量减少，它所代表的价值就增加。正如马克思所指出的："它们的价值只是决定于它们的量。"①

流通中货币数量的多少，是货币流通的中心问题。流通中货币数量过多或不足，都会直接影响生产的发展和正常的货币流通。向流通领域投放多少货币，这是可以由人的主观意志决定的，但是，流通领域能够容纳多少货币数量，却是由客观经济规律决定的。

马克思揭示的货币流通规律的实质和重点包括以下四个方面：

---

① 马克思. 政治经济学批判 [M]. 北京：人民出版社，1964：103.

第一，货币流通的动力是商品流通。马克思详尽地分析了商品流通为什么引起货币流通，他指出："由商品流通过程直接分授给货币的运动形态……是货币的流通。"① 商品流通是货币流通的基础，这是我们研究社会主义制度下货币流通的基本出发点。

第二，揭示了货币流通的特点。货币流通是与商品流通的方向相反，货币不断离开出发点，但又不进入消费领域，而在流通领域不断重复地流通。而商品流通最后都要进入消费领域。研究社会主义货币流通的特点，也必须从分析商品流通的特点入手。

第三，揭示了货币流通规律。马克思提出了货币流通规律的著名公式，流通中的货币需要量是由三个因素决定的，即商品价格水平、商品数量和货币流通速度。货币流通规律也就是流通中货币需要量和决定货币需要量各因素之间的本质联系。

第四，货币流通规律具有客观性和普遍性。马克思认为货币流通规律是最重要的经济法则之一。只要是商品流通和货币流通存在的地方，货币流通规律就发生作用。流通中的货币需要量和决定货币需要量诸因素之间的关系，简单地说，就是流通中的货币需要量与商品价格水平、商品数量成正比，与货币流通速度成反比。

商品的价格水平是决定流通中货币需要量的重要因素，马克思指出："所以，商品界的流通过程所需要的流通手段量，已经由商品的总价格总额规定了。"只要几种主要商品价格提高或降低，就会影响到流通中的货币需要量。马克思说："不必所有的商品在价格上同时提高或跌落。若干主要商品的价格腾贵（就一个情形说）或跌落（就另一个情形说），就能够增加或减少全部待流通的商品的待实现的价格总额，从而增加或减少流通中的货币。"

在商品价格水平不变的条件下，商品数量增加，货币需要量必然增加。因此，随着国民经济的不断发展，要相应地增加市场上的货币数量，

---

① 马克思. 资本论：第一卷 [M]. 北京：人民出版社，1953：108.

这是客观必然性，是正常的现象。观察市场货币流通量是否正常，不能孤立地看货币数量的增减情况，而必须联系生产与流通进行分析。

流通中的货币需要量与货币流通速度成反比，货币流通速度不过是反映商品的流通速度，因此也可以这样说：流通中的货币需要量与商品流通的快慢成反比。货币流通速度是一个复杂的问题，但我们不必测量每一枚货币在市场上的流通速度，或是一个流通环节中的速度，而是求取市场平均的货币流通速度。

（二）货币需要量

马克思的货币流通规律的公式不仅揭露了资本主义商品生产和流通的内在深刻矛盾，而且对组织与调节社会主义货币流通、确定流通中的货币需要量具有根本性的意义。该公式的基本原理对社会主义社会也是适用的，但是，如何结合社会主义社会的具体经济条件和情况将公式具体化，并正确运用到社会主义建设的实践中，则需要进行深入的研究。

首先必须搞清楚两个根本性的问题：一是货币需要量的重要意义，二是货币需要量的性质。

在研究货币需要量的意义之前，我们首先需要明确什么是货币需要量，什么是市场货币流通量，二者有什么不同。所谓货币需要量，是指一定时期，如一年或一个季度，根据国民经济发展的规模、生产和商品流通，以及其他经济活动预测出的所需要的正常的货币数量，它是对一定时期客观所需要的货币数量的预测，是流通界的最适货币量。流通中实际存在的货币数量一般被称为市场货币流通量，是流通界已经存在的货币数量，在我国就是流通中人民币的总量。全国的市场货币流通量是人民银行账面上历年发行和回笼货币的差额的总和。在一个地区，除了人民银行在当地发行和回笼货币的差额的总和以外，还要加上或减去历年货币流出入该地区的差额。货币需要量是客观的，是不以人的意志为转移的，而市场货币流通量则是执行国家经济政策、国民经济计划和货币发行或回笼指令的结果，它是主观的，是由国家的意志决定的。货币需要量和市场货币流通量是两个有区别的概念，不能把两者混淆起来，但是，它们又是相互密切联系的。

现在我们来研究为什么要确定货币需要量，确定货币需要量的意义何在？对于这个问题，可以从以下三方面来认识：

首先，确定货币需要量能够衡量市场货币流通量是否符合客观需要。我们知道，为了保证社会扩大再生产的顺利进行，必须保持人民币币值的稳定，要稳定人民币的币值，则必须使市场货币流通量与商品流通量相适应，也就是说，要把市场货币流通量保持在客观需要的水平上。因此，货币需要量是衡量市场货币流通量是否适应客观需要的尺度，是组织和调节市场货币流通量的界限。如果市场货币流通量小于货币需要量，则市场货币流通量不足，不能满足生产和商品流通的客观需要，这时就要增加货币投放；反之，如果市场货币流通量大于货币需要量，则市场货币流通量就过多，超过了生产和商品流通的客观需要，这时就要设法回笼货币。显然，如果不确定货币需要量，就难于判断市场货币流通量是否同客观需要相适应以及适应程度如何，从而就无从确定应该投放货币还是应该回笼货币，应该投放或回笼多少货币，组织和调节货币流通工作就不能正确地进行。

其次，确定货币需要量可以指导和检验人民银行货币的投放或回笼，保持流通界最适货币量。如果流通中的货币数量过多，人民银行就应该回笼货币；如果流通界货币数量不足，就应该投放货币。

最后，正确地确定货币需要量，将货币需要量与市场货币流通量相比较，是检查国民经济计划中比例关系是否协调的重要标志。国民经济的一切活动都必须借助货币来进行，因此，货币需要量是国民经济活动中的综合性指标，货币流通是国民经济中最敏感的工具。国民经济中的一切问题都会首先在货币流通上明显地表现出来。确定货币需要量，并将市场货币流通量与之比较，就可以反映出国民经济中的比例关系是否协调。社会生产两大部类之间的比例关系，农业、轻工业、重工业之间的比例关系，积累与消费之间的比例关系，以及国民经济中其他方面的重要比例关系如果没有得到很好的遵守，例如，重工业的建设项目过多，基本建设战线过长，农业和轻工业没有相适应发展，则必然会表现为工资支出增加过多，市场货币流通量大于货币需要量；反之，农业和轻工业发展过快，重工业和基本建设跟不上，则市场货币流通量必然小于货币需要量。因此，确定货币需要量，并将市场货币流通量与货币需要量加以比较，就能对国民经济计划中比例关系的调整起到促进作用。

总之，货币流通正常与否表现在各个方面，但集中表现在货币数量上。把流通中的货币量保持在客观需要的水平上，是组织与调节货币流通的根本问题，而货币需要量就是这个货币数量的客观界限。因此，根据马克思货币流通规律公式的基本原理确定货币需要量，对货币流通工作和国民经济计划工作都具有重要的意义。

另一个需要研究的根本性问题是货币需要量的性质。

首先，正像前文所讲的，货币需要量是流通界对货币数量的客观需要，它是客观的，不取决于人的主观意志。国民经济中的一切活动都通过货币来进行，商品生产和流通是基础，货币流通是派生的。在一定的生产和商品流通的规模下，需要一定数量的货币，而且也只能容纳一定数量的货币。生产发展了，商品流通扩大了，就增加了对货币的客观需要；生产缩减了，商品流通缩小了，对货币流通的客观需要就会减少。货币需要量的多少是由客观经济活动决定的，不取决于人的主观意志，因此，社会主义国家在向流通界投放货币或回笼货币时，必须以对货币的客观需要为依据，否则，在工作中就会发生错误，就不能保持货币流通量与商品流通相适应。

其次，货币需要量具有发展变化的性质。生产和商品流通是货币流通的基础，货币流通随着生产和商品流通的增减变化，货币需要量当然也要发生增减变化。在社会主义制度下，国民经济是不断发展的，因而货币需要量随着国民经济的发展按比例增加，这是货币需要量增减变化的基本方面。但是，这并不等于说货币需要量在社会主义制度下就是直线上升的。由于农业是国民经济的基础，如果农业连续几年遭受到特大的自然灾害，整个国民经济的发展便有可能出现暂时的困难，在这种特殊情况下，也可能发生暂时的生产下降，商品流通规模缩小，货币需要量将随之减少。这时，虽然流通中的货币量与过去相比并没有增加，但仍然会发生货币数量过多的问题。如果流通中的货币数量比过去还有所增加，那么，流通中的货币数量同生产的发展水平、商品流通的规模比较起来，就会显得更加过多。

货币需要量的发展变化还表现在一个年度的不同季节上。在一年的四个季度中生产和商品流通的情况是不同的，因而货币的客观需要量也不同。在农副产品收获季节，货币需要量较大，在其他季度，货币需要量较少。总之，货币需要量是随着生产和商品流通的发展变化而变化的。

再次，货币需要量是确定流通中货币数量的客观界限，它只是一个近似的数量。马克思所揭示的货币流通规律公式启示我们，在社会主义制度下，货币需要量是可以通过决定它的各个因素之间的关系来推算的。但是，我们也必须看到，这毕竟是通过数学公式表述的经济规律，因此，不能把货币流通规律的公式看作像数学上的公式一样，企图通过它求得十分精确的数字。在国民经济中，影响货币需要量的因素是很复杂的，想把所有决定货币需要量的因素都包括在一个公式里，毫无遗漏，这是不可能的。我们主要是根据这个公式，研究和分析流通中货币数量的正常的客观界限，像数学计算那样精确，也没有必要。正因为如此，为了更确切地表述，我们不说货币需要量的"计算"，而说货币需要量的"确定"。

最后，货币需要量还具有地区性。各个地区的经济社会情况和条件不尽相同，因此各个地区的货币需要量是不一样的，各个地区货币需要量的增减变化也不一定完全一致，同全国的总的变化趋势在程度上和时间上也可能出现差别。我们研究、确定货币需要量，组织和调节货币流通，不仅要保持全国流通中的货币量符合客观需要，而且要保证各地区的货币流通量符合各地区的客观需要。当然，保证全国流通中的货币量符合客观需要是最根本的。如果从全国范围来说，能够使货币流通量符合客观需要，那么，就可以从总的方面保证市场货币流通量的正常，这是保证地区货币流通量正常的前提条件。但是，只在总的方面保持市场货币流通量符合客观需要是不够的，还必须保证各地区的货币流通量符合客观需要，因为全国流通中的货币数量虽然适应了客观需要，但是某些地区的货币数量如果不适应客观需要，同样会出现市场货币流通量过少或过多的现象。这会影响该地区的经济发展，由于各个地区是相互联系的，一个地区的经济是整个国民经济的有机组成部分，其必然会使其他地区的货币流通量同客观需要不相适应，从而会影响到整个国民经济的发展。

揭示和分析货币需要量的性质，目的在于更好地研究和掌握流通界对货币数量的客观需要，以便在实际工作中正确地组织和调剂货币流通，使之与客观需要量经常保持适应。

（三）市场货币流通量

市场货币流通量和货币需要量是两个不同的概念，但是，两者又有密切的联系，这种联系表现在：根据货币流通规律的客观要求，市场货币流通量必须符合客观的货币需要量，也就是说，必须按照货币需要量来调节市场货币流通量。当货币需要量大于市场货币流通量时，就需要投放货币；反之，当货币需要量小于市场货币流通量时，就要组织货币的回笼。

研究市场货币流通量的主要任务，是要分析判断人民银行向市场投放的货币数量是否与流通界对货币的客观需要量一致，既不能过少，也不能过多。具体来说，既要分析研究市场上流通的货币总量是否正常，是否适应客观需要；又要了解货币在社会各阶层的分布是否合理，以及社会各个阶层持币量的增减变化及其动态；同时，还必须研究各个地区的货币流通、货币在地区间的流出入情况。

国民经济中的任何活动都同货币流通有着密切的联系，因此，市场货币流通量是否正常，可以从生产、流通、分配和消费，即国民经济各个不同方面加以分析和判断。例如，从生产方面来说，可以通过分析和研究市场货币流通量与工农业生产总值之间的关系，特别是与生活资料生产总值之间的关系，来判断货币流通量是否正常。从流通方面来说，可以通过分析和研究市场货币流通量与农副产品采购、商品供应、商品库存和商品价格水平等方面的关系，来判断货币流通量是否正常。从分配方面来说，可以通过研究和分析市场货币流通量与财政收支、储蓄增减额等方面的关系，来判断货币流通是否正常。在国民经济各项指标中，有些直接同市场货币流通量发生关系，有些间接同市场货币流通量发生关系，其中货币与商品的比例、物价水平、货币在社会各阶层的分布三个方面最明显和集中地反映市场货币流通量是否正常，因而这三个方面是判断市场货币流通量是否正常的主要标志。

第一，市场货币流通量是否与商品流通相适应，是衡量市场货币流通量正常与否的根本尺度。列宁说："商品交换是衡量工农业间相互关系是否正常的标准，是建立比较正确的货币制度的基础。"[①] 市场货币流通量与商品流通相适应，就是流通中的货币与商品之间保持正确的比例关系。但是，这里所说的商品，主要是指消费资料，即社会商品零售额。也可以说，市场货币流通量同社会商品零售额之间保持正确的比例关系，市场货币流通量就是正常的；没有保持正确的比例关系，市场货币流通量就是不正常的。

社会商品零售额与商品库存是有密切关系的。马克思曾经指出："没有商品储存，也就不会有商品流通。"[②] 因此，市场货币流通量是否正常，也可以从另一个侧面，即根据市场货币流通量与商品库存之间的比例关系来判断。如果商品库存随着市场货币流通量的增加而相应地增大，两者保持正确的比例关系，则市场货币流通量是正常的；反之，如果商品库存超过了合理储备的界限，形成商品积压，则是市场货币流通量不足的反映。如果市场货币流通量增加了，商品库存达不到合理储备的要求，甚至下降，往往反映了社会购买力和商品供应不相适应，相对过多的货币"吃"了一部分商品库存。

① 列宁. 列宁全集：第三十二卷 [M]. 北京：人民出版社，1958：374.
② 马克思. 资本论：第二卷 [M]. 北京：人民出版社，1964：140.

市场上流通的货币没有质的区别，只有数量多少的问题，而商品则不同，不仅有数量多少的问题，而且有质的差别，各种商品的使用价值是不同的。因此，在研究货币流通量与商品供应是否相适应时，除了要分析商品总量外，还必须进一步分析商品供应的构成情况，即从商品特别是生活必需品的品种、质量、规格等各方面分析它们能否满足居民的需要。也就是说，商品供求的平衡，一方面是总量的平衡，另一方面是构成之间的平衡；或者说，一方面是价值量之间的适应，另一方面是使用价值之间的适应。没有后者的适应，就不可能有前者的适应。从商品总量来看，市场货币流通量同社会商品零售额之间的比例关系虽然是适当的，但是，如果主要的生活必需品不能满足居民的需要，或者有些商品的质量低劣、不合规格、品种不全，则仍然不利于保证货币的稳定性。

第二，商品价格水平的变动，是衡量市场货币流通量是否正常的标志。价格是商品经济的范畴，货币流通量的多少直接影响商品价格的涨落。商品价格在国家宏观调控下，根据价值规律的要求进行调整，所以，价格水平是观察市场货币流通量是否正常的重要标志。

第三，货币在社会阶层的分布是否合理，是衡量市场货币流通量是否正常的重要标志。市场货币流通量是否与生产的发展、人民生活的改善相适应，是否符合党的方针政策要求，是市场货币流通量正常与否的另一个标志。市场货币流通量不是抽象存在的，而是掌握在社会各阶层手中，它的具体表现形态就是社会各阶层的持币量。如果市场货币流通总量是正常的，但由于货币在城乡之间、在社会各阶层之间的分布不合理，比如，出现农村货币流通量过多，城市货币流通量过少，或者少数人掌握了较多的货币，大多数人感到钱紧等现象，则货币流通量仍然是不正常的。

货币在城乡之间分布的多少，首先决定于生产的发展水平。农业生产有更大的发展，农民出售较多的农副产品，农村货币流通量就增加，农民的平均持币量也增加。工业生产有更大的发展，劳动生产率提高，职工工资增长，城市货币流通量就增加，职工的平均持币量也增加。因此，工农业生产能够按比例发展，货币在城乡之间的分布就比较合理。其次，工农业产品的比价是决定货币在城乡之间分布状况的重要因素。如果农副产品的价格定得偏高，较多的货币就会流向农村。如果工业品的价格定得偏高，较多的货币就会流向城市。价格是国民收入再分配的重要工具之一，工农业产品的比价规定得不合理，货币在城乡之间的分布也必然不合理。最后，货币在城乡之间的分布情况还决定于国家对农村的财政、信贷支持和农业生产资料供应的情况。如果两者相适应，即经由财政、信贷向农业投放的货币又通过供应农业生产资料得到回笼，农村货币流通量就不至于过多。如果前者大于后者，则必然会增加农村货币流通量，造成货币在城乡之间的分布不合理。

货币在农村和城市各阶层之间的分布情况不同，是由于各阶层的经济情况不同、货币收入水平不同。货币在各阶层之间的分布是政治、经济情况的集中表现。货币在社会各阶层之间分布不合理，是经济生活中存在不合理因素的反映。因此，通过对货币在社会各阶层之间分布情况的调查研究，不仅能够判断市场货币流通量是否正常，而且有助于检查国民经济的发展情况和党的方针政策的贯彻执行情况。

（四）货币流通速度

货币流通速度就是在一定时期内，货币作为流通手段和支付手段的运动次数。马克思指出："同一枚货币在一定时间内的流通次数可以用来计量货币流通的速度。"[1] 货币流通速度总是指货币流通中的平均流通速度，而不是指某一流通环节或流通渠道中的货币流通速度。货币流通在各流通环节和渠道之间是密切联系、相互影响的。因此，我们测定货币流通速度，也就是求得市场平均的货币流通速度，试图孤立地去测定各流通环节或渠道的流通速度是不可能的，也没有实践意义。

那么，货币流通一次是什么意思呢？马克思曾经说过："商品流通过程的运动，就表现为当作流通手段的货币的运动——表现为货币的流

---

① 马克思. 资本论：第一卷 [M]. 北京：人民出版社，1953：113.

通。"① 货币流通是商品流通引起的，是商品和货币所有权的变换，因此，货币在满足国民经济活动的需要，其中包括满足商品生产和流通的需要，以及国民经济活动的其他需要时，完成了作为流通手段和支付手段的职能，就是货币流通了一次。考察货币流通次数，我们必须联系生产和商品流通以及其他国民经济活动，货币流通是国民经济活动的客观要求引起的，例如，企业发放工资，货币流通了一次，职工用工资购买消费品，这是货币的第二次流通。企业在支付工资时先到银行领取现金以及企业的销售收入最后要存入银行，都不作为货币流通的次数。

研究货币流通速度对于确定流通中货币需要量具有重要意义。货币需要量与货币流通速度成反比，货币流通速度是可以代替货币需要量的。马克思说过："……速度可以代替金的数量……"② 但是，货币流通速度代替货币需要量必须具备一定的条件，这个条件不能在空间上并存，而只能在时间上继起。马克思指出："可是，货币流通的速度只能在一定程度上代替货币的数量，因为非常零碎的买和卖，在每一定时点上，是在空间并行着发生的。"③

通过对货币流通速度的研究，我们可以检查流通中的货币数量适合客观需要的程度。一般来说，流通中增加了货币的投放，但货币流通速度并没有发生不良变化，这反映新增加投放的货币数量是为流通所需要的，否则就不是流通所需要的。因此，货币流通速度是流通中货币量是否适应客观需要的一个检验器。

货币流通速度也是反映货币流通过程正常与否的指标，从而也是反映整个国民经济的活动是否正常的指标。货币流通速度的增减变化，反映着货币流通过程是否正常。货币流通是派生的，商品生产和流通才是第一性的，因此，货币流通速度的增减变化反映着国民经济的状况。例如，市场的商品发生供过于求，或供少于求，都会反映在货币流通速度

---

① 马克思. 政治经济学批判 [M]. 北京：人民出版社，1961：62.
② 马克思. 政治经济学批判 [M]. 北京：人民出版社，1961：65.
③ 马克思. 政治经济学批判 [M]. 北京：人民出版社，1961：65.

的增减变化上。

研究货币流通速度，首先要研究什么是正常的货币流通速度。所谓正常的货币流通速度，就是在物价稳定、货币流通正常情况下的货币流通速度。货币流通正常的主要标志包括：首先，货币流通量与商品流转相适应，两者保持一个正确的比例关系；商品的价格水平稳定；货币在社会各阶层的分布比较合理。其次，研究当前的货币流通速度和历史上正常货币流通速度的差距，以此判断当前的货币流通速度是否正常。如果比历史上正常的货币流通速度增加了或减少了，就要进一步分析增加或减少中哪些是正常的因素，哪些是不正常的因素，从而判断当前的货币流通速度是否正常。如果不正常，必须进一步研究不正常的原因，以便采取措施消除这种不正常的现象。

三、马克思的货币流通规律公式和费雪交易方程式

有的人认为马克思的货币流通规律公式和费雪交易方程式是完全相同的，对这种观点很有研究和探讨的必要，这既是一个重要的理论问题，又是一个实际问题，更是一个哲学问题。马克思的货币流通规律公式是：

$$\frac{商品价格总额}{同名货币流通次数} = 执行流通手段智能的货币量[①]$$

若以 M 代表货币流通量，V 代表货币流通速度，P 代表商品价格水平，Q 代表商品数量，则可得到：

$$M = \frac{PQ}{V}$$

美国经济学家费雪在 1911 年出版的《货币的购买力》一书中提出了著名的费雪交易方程式：$MV = PT$，这里 M 代表货币数量，V 代表货币流通速度，P 代表商品价格，T 代表商品交易量。这两个公式是完全相同的吗？我认为既要从形式上看，更要从实质上看；既要看到它们有相

---

① 马克思. 资本论：第一卷 [M]. 北京：人民出版社，1975：139.

同之处，更要看到它们有根本的不同。

（一）从形式上看，两者是相同的

第一，两个公式都提出了货币数量、物价水平、商品数量、货币流通速度之间存在着密切的联系。马克思批判地继承了资产阶级古典政治经济学中的货币银行学说，提出了著名的货币流通规律公式，指出了货币需要量和商品价格、商品数量、货币流通速度之间的本质联系。马克思说："这个规律是普遍适用的。"① 费雪交易方程式也提出了货币数量、商品价格、商品数量、货币流通速度之间存在着密切的联系，这就决定了两个方程式的组成要素和结构及表现形式是相同的。

第二，纸币发行数量过多，物价就要上涨，货币就要贬值。马克思不仅揭示了货币流通规律，而且进一步分析了纸币流通的特有规律，马克思说："这一规律简单说来就是：纸币的发行限于它象征地代表的金（或银）的实际流通的数量。"② 投入流通中的纸币数量越多，每个单位纸币所代表的价值就越少，反映在商品价格上，就是价格上涨。在纸币流通条件下，纸币的流通数量起着决定性作用，正如马克思所指出的："……一切决定于它的数量。"③ 马克思揭示的货币流通规律不仅制约着金属货币流通，也制约着纸币流通，纸币流通规律是从货币流通规律派生出来的。

费雪交易方程式主要研究纸币流通，这个方程式虽然认为货币数量与商品价格、商品数量、货币流通速度之间存在密切的关系，但他又认为市场上商品的数量由生产技术的发展水平和资源的开发程度决定，一般是不变的，货币流通速度也是不变的，可以看作常数。因此，决定物价水平最重要的、起着决定性作用的因素是货币数量。货币数量增加，物价就上涨。

在纸币流通条件下，马克思的货币流通规律公式和费雪交易方程式

---

① 马克思. 资本论：第一卷 [M]. 北京：人民出版社，1975：139.
② 马克思. 资本论：第一卷 [M]. 北京：人民出版社，1975：147.
③ 马克思，恩格斯. 马克思恩格斯全集：第十三卷 [M]. 北京：人民出版社，1962：111.

所论证的结论是相同的，即纸币发行数量越多，物价水平就越上涨，这是纸币流通规律的客观作用。只要有纸币流通的地方，纸币流通规律就是这样发生作用的。

第三，利用方程式预测货币需要量，保持货币均衡。从货币数量、商品价格、商品数量和货币流通速度的相互关系中引申出对货币需要量的预测。马克思的货币流通规律公式既揭示了决定流通中货币量主要因素之间的本质联系，也研究货币流通量增减变化的客观规律，即对货币需要量的预测。马克思的货币流通规律公式的分子项是商品价格总额，也就是对未来时期货币需要量的预测。中央银行要保持货币流通量与货币需要量一致，保持货币流通的正常。

费雪交易方程式也可以转变为货币需求方程式。如果将上述费雪交易方程式的 V 移至右方，则交易方程式变为货币需求方程式：$M^d = \dfrac{PT}{V}$。货币供给量的多少是由中央银行控制的，货币需要量的大小则取决于货币需求方程式右方所列的诸因素，货币市场的均衡就决定于货币供给量 M^s 与货币需要量 M^d 相等，即 $M^d = M^s$。如果财政出现赤字或者信贷失控导致中央银行增加货币供应量，则货币供给量超过货币需要量，这就会造成货币市场失衡，引起物价上涨。

马克思的货币流通规律公式和费雪交易方程式都对流通中货币供应量和货币需要量进行了对比分析。如果出现货币市场失衡，国家就要采取各种措施，纠正货币市场失衡，逐步达到和保持货币市场均衡。

（二）从观点上看，两者是根本不同的

马克思的货币流通规律公式和费雪交易方程式从形式上看是相同的，从实质上看两者又是根本不同的，这种根本的不同，主要表现在以下几个方面：

第一，公式建立的基础不同。马克思货币流通规律公式建立在劳动价值论的基础上，公式双方对等的基础是劳动创造价值，即货币的价值或货币价值符号所代表的价值与商品的价值对等，这样等式的双方才有对等的可能。因此，马克思主义的劳动价值论是货币流通规律公式的理论基础。

费雪交易方程式否定了货币具有内在的价值，只把货币看成流通手段，因而任何数量的货币都是可以投入流通的，其价值是由流通中的货币数量和商品数量的关系决定的，正如马克思批判地说："这种错觉在它的最初的代表者那里是建立在下面这个荒谬的假设上的：在进入流通过程时，商品没有价格，货币也没有价值，然后在这个过程内，商品堆的一定部分同金属堆的相应部分相交换。"① 费雪交易方程式基于这种错误的货币本质观，因此，他的方程式双方的对等纯粹是一种数量关系，这种数量关系和马克思的劳动价值论是背道而驰的。

第二，公式由何方决定不同。马克思的货币流通规律公式是公式的右方决定左方，即商品数量、商品价格决定流通中的货币需要量，也就是说，一个社会货币需要量的多少，主要是由生产的发展水平和商品流通的多少决定的。流通中的货币需要量和商品数量、商品价格成正比，与货币流通速度成反比。

按照费雪交易方程式的观点，公式的左方决定右方，也就是货币数量决定商品价格水平。他认为公式左方的货币流通速度和右方的商品数量都是不变的，因此，货币数量的多少决定商品价格水平的高低，货币数量多，商品价格水平就高；反之，货币数量减少，商品价格水平就下降。

第三，公式的内容和要说明的重点不同。虽然从形式上看两个公式是相同的，但是，两个公式的内容和要说明的重点是不同的。马克思的货币流通规律公式是用数学公式表述客观经济规律，它揭露了决定货币需要量诸因素之间的内在本质联系，因此，这个公式的重点是揭示流通中客观需要的货币量是由什么决定的，即它是由商品数量、商品价格和货币流通速度决定的。重点是流通中究竟客观上需要多少货币。正如马克思所指出的："于是产生了一个问题，究竟有多少货币不断地被流通

① 马克思. 资本论：第一卷 [M]. 北京：人民出版社，1975：143.

领域吸收。"① 这是一个货币的客观容纳量问题，而这个货币客观容纳量是由货币流通规律的客观作用决定的。因此，这个公式实质上是用数学公式表述经济规律，即货币流通规律。

费雪交易方程式的内容和重点在于说明商品价格水平是由货币数量决定的。因此，公式的中心内容是货币数量，其重点是商品价格水平的变动由货币数量的变动决定。

第四，研究的着眼点不同。马克思的货币流通规律公式是用发展变化的观点来研究货币流通规律中诸因素的相互联系。现实存在的相互联系总是通过诸因素的相互作用而发展变化，因此，马克思指出："这三个因素，即价格的变动、流通的商品量、货币的流通速度，可能按不同的方向和不同的比例变动，因此，待实现的价格总额以及受价格总额制约的流通手段量，也可能有多种多样的组合。"② 接着，马克思指出了这三个因素在现实生活中发展变化的十三种组合。③

费雪交易方程式是用静态的观点进行研究的。费雪在分析和研究方程式诸因素的相互联系时，常常假设某些条件不变，特别是他把商品数量和货币流通速度看成是不变的，但在现实生活中却不是这样的。商品数量随着生产的发展不断地发生变化，货币流通速度从国内外的实践来看也不是一个常数。因此，用这种静态的观点进行研究，即使西方经济学者也认为是一个严重的缺陷。

（三）费雪交易方程式的辩护性质

货币数量论在西方经济学说中占据重要地位，流传广泛。费雪交易方程式又是现代货币数量论中具有代表性的公式，因此，不能只把它看作一个数学方程式，而要看到这种理论产生的历史背景、设计方程式的目的，它的政治和社会影响，以及怎样适合统治阶级的需要。马克思在指出资产阶级庸俗经济学的辩护性时说："它敲响了科学的资产阶级经

---

① 马克思. 资本论：第一卷 [M]. 北京：人民出版社，1975：136.
② 马克思. 资本论：第一卷 [M]. 北京：人民出版社，1975：141.
③ 马克思. 资本论：第一卷 [M]. 北京：人民出版社，1975：141-142.

济学的丧钟。现在问题不再是这个或那个原理是否正确，而是它对资本有利还是有害，方便还是不方便，违背警章还是不违背警章。"①

费雪交易方程式是为资本主义国家实行通货膨胀政策服务的。以费雪交易方程式为主要代表的现代货币数量论，与资本主义国家加强对货币流通领域的干预有着密切的联系，其宣扬了这样两个资产阶级的庸俗观点：首先，认为提高商品价格能够导致经济活跃，促进经济增长，因此，物价上涨不是有害的，而是有益的。其次，这种有利于经济发展的物价上涨，可以通过扩大信用规模达到。实际上就是鼓吹多发行纸币，扩大信用，实行通货膨胀。费雪交易方程式表述了物价上涨是货币数量增加的结果，因此，多发行货币，促进物价上涨是有益的，这个方程式是为资本主义国家实行通货膨胀政策作辩护的。

（四）研究这个问题的理论意义和实践意义

马克思的货币流通规律是商品经济中的重要经济规律之一，只要是商品生产和货币流通存在的地方，这个客观经济规律就是发生作用的，它不仅制约着我国的货币流通，而且在整个金融活动中都起作用。要做好金融实际工作，必须正确地认识它、掌握它和利用它。因此，搞清楚它和现代货币数量论的代表公式——费雪交易方程式的相同点和不同点，具有重要的理论意义。

费雪研究了漫长历史时期中的商品经济和市场机制，他的研究以纸币流通为中心内容，有些是符合各国的实际情况的，是经过实践检验的，因而有些结论和见解有参考价值。即使有些结论和见解不完全正确，但对我们有启发意义，可以使我们开阔思路，因此可以批判地借鉴吸收科学的部分。

然而，更重要的是，研究这个问题不能只看形式，看表面现象，而是要透过现象看本质。马克思的货币流通规律公式是以辩证唯物论的世界观和方法论为基础的，而费雪交易方程式是以唯心论的世界观和方法

---

① 马克思. 资本论：第一卷 [M]. 北京：人民出版社，1975：17.

论为基础的，他把资本主义制度看成是永恒的，把研究的对象完全从社会生产关系中分开，研究纯数量关系，且这种纯数量关系的研究不是以劳动价值论为基础的，而是反对马克思的劳动价值论的。因此，两者在理论、观点上是根本不同的。

搞清楚理论上、观点上的不同，对于指导我们的实践具有重要意义，这主要表现在以下三个方面：

第一，物价上涨不一定都是货币数量增加导致的结果。在纸币流通条件下，纸币数量增加，每个单位纸币所代表的价值量就减少，表现在物价的上涨上，这个基本事实必须肯定。但是，不能像费雪交易方程式那样绝对地看问题，如果货币数量的增加和生产发展、商品流转的扩大相适应，那么，虽然货币数量增加了，但物价并不会上涨，货币也并不会贬值。物价上涨，货币数量增加是一个重要原因，但不是唯一原因，费雪交易方程式将它表述为唯一原因，这是不对的。物价上涨是由多方面原因造成的，例如，合理调整价格、改革价格体系引起商品价格上涨，就不是货币数量增加导致的结果，这和实行通货膨胀政策引起的物价上涨有本质的区别。

第二，物价的合理上涨也会扩大货币需要量。我们不仅要看到货币数量增加会引起物价的上涨，而且要看到合理的价格调整也会扩大流通中的货币需要量，这种货币数量的增加是合理的，是完全必要的，它对生产的发展、商品流转的扩大是有益的。

第三，影响货币需要量增减变化的三个主要因素有多种组合，但是，费雪交易方程式把商品数量、货币流通速度都看成是不变的，特别是把货币流通速度看成是不变的，这导致许多西方经济学者把货币流通速度看成是常数。但是，各国的实践经验都证明这是不符合实际的，因而用该理论指导实践是有害的。

马克思的货币流通规律公式与费雪交易方程式有根本的不同，我们要进一步用马克思主义哲学本质与现象的原理对此进行深入的分析。本质与现象是揭示事物内在联系和外在表现的一对哲学范畴。本质是事物的根本性质，是构成事物各要素之间的内在联系，马克思的货币流通规律公式揭示了商品价格水平、商品数量、货币流通速度与货币需要量之间各要素的内在联系。

现象是事物的外表联系和表现特征，是事物本质的外在表现。现象可以分为真象与假象，初看起来，假象与本质不一致，甚至是相反的，但实际上，真象与假象都是本质的表现形式。真象以直接的形式表现本质，假象以一种特殊的形式表现本质，它是由各种实际存在的条件造成的。马克思的货币流通规律公式与费雪交易方程式的不同之处在于，是商品流通决定货币流通，还是货币流通决定商品流通？这是两个公式在观点上的不同，是根本的不同，是本质上的不同。但是，从公式的形式来看两者是相同的，这是现象上的相同。是现象上的相同，而不是本质上的相同，两者是有根本的区别的。

马克思的货币流通规律公式与费雪交易方程式的不同，还可以用马克思主义哲学唯物辩证法形式与内容这对哲学范畴进行分析。内容与形式是从构成要素和表现方式两方面反映事物的一对范畴。事物的内容是指构成事物的一切要素的总和，形式是指把内容诸要素统一起来的结构或表现内容的方式。任何事物都有自己的内容，也都有自己的形式。

在内容与形式的关系中，内容是事物存在的基础，有什么样的内容就有什么样的形式，事物的内容发生了变化，其形式迟早也要发生相应的变化，这是一方面；另一方面，形式对内容又具有反作用。

正确把握内容与形式的关系具有重要的方法论意义。在实践活动中，要特别注意事物的内容，要善于适应内容的需要，根据不同的形式、地点和条件去把握事物的内容，促进事物内容的发展。

任何事物都是形式和内容的统一，这是它的普遍性。但是，不同的事物有自己特定的内容，事物的内容丰富多彩，决定事物的形式多种多样，同这些内容相适应，也产生了表现社会生活的纷繁复杂的形式。

把握马克思的货币流通规律公式与费雪交易方程式的相同，就是要通过形式上的相同，透视内容上的不同，内容上的不同是根本的不同，是观点上的不同，是本质上的不同。

四、货币流通规律与价值规律等的关系

客观规律是事物及其发展过程中所固有的本质的、必然的、稳定的联系。这种本质的、必然的、稳定的联系反映在货币流通上，主要是价值规律与货币流通，农、轻、重比例关系与货币流通，积累消费比例关系与货币流通，经济效益与货币流通，货币发行与货币流通五个方面，下文分别进行论述。

（一）价值规律与货币流通

货币流通规律与价值规律是两个经济规律，但两者又有着密切的联系，这表现在货币流通规律是在价值规律发生作用的前提下起作用的。从表面上看，流通中的货币需要量是由商品的价格水平、商品数量和货币流通速度决定的，但是，两者相适应是建立在价值相等的基础上的。商品是具有价值的，价格是商品价值的货币表现，货币也是有一定价值的，流通中的货币量和商品流转相适应，实际上，也就是一定量的商品价值与货币价值相对等。因此，商品的数量及其价格水平的变化会影响流通中的货币需要量。如果商品的总价格不变，货币价值增加，流通中的货币需要量就减少；反之，货币价值下降，流通中的货币需要量就增加。从商品价值与货币价值对等的要求来看，货币流通规律是在价值规律发挥作用的前提下发挥作用的。如果没有价值规律的作用，就不可能有货币流通规律的作用。但是，货币流通规律的作用并不就是价值规律的要求。反过来说，符合货币流通规律的要求，又是正确利用价值规律的必要条件，只有在货币稳定的条件下，才能很好地利用价值规律为社会经济活动服务，才能实行等价交换，进而正确地核算产品成本，实行经济核算，计算盈亏，正确地调节商品价格；反之，如果违反了货币流通规律，就不可能很好地利用价值规律为社会经济生活服务。

价值规律的作用与货币流通规律的作用是密切联系的。货币流通规

律是在价值规律发生作用的前提下起作用的，没有价值规律的作用，就没有货币流通规律的作用，同时，不遵守货币流通规律，也就不可能很好地利用价值规律。在社会主义制度下，货币流通规律首先是从属于社会主义的基本经济规律的。保证市场货币流通量与商品流转相适应，也就是要使市场货币流通量与商品流转之间保持正确的比例关系。这是流通领域重要的比例关系，也是社会主义的基本经济规律的客观要求。

（二）农、轻、重比例关系与货币流通

正确处理农业、轻工业、重工业的比例关系是实现中国式现代化、促进经济高质量发展的重要保证。从货币流通来看，实践经验证明，要保证市场货币流通量的正常、人民币币值的稳定，必须正确处理好农、轻、重之间的比例关系。

农业是国民经济发展的基础，也是保证货币稳定、物价稳定、市场货币流通量正常的基础。同时，市场货币流通量的正常、人民币币值的稳定又是农业这一国民经济基础作用的综合反映。这是因为我国的人民币是用可靠的粮食、农副产品以及其他为生产和生活所必需的重要商品作为保证的。所以，国家掌握大量价格稳定的商品是保持市场货币流通量与商品流转相适应的最基本的要求。消费品最终是由农业来提供的，一方面，农业直接为市场提供粮食、副食品等最基本的生活资料，它们是人民币稳定的商品保证中最重要的组成部分；另一方面，农业又通过向轻工业提供原材料，支持轻工业生产的发展和向市场提供更多的商品。轻工业产品在市场商品供应中占据重要地位，也在社会消费品购买力中占据重要地位。人们对消费品的需求不外是吃、穿、用三个方面，吃的方面除了绝大部分由农业直接满足外，还有通过轻工业供应的，而穿的、用的方面主要是依靠轻工业来满足。所以，轻工业品的供应情况直接关系着市场货币流通量的正常、币值的稳定。轻工业生产发展了，市场商品供应充分，货币流通就容易保持正常；反之，轻工业减产，市场商品供应减少，市场货币流通就容易出现不正常。当然，轻工业产品生产过多，造成产品积压，货币流通量和商品流转仍然可能出现不相适应。轻工业的状况最终又取决于农业。没有农业，就没有轻工业。农业的发展速度和规模对轻工业生产的发展速度起着决定性的作用，农业上一年的丰歉情况往往决定着当年轻工业的发展速度，从而也影响着市场货币流通。

总之，用商品来保证人民币的稳定性，主要取决于市场商品的供应。市场的商品供应虽然有农产品、轻工业品和纯粹的工业品，但主要是来自农业和轻工业。而轻工业的发展规模和速度又决定于农业，因此，归根到底，农业是保证市场货币流通量正常、人民币币值稳定的最终基础。用大量价格稳定的商品来保证人民币的稳定性，关键在于大力发展农业生产和发展轻工业生产。

我们还要看到，农业生产的季节性决定着市场货币流通的季节性。在农副产品收购季节，国家为了满足收购的需要向市场投放大量货币，同时，必须通过向农村供应工业品逐步回笼货币。正因为农业生产有这种明显的季节性，整个市场货币流通呈现出很大的季节性。全国各地由于收获季节略有不同，市场货币流通的季节性也略有区别，但一般来说，全年的十二月和一月是货币流通量的最高峰，六七月份是货币流通量的最低峰。在实际工作中，我们必须认真研究这种农业生产季节性对市场货币流通的影响，以便根据这个特点来组织和调节货币流通。

从一个地区来说，农、轻、重比例关系，对该地区的货币流通也有很大影响。重工业较多的地区，职工人数多，工资总额大，现金投放多，居民平均收入高，持币量大，市场货币流通量也大，而市场商品供应除了本地区可以满足一部分外，还要依靠外地的商品支援。从外地调入生活资料往往对本地区市场货币流通量与商品流转相适应的情况有很大影响。这些地区一般表现为市场货币流通量大，商品货源少，投放出去的货币回笼慢，留在居民手中的货币多。在农业比重较大的地区，农业的劳动生产率一般比工业低，居民收入也较低，每人平均持币量也较小，表现为市场货币流通量小，商品货源较多，市场商品供应充分，投放出去的货币回笼较快。在农业地区又以商品率高的地区货币量多，一般是蔬菜区比棉花区多，棉花区比粮食区多，平原比山区多。因此，组织与调节货币流通，也必须从本地区农、轻、重比例的具体情况出发。

重工业和市场货币流通又有什么关系呢？实践表明，发展重工业对市场货币流通具有双重作用。一方面表现为直接增加市场货币流通量，并不能回笼货币。这是因为：第一，发展重工业必然会增加职工人数，增加城镇人口，增加工资支出，增加货币投放，从而直接扩大对商品的需求。第二，发展重工业必须进行基本建设投资，基本建设在长期内占用大量劳动力、生产资料和生活资料，但在投入生产以前不能提供任何产品。第三，发展重工业还会增加许多生产单位和非生产单位的集团购买力，以及职工工资，这要求增加商品供应、增加市场货币投放。总之，发展重工业会增加市场的货币投放，而重工业产品生产出来以后，又不能回笼市场货币。另一方面，发展重工业对于巩固人民币的稳定性仍然起着间接的促进作用。首先，重工业是实现国民经济技术改造的物质基础。只有发展重工业，才能为农业和轻工业提供各种技术装备，实现对农业、轻工业和国民经济各部门的技术改造，迅速提高农业和轻工业的劳动生产率，促进农业和轻工业生产的发展，从而才能迅速增加市场商品供应。其次，生产资料和消费资料也不是绝对划分的，有些产品既可以作为生产资料，也可以作为消费资料。在市场消费品供应不足的情况下，可以将一部分原来供应生产用的生产资料改为供应居民消费用，或者改生产资料的生产为生活资料的生产。最后，生产资料还可以通过对外贸易换取外汇，必要时也可以从国外购入国内必需的生活资料，增加国内市场消费品的供应。

因此，问题的关键在于贯彻执行发展国民经济以农业为基础、以工业为主导的方针，正确处理农、轻、重之间的比例关系。既不能孤立地发展重工业，孤立地发展重工业会扩大市场货币投放，出现商品供应紧张，也不能怕影响市场物价的稳定而放慢重工业的发展速度，放慢重工业的发展速度，农业和轻工业产品生产过多，商品供应超过了社会购买力，会形成消费品积压，同样也是不正常的。

从上述可见，在社会主义建设时期，要处理好农、轻、重的比例关系，因为实现中国式现代化和实现经济高质量发展与市场货币流通量的正常、币值的稳定有着直接的密切关系。在这个问题上，存在着两种不同的观点。

一种是企图离开农业的国民经济基础，孤立地去发展重工业。其结果不仅重工业不可能得到发展，就是已经发展起来的重工业，其基础也是不稳固的。工业发展越是离开农业，就会越增加市场货币的投放，人为地扩大市场货币流通量，造成市场商品供应紧张，这会给整个国民经济发展带来很多困难，甚至根本不可能发展。因此，对于农业、轻工业、重工业，我们绝不能分割开来或孤立地去看，绝不能只强调一方面而忽视另一方面。孤立发展重工业的道路，从货币流通的角度来看，其后果必然是市场货币流通量过多，从而影响物价的稳定。

另一种是正确的观点和做法，这就是以农业为基础、以工业为主导，工农业并举。这是总结我国社会主义建设的实践经验，找到的一条高质量实现我国社会主义经济发展的唯一正确的道路。从与货币流通的关系来看，也只有这样做，才能为保证市场货币流通量的正常，人民币稳定性日益巩固奠定基础。

由于农业获得发展，工业的发展也得到促进，同时工业的发展又支持农业的发展，因而商品供应充裕，市场一派欣欣向荣，货币流通保持正常，币值日益稳定。

（三）积累和消费的比例关系与货币流通

积累和消费的比例关系是国民经济全局的重要比例关系，虽然在有些方面和过程不直接表现为货币发行，但是，它在更深一层意义上决定着货币流通是否正常。

1. 积累和消费的比例关系与货币流通的内在联系

积累和消费的比例关系与货币流通的内在联系可以从三个方面进行分析：一是国民收入分配和再分配过程与货币流通的内在联系；二是积累基金的分配方向影响消费品的供应，从而影响币值的稳定；三是积累基金和消费基金的比例关系对货币流通的影响。

第一，国民收入首先表现为实物形态，在商品与货币存在的条件下，这些实物形态的国民收入总是要表现为价值形态，以价值来计算，并且通过货币形式进行集中和分配，因此，在国民收入分配和再分配过程的许多环节上必然要投放货币，这直接联系着货币流通。

第二，由于我国现阶段实行以公有制为主体，多种所有制经济共同发展的经济制度，国民收入初次分配是在全民所有制的企业、生产单位和集体所有制的生产单位内进行的。全民所有制企业和集体所有制企业创造的国民收入一部分以税金和利润的形式上缴国家，一部分作为利润留成留给企业支配，一部分以工资形式分配给职工。前两部分构成积累基金，后一部分构成消费基金。民营企业也是这样，消费基金的大小直接关系着货币发行的多少。在农村个体经济中，农民创造的国民收入的一部分要向国家交税。这些都影响货币流通。

社会发展除了物质资料生产部门外，还需要有其他部门，如文化教育、科学研究、医疗卫生、国家行政机关和国防等。为了补偿这些部门的劳动耗费，满足他们的各种需要，就必须分配给他们一部分国民收入，进行国民收入的再分配。这部分国民收入表现为劳动者的个人所得，形成消费基金，这部分消费基金的大小同样决定着货币发行的多少。

根据以上分析，在国民收入的分配和再分配过程中，形成的消费基金部分按照以按劳分配为主体的原则进行分配，具体表现为劳动者的个人所得，反映在货币流通上，就形成工资支出，工资支出是城市货币投放的主要渠道；国家对农副产品采购的货币投放是农村货币投放的主要渠道。这是我国社会主义经济中货币投放的两个主要渠道。从分配关系来说，是劳动者在新创造的国民收入中能够分配多少，从货币的投放和回笼来说，就是劳动者分配的规模制约着需要投放和发行多少货币，所以，货币发行的多少是由国民收入分配和再分配过程中消费基金的大小决定的，是社会再生产过程中分配关系在货币流通中的具体表现。

积累基金的分配方向对保持正常的货币流通有重要作用。积累基金在农业、轻工业和重工业的分配是否合适，直接关系着国民经济的发展，也直接决定着货币发行是否正常。生产决定分配，分配影响生产，可以分配的国民收入是由农业、轻工业、重工业等物质生产部门创造的，如果没有创造那么多国民收入，分配过了头，分配是不能实现的。但是，分配不仅影响生产的发展速度，而且对生产部类的构成也起重要作用。当农、轻、重的比例不适当时，就可以调整积累基金在农、轻、重分配中的比例，调整生产的部类，从而加快消费品生产的增长速度。

社会主义国民收入经过分配和再分配，最终在使用中形成积累基金和消费基金，保持积累与消费的正确比例关系，对保持正常的货币流通十分重要。在国民收入总量一定的条件下，积累基金增加，反映用于增加生产的资金多，用于改善人民物质文化生活、发展消费的资金少，市场消费品供应就不足，货币发行过多；反之，消费基金增加过多，积累基金减少，人民的物质生活有了改善，但会影响到经济建设的速度。因此，实现积累与消费的比例最优化，基本原则是积累和消费、经济建设和人民生活统筹安排，适当兼顾。在生产发展的基础上，积累和消费都应该有所增长，要在安排好人民生活的基础上进行经济建设，保持货币流通的正常，防止流通中存在过多的货币，这是处理积累和消费比例关系的正确做法。

根据以上分析，从表面现象来看，货币的投放和回笼是在日常银行的业务活动中进行的；从更深一层来看，社会主义再生产过程中的分配比例和规模具体表现为积累基金和消费基金的比例及其增长规模和速度，其从根本上决定货币发行的多少。

2. 积累挤消费，实行高积累，必然造成货币发行过多

过高的积累率是引起货币发行过多的主要原因，我们可以从以下三个方面进行分析。

第一，过高的积累率使农、轻、重比例关系失调，破坏了货币回笼的物质基础。过高的积累率必然挤掉人民的消费，国家把主要的财力和物力都集中在发展生产上。积累率的增长超过了消费增长的比例，消费

品生产摆不到重要位置，市场没有充分的消费品供应，就不能回笼货币，这必然造成流通中货币量过多。

第二，过高的积累率扩大了生产和建设规模，必然要增加货币发行。积累主要用于基本建设，扩大基本建设投资规模势必要增加职工人数，增加城镇人口，增加工资支出。而基本建设投资又主要用在扩大生产资料的生产上，工程完工后，生产出来的产品不能迅速回笼货币。因此，积累率的增长超过消费增长的正确比例必然造成货币发行过多。

第三，高积累往往伴随着高征购，这会引起农副产品价格上涨，货币贬值。由于基本建设战线过长，重工业发展过快，职工人数迅速增长，城镇人口增加，国家不得不增加征购，以满足城市对粮食的需要，其结果往往把农村粮食供需搞得很紧张，引起粮价和其他农副产品价格上涨，从而严重冲击市场和整个货币流通。

积累率超过国民收入增长的比例，就会出现物资供求和财政信贷收支不平衡，导致增加货币发行量。积累挤消费总是有一定限度的，不可能把消费降低很多。过高的积累率，一种是通过挤消费实现的；另一种是通过积累加消费超过国民收入总额实现的。在后一种情况下，势必形成"缺口"，这个缺口表现在实物形态上，就是物资供求不平衡；表现在价值形态上，就是财政信贷收支不平衡。

积累率过高，超过国民收入增长的正确比例，造成物资供求不平衡，必然使货币发行过多。在一定时期内，国民收入中有多少用于积累，有多少用于消费，要受到生产资料和消费资料生产的构成和增长速度的制约，增加基本建设投资规模，不仅要受到生产资料而且要受到消费资料生产和供应规模的限制。实行高积累往往缺少实现高积累基金所需要的生产资料，这就是通常说的物资留有"缺口"，这样的物资"缺口"如果持续许多年，且不是个别品种，而是主要物资，那么不仅是生产资料，而且消费资料都会供应紧张。生产资料和消费资料的供应是密切联系的。有些生产资料既是生产建设所需，也是人民日常生活所需。燃料动力就是这样，如果用于生产的增加，则民用就不足。所以，生产资料供应紧张往往造成消费品供不应求，导致流通中货币量过多。

高积累率往往造成财政信贷收支不平衡，或者是虚盈实亏，货币发行过多。实践证明，实行过高的积累率，超过国家财力的可能安排生产建设，必然造成财政收支不平衡，出现财政赤字，增加货币发行。同样道理，过高的积累率往往造成流动资金不合理增长，迫使银行扩大信用，增加货币发行，这是财政信贷收支不平衡、货币发行过多的重要原因。

从以上分析可知，实行高积累必然会造成货币发行过多。资本主义国家的通货膨胀是资产阶级对广大劳动人民实行超经济剥削的一种形式。在社会主义制度下，由于高积累造成货币发行过多，引起货币贬值，虽然不存在任何剥削，但是，毕竟会增加广大人民的经济负担，这对提高人民的物质文化生活水平是很不利的。

3. 消费吃积累，任意扩大消费基金，同样会造成货币发行过多

我们在总结货币发行过多的经验教训时，特别要注意防止出现消费吃积累，或消费基金加积累基金超过国民收入的增长，任意扩大消费基金，同样会造成货币发行过多。由于工资调整，工资总额的增长超过国民收入的增长，超过工农业生产增长的幅度；更重要的是由于一些企业和单位违背国家有关方针政策和按劳分配原则，滥发奖金，滥发各种补贴，使本来应该集中到国家手中的财力减少，国家财政收支平衡受到严重影响，这是造成财政赤字，货币发行过多的重要原因。同时，由于奖金发放过多，增加了社会购买力，消费品可供量一时还不能大幅增加，又会造成市场消费品供应紧张，物价上涨。

提高农副产品收购价格也是扩大消费基金的一个重要方面。提高农副产品收购价格，对于调动广大农民的生产积极性，改善农民生活，发展工农业生产起着积极作用。但是，如果步子走得过快，工业品供应农村不足，也会造成货币发行过多。农副产品价格过高，引起消费支出失去控制，也会导致货币发行增加。

从以上分析可知，不仅积累挤消费，追求过高的积累率，会造成货币发行过多，而且消费吃积累，任意扩大消费基金，同样会造成货币发

行过多。这种货币发行过多具有许多新的特点，应当引起我们的注意。这些新特点包括：

第一，消费支出失去控制，货币发行的增加量比较大。由于这种任意扩大消费基金的行为大部分是在企业、生产单位国民收入初次分配中进行的，这部分国民收入国家还没有集中统一起来，各个单位有权支配，而且各企业、单位之间又相互攀比，都想多发放奖金和各种形式的补贴，企业和生产单位的领导往往为了讨好职工，不考虑国家的长远利益和全局利益，迁就部分职工的落后思想，多发放奖金和各种名义的补贴，甚至发展到弄虚作假的地步，这样往往造成消费支出失去控制。在国民收入初次分配中，任意扩大消费基金，留给企业和上缴财政的积累就变少，造成增产不增收，国家财政存在较大困难，甚至在一个比较长的时间内都不能消灭财政赤字，这必然导致扩大货币发行。

第二，增加的现金支出是在各基层单位分散进行的，是通过各种名义和渠道任意扩大的，比过去积累吃消费，追求高积累所造成的增加货币发行更难控制。货币很容易投放出去，甚至上级机关还不知道货币是怎样投放出去的。

第三，各企业、单位、部门都有花钱的权力，财权很分散。如果不严格按照国家的方针、政策、财经制度办事，不仅扩大了个人所得，而且有些人千方百计地为本单位谋"福利"，花钱大手大脚，扩大社会集团购买力，增加了对市场消费品供应的压力。这更加促进了财政收支不平衡，导致出现财政赤字，增加货币发行。

历史上是用增加货币发行的办法来搞基本建设，这好比把房屋建在沙滩上，基础很不牢固。同样，现在如果任意扩大消费基金，不是在生产发展的基础上增加人民收入，而是用发行货币的办法增加工资、增加奖金，提高农副产品的收购价格，那就好比是画饼充饥，是不能真正提高和改善人民生活水平的，人民也不可能得到真正的实惠，反而会造成不必要的经济混乱，使经济不稳定、生活不稳定、人心不稳定、货币不稳定。

4. 只有保持积累与消费的正确比例关系，才能保持正常的货币流通

总结我国多年来的实践经验，集中到一点就是：国民经济的发展必须走高质量发展，积累率不太高，经济效益比较好，人民得到更多实惠的新路子，这样才能保持正常的货币发行。

不能再走过去曾经发生过的，片面追求高积累、高指标的老路。那样，虽然可以暂时取得表面上的高速度，但实际经济效益很低，创造的社会财富不多，浪费很大，造成货币发行过多，物价上涨，人民币贬值。

走积累率不太高，但质量比较高的新路，创造的物质财富多，经济效益好，商品供应充裕，货币流通正常，市场繁荣，物价稳定，人民群众过着幸福美满的生活。

正确处理积累和消费的比例关系，把解决人民生活消费问题放在重要位置，这应该成为重要的实践经验，也是社会主义基本经济规律的要求。要在安排好人民生活的前提下发展生产，并且随着生产的发展逐步提高人民的物质文化生活水平，使人民群众能够得到看得见的物质利益。要改善生活，就要努力发展生产，为改善生活创造物质基础，只有这样市场才能繁荣，才能保持货币流通的正常。

消费的增长低于劳动生产率的提高，这是避免任意扩大消费基金造成货币发行过多的客观界限。因为非生产领域工作人员的工资和管理费用只能由物质生产部门所创造的国民收入来开支；劳动者除了领到工资外，还享受免费医疗、助学金、福利补助、各种津贴等社会福利待遇。为了扩大社会再生产，必须要有积累。使劳动生产率的增长速度快于工资水平的增长速度，这样才能使支付工资和各种福利所投放的货币与社会提供的消费品相适应，保证正常的货币发行和货币流通；反之，货币发行增加，市场货币流通量必然过大。

同样重要的是，工资水平的增长速度不能超过农业劳动生产率的增长速度。市场供应的消费品主要是农副产品和以农副产品为原材料加工的轻工业产品，因此，工资的增长在很大程度上是以农副产品和轻工业产品的生产和供应为保证的。不然，工资增长的实际意义就受到很大限

制，虽然工资增加了，职工手中掌握的货币增加了，但有钱买不到商品，工资增长的现实意义降低，甚至由于工资支出增长，货币发行过多，商品价格上涨，职工的实际生活水平下降。必须保持积累基金与消费基金在物质形式上的平衡，这样才能保持货币发行的正常。不仅要正确处理积累和消费的比例关系，而且要使积累基金和消费基金的增长速度与国民收入的物质构成及其增长速度相适应。货币发行正常不正常，发行数量是不是过大，不能仅从货币发行的数量本身来看，还必须看其与生产发展、消费资料和生产资料的增长是否相适应。不然，虽然在价值形式上保持了适当的比例关系，但在实物形态上没有平衡，同样会使正常的货币发行失去物质基础，不可能保持货币流通的正常。

确定积累基金的增长速度，既要考虑生产资料增长的可能，又要考虑相应追加的消费资料增长的可能，这是积累基金发挥职能的客观要求和必要条件。但不少人以为搞基本建设只要有钢材、水泥、木材就行，用不着追加消费资料，结果重工业越搞越重，基本建设也被迫退了下来。

积累和消费的增长都要量力而行，不能超过国民收入的增长幅度，这样才能保持正常的货币发行。必须恰当地规定和严格掌握积累与消费的增长速度，使两者的分配和使用的总和不超过一定时期内可供分配使用的国民收入总额，如果超过这个总额，就会出现亏空，无论是表现为财政出现赤字，还是信贷收支出现逆差，最后的结果都是增加货币发行。财政出现赤字，增加货币发行，这实际上是反映国民收入的分配和使用超过了可供分配的国民收入总额。这种现象的产生，除了因为国民收入中存在一些不实因素外，一个很重要的原因就是积累和消费的分配和使用超过了国民收入总额。所以积累与消费必须保持正确的比例关系，不然，就不可能保持货币流通的正常。

大力提高积累基金和消费基金使用的经济效益，减少损失浪费，能为稳定货币创造坚实的物质基础。提高经济效益，要求合理安排积累与消费的比例关系，要做到用更少的资金创造更多的社会财富，生产更多物美价廉、符合市场需要的商品，不然，就会出现一方面商品大量积压，另一方面市场货币流通量仍然过多的怪现象。因此，只有努力提高经济效益，正确安排积累与消费的比例关系，才能逐步使货币流通正常、币值稳定、市场繁荣。

（四）经济效益与货币流通

实现中国式现代化，促进经济高质量发展，必须努力提高经济效益。对于保持货币流通的正常而言，稳定币值具有重要的意义。

1. 货币流通正常与否是社会经济效益好坏的最终结果

提高经济效益，就是以尽量少的活劳动消耗和物质消耗生产出更多符合社会需要的产品，马克思指出："如李嘉图所说，真正的财富在于用尽量少的价值创造出尽量多的使用价值，换句话说，就是在尽量少的劳动间里创造出尽量丰富的物质财富。"① 在商品生产和货币流通存在的条件下，只有生产具有使用价值的商品，商品的质量、款式、品种都符合社会的需要，商品才能销售出去，才能实现商品的价值，才能用商品来保证货币的稳定、货币流通的正常。如果只重视产值而轻视质量，造成产品积压，报废变质，那就不能保证货币稳定、货币流通正常。因此，只有坚持提高经济效益，生产更多物美价廉、适销对路的商品，才能保证货币流通的正常。

在生产更多符合社会需要的商品的过程中投入的活劳动消耗和物质消耗，已经由原来流通中的货币量满足了作为流通手段和支付手段的需要，只有新创造的价值才需要相应地增加货币发行，而这又是以较好的经济效益为前提的。只有生产的商品质量高，价格便宜，符合社会需要，适销对路，才需要相应地增加货币发行，增加的这部分货币发行才是生产发展和商品流转扩大对货币的客观需要。从这里可以看出，货币发行和国民收入有着密切的联系，因此，可以根据对国民收入增长和货币发行量的对比分析，判断市场货币流通量是否正常。如果经济效益差，生产的商品虽多，但质次价高，社会不需要，造成商品积压，损失浪费严

① 马克思，恩格斯. 马克思恩格斯全集：第二十六卷［M］. 北京：人民出版社，2014：218.

重，社会新创造的价值抵偿不了投入的活劳动消耗和物质消耗，结果不仅不能创造社会财富，反而会减少社会财富，例如，投入了大量的原材料，消耗了能源，支付了工资，投放了货币，结果生产的商品推销不出去，造成积压和报废。在这种情况下，不仅不能增加货币发行，就是保持原来流通中的货币量水平，仍然会表现为货币流通量过多。

因此，不能仅从表面现象看，似乎货币发行有了商品保证，更要从经济效益看，不仅要看商品的数量，更要看商品的质量，或者虽然商品有了质量，但并不符合社会需要，这样的商品也不能吸收流通中的货币。如果货币发行只根据社会商品零售总额，而不考虑其中的不适销部分，那就必然会使货币发行过多。因为这类商品是很难实现价值的，它不能作为货币发行的保证，因此不利于保证市场货币流通的正常。

经济效益和市场货币流通关系密切，可从以下三个方面进行具体分析：

第一，经济效益好，减少了活劳动消耗和物质消耗，有利于改善市场货币流通。提高经济效益，以尽量少的活劳动消耗和物质消耗生产出更多符合社会需要的商品，对于改善市场货币流通起着三个方面的重要作用。首先，由于减少了活劳动消耗和物质消耗，单位产品成本降低了。工资支出是产品成本的重要因素，因而节约了工资支付。工资支出是城市货币投放的主要渠道，因此减少了货币投放。其次，由于减少了活劳动消耗和物质消耗，在相同的时间内，能够为社会提供更多、更丰富的商品以满足市场需要，这样保证了市场货币流通的正常。最后，由于减少了活劳动消耗和物质消耗，单位产品成本降低了，这促使商品价格下降，有利于保持货币的稳定、物价的稳定，保持货币流通的正常。

第二，经济效益好，提高产品质量，有利于改善市场货币流通。提高产品质量是提高经济效益的重要途径，产品质量的高低和使用价值的大小关系极为密切，同类产品数量虽然一样，但质量高的，其使用价值就大；质量差的，其使用价值就小，消费者乐于购买质量高的消费品。虽然支付同样数量的货币，但由于商品质量好，使用价值大，实际上是便宜的；相反，商品质量差，使用价值小，虽然支付同样数量的货币，但实际上是昂贵的。因此，提高产品质量、提高经济效益，有利于改善市场货币流通。

第三，经济效益好，增加了企业盈利，促进财政信贷收支平衡，有利于改善市场货币流通。经济效益好，不仅企业能增加盈利，而且国家的财政收入也会增加，企业按期归还银行贷款，有利于保持财政信贷收支的平衡。反之，经济效益差，生产的废品、次品多，损失浪费严重，企业亏损，财政减收，贷款无力偿还，这会影响财政信贷收支的平衡。不仅如此，经济效益差，整个工农业产值和国民收入有很大水分，如果按照这种虚假的产值、利润和财政收入进行分配，整个社会的支出安排会超过国民收入，这说明实际创造的国民收入少，但分配仍然按照原计划进行，具体反映在国家财政上，实际收入减少，支出并没有减少，这必然会出现窟窿，最终都会集中反映在货币发行过多上，实际上是用发行货币堵窟窿。

从以上分析可知，市场货币流通正常与否，反映了整个社会创造的国民收入和对国民收入分配盈亏对比的结果。或者说，是投入的产品和产出的符合社会需要的产品，以及在产出产品的生产、分配、交换和消费过程中发行的货币是否适应这个经济过程客观需要的结果。如果出现货币发行过多，则存在经济效益差，损失浪费严重，因为产品质次价高而销售不出去，其劳动消耗就得不到社会的承认，这对实现商品的价值和使用价值起着负面的作用。因此，市场货币流通量过多是社会经济效益差的最终结果。

2. 既要有正确的经济发展比例关系，也要有好的经济效益，这样才能有正常的货币流通

新中国成立后出现的货币发行过多的根本原因就是农、轻、重比例关系严重失调。生产决定流通，流通影响生产，农、轻、重的比例关系是生产中的根本比例关系，孤立地发展重工业，重工业过重，轻工业过轻，农业短腿，必然会出现市场消费品供应不足、市场货币流通量过多

的结局。所以，要保持货币流通的正常，就必须调整经济结构，保持农、轻、重之间的正确比例关系，使农业、轻工业有更快的增长速度，把消费品生产摆在重要的位置上，这是稳定货币、稳定物价的物质基础，这是从国内外经济建设实践中总结出来的重要结论。

但是，只保持农、轻、重之间正确的比例关系，只讲争取农业、轻工业有一个较高的发展速度还不够，还必须讲究经济效益，不然，产值中水分很大，生产的商品质次价高，要保持农、轻、重之间正确的比例关系也是不可能的，甚至会造成经济比例失调的加剧，经济发展也会受到影响和阻碍。

因此，速度、比例和经济效益这三者是统一的。速度受比例的制约，比例要适应速度的要求，比例协调，发展速度才有可能快一些，只有按比例，才能有稳定、持续的高速度，才能促进经济高质量发展。速度当然是重要的，没有一定的速度就谈不上经济效益。但是，速度必须体现效益，速度的高低要以效益的好坏为标准。不讲经济效益，不讲产品的质量，就没有数量，没有产值，速度的水分就很大，甚至没有速度，就谈不上按比例、协调的发展。因此，没有一个经济效益高，扎扎实实的、没有水分的速度，就不能把消费品生产搞上去，就不能完成经济发展的任务，就不可能保持农、轻、重之间的正确比例关系，从而也就不可能保持货币流通的正常，保持币值的稳定。

从我国几次出现货币发行过多的情况看，追求高指标、高积累，农、轻、重比例关系严重失调会造成货币流通量过多，经济效益差也会造成货币流通量过多。因此，正确地安排经济比例关系和提高经济效益是相辅相成的，不断提高经济效益，必将促进经济比例关系合理化，而合理的经济比例关系又必然会促进经济效益的提高。经济发展必须以提高经济效益为前提，如此才能实现中国式现代化，实现经济高质量发展，才能保持货币流通的正常，保持货币的稳定、物价的稳定。

3. 经济效益差，是造成市场货币流通量过多的主要原因

经济效益差能够在流通、分配、消费过程中表现出来。经济效益的

高低对货币流通的影响是通过商品供应、财政和信贷收支三条通道形成的。

第一，从商品方面看，货币流通量的多和少是相对商品流转而言的，商品多了，货币就少了；商品少了，货币就多了。经济效益差，集中表现在生产适销对路的商品相对减少，质次价高的商品增多。只有适销对路的商品才能容纳货币，消化流通中过多的货币，而质次价高的商品并不能吸引货币。所以，经济效益差在流通中的表现，一方面是市场货币流通量过多，另一方面是商品积压。从商品积压方面看，好像货币已经不存在过多。如果只看到商品积压，只看到商品的数量，而没有看到商品的质量、款式、品种，以及是否适应社会的需要等方面，就会认为货币流通量不是过多了，因为有不少商品积压，卖不动。实际上，这只是一种表面现象，仔细分析一下，那些积压商品一般都不是适销对路的商品，真正畅销的商品并不积压，仍然是供不应求的，而且社会上对畅销商品的品种、数量需要是很大的，只有质次价高，不为广大群众所欢迎的商品才积压，所以，这并不是货币流通量已经正常的标志，而是社会经济效益差的表现。因此，经济效益差，在商品方面的表现是质次价高，货不对路，不符合社会需要，形成商品积压，销售不出去，这样就相对地减少了市场的商品供应量，也就相对地缩小了市场货币的容纳量，因而造成流通中货币量过多。

第二，从货币方面看，主要是财政出现了赤字，造成货币发行过多。由于生产的商品不符合社会需要，往往表现为工业实现了利润，实际上这些商品积压在仓库，并没有真正销售出去，没有被社会所承认，财政收入是虚假的，最后造成财政收支不平衡，出现赤字，或者是假平衡，真赤字，这必然会表现为货币发行过多。总之，经济效益差，生产没有创造真正的价值，甚至损失浪费很大，国家财政收入减少，财政支出增加，出现财政赤字，这必然增加货币发行。

第三，经济效益差，造成信贷收支逆差，增加货币发行。由于商品不符合社会需要，推销不出去，银行大量贷款收不回来，信贷资金周转缓慢，期限延长，不仅如此，亏损企业还靠银行贷款维持日子，甚至拿银行贷款上缴税收和利润，信贷资金需求增加，结果造成信贷收支不平衡，同样要增加货币发行。

从以上分析可知，要防止任意扩大财政支出，扩大财政赤字，从而增加货币发行；要防止任意扩大信贷，扩大信贷收支逆差，从而增加货币发行。在财政支出控制紧了以后，各部门、各地区都想从信贷上找出路，向银行提出增加贷款，这很容易造成信贷收支出现不平衡，从而增加货币发行。

信贷收支不平衡，同样要增加货币发行，它的性质和财政赤字相同，或者说，等同于财政赤字。财政出现赤字，也要向银行透支，从而扩大银行信贷收支差额，增加货币发行。因此，这两种情况在性质上是一样的。不要以为财政出现了赤字，可以采取挤银行信贷资金的办法，其实结果是相同的，都是用增加货币发行的办法堵窟窿。因为它们的基础是相同的，都是经济效益差，创造的社会财富少，价值实现少，损失浪费大，财政信贷收不抵支，用发行货币的办法弥补收支差额。收支差额不是这方面多一些，就是那方面多一些，最后都要靠多发行货币来解决，这必然造成市场货币流通量过多。

4. 只有不断提高经济效益，才能保持正常的货币流通

马克思认为商品是否符合社会需要，是有无经济效益的前提，他说："商品要有使用价值，因而要满足社会需要，这是卖的一个前提。"① 商品只有符合社会需要，才能卖出去，商品的价值才能实现，商品才能被使用。在社会主义制度下，生产的目的是满足人民日益增长的美好生活需要，产品能否满足人民的需要，是有无经济效益的决定因素，因此，提高经济效益，关键是生产更多符合人民需要的商品，这样才能繁荣市场，稳定币值，才能增加财政收入，扩大信贷资金来源，加速资金周转，保证财政信贷收支平衡，保证正常的货币流通。

---

① 马克思. 资本论：第三卷 [M]. 北京：人民出版社，1975：203.

提高经济效益，商品符合社会的需要，必须很好地研究消费、研究市场。社会的需要是随着经济的发展、人民生活的改善而不断变化的，各个阶段有不同的需要，要根据社会需要的变化，在生产、流通、分配、消费各个环节作出相应的改变，坚持以人民的利益为中心，一切为了人民，不断提高人民的物质文化生活水平，为人民多谋福利，这样才能不断提高经济效益。

在资本主义社会，资本家进行生产和交易是为了赚钱，获取更多利润，他们对人们的消费和市场的需求做了大量研究，想尽一切办法增加花色、品种，提高商品质量，使自己在竞争中处于有利的地位。在我们国家，生产的目的是满足人民日益增长的美好生活需要，只有很好地研究消费、研究市场，才能不断提高和改善人民的物质文化生活水平，才能符合社会需要，才能促进经济效益的提高，才能回笼货币，才能保证正常的货币发行，才能防止流通中出现货币量过多。要避免一方面不适销的商品积压，另一方面市场货币流通量仍然过多的现象。

提高经济效益，商品符合社会的需要，必须处理好微观经济效益和宏观经济效益的关系。从实践经验来看，特别要重视研究宏观经济效益，社会主义经济效益的特点是以宏观经济效益为前提，这和资本主义社会不同，在资本主义制度下，资本家的企业能够赚钱发财就行，至于整个社会利益如何，资本家根本不考虑。我国的情况则不同，企业必须从宏观经济效益出发。有些产品从微观来看是有效益的，但从宏观来看，不仅没有效益，反而是一种浪费。现实生活中的盲目建厂、盲目生产会造成很大的浪费，生产的盲目性是社会最大的浪费。资本主义生产的盲目性和无政府状态是造成资本主义社会极大浪费、生产过剩以及经济危机的主要原因。因此，这个问题必须引起我们极大的重视。当然，这并不是说提高微观经济效益不重要，提高微观经济效益是提高宏观经济效益的基础，如果没有微观经济效益的提高，提高宏观经济效益就没有基础，而是说整个国民经济是一个全局，单位和部门是局部，局部利益必须服从全局利益。只有从宏观经济效益着眼，从微观经济效益入手，生产那些符合社会需要的、消费者乐于购买的商品，让消费者有更多选购商品的权利，才能顺利地实现商品的销售，才能增加盈利，增加财政收入，回笼市场货币，保证货币流通的正常，才能避免需求已经饱和的商品还在那里建厂生产，越生产积压越多，而社会急需的商品却生产不足，供应不够，这样货币就不能回笼，从而造成市场货币流通量过多。

提高经济效益，商品符合社会的需要，必须加强和改善宏观调节，搞好综合平衡，从而才能保持正常的货币流通。货币流通的基础是商品流通，要保持货币流通的正常，就要自觉地保持市场货币流通量与商品流转相适应。列宁指出："经常的、自觉保持的平衡，实际上就是计划性……"无论从微观经济效益还是从宏观经济效益来看，经济效益不高，很重要的原因是计划不科学和不周到，综合平衡工作做得很差，例如，基本建设失控、消费失控、资金分散、分配过头等都会造成经济工作中很大的盲目性，产生很大的浪费。要注意发挥市场的调节作用，但绝不能忽视和放松政府的宏观调控，加强综合平衡才能保持农、轻、重之间，积累与消费之间的平衡，才能高质量地满足社会的需要，促进国民经济持续健康增长，实现中国式现代化，促进经济高质量发展，这才是最大的经济效益，也是保持货币流通正常的客观基础。

我们必须坚持实事求是，按照客观规律办事，加强宏观调控的科学性，加强综合平衡。任何削弱宏观调控、影响综合平衡的做法，不仅会给国民经济的发展带来严重损失，而且必然会破坏正常的货币发行，造成市场货币流通量过多。

讲究经济效益，这是经济工作的重心，也是保持货币流通量正常的关键，只有围绕这个重心做工作，才能生产更多符合社会需要的商品，不断提高和改善人民的物质文化生活水平，才能使币值的稳定建立在一个牢固的物质基础上，才能繁荣市场，稳定物价，促进经济高质量发展。

（五）货币发行与货币流通

回顾和总结我国经济建设的实践经验可以发现，在经济工作中，我们对货币流通规律是关系国民经济各个部门、联系千家万户经济生活的重要规律这一点往往认识不足。这样就必然会受到违反货币流通规律的惩罚，因此，我们必须提高对货币流通规律作用的认识，认识到多发行货币，货币就会贬值，物价就会不稳定，从而会给经济发展、人民生活水平的提高带来不利影响。

货币在商品经济中起着一般等价物的作用。这种一般等价物是以货币本身的价值稳定为前提的。如果货币本身的价值不稳定，那么它就无法衡量其他商品的价值，也就不可能实行等价交换，就会直接影响货币在国民经济中发挥一般等价物的作用。因此，货币贬值是对货币本身作为一般等价物作用的直接否定。研究货币问题，始终应把货币的稳定性作为主要问题来研究，这是货币的作用和币值稳定之间内在的客观联系，是辩证统一的关系。

在纸币流通的条件下，纸币本身是没有价值的。纸币是否稳定，就要看它所代表的价值量是否稳定。每个单位纸币所代表的价值量完全取决于纸币的数量。马克思说："……流通的纸票的价值则完全决定于它自身的量。"① 因此，在纸币流通的条件下，关键是纸币流通的数量。如果过多发行纸币，纸币的数量超过流通界的客观需要，每个单位纸币所代表的价值必然减少。纸币数量与纸币所代表的价值成反比，纸币发行数量越多，每个单位纸币所代表的价值就越小，纸币就发生贬值。这是纸币数量与币值之间的辩证关系，反映不以人的意志为转移的客观过程。

纸币贬值反映在物价上涨方面，首先表现为生活必需品的价格上涨，并逐步扩散到更多商品的价格上涨上，导致商品价格普遍上涨。货币流通量过多，商品供不应求，物价就会上升，这种反应是比较灵敏的。其次，在人民群众的货币收入没有增加或增加较少的情况下，其实际生活水平必然会下降，这也是不能回避的客观事实。多发行货币，并不创造任何价值，人民币是货币的价值符号，本身不具有价值，它所代表的价值完全取决于流通中的货币数量。如果生产不发展，商品流转不扩大，

① 马克思．资本论：第一卷［M］．北京：人民出版社，1975：147．

社会财富不增加，搞点通货膨胀，发行更多的货币，丝毫不能增加社会的财富。这样只会加剧货币和商品供应之间的不平衡，违反货币流通规律的客观要求。

结合我国经济建设多年来的实践，完全可以说明这一点：多发行货币，不可能用来扩大基本建设投资。基本建设投资的规模主要取决于基本建设的原材料供应和施工力量情况，如果原材料供应不足，施工力量不足，通过增加货币发行，多安排基本建设项目，结果只能造成基建材料供应和施工力量的紧张局面。

多发行货币，不可能用来扩大当年生产。在燃料、动力和原材料生产大大落后于加工工业时，只能造成停工待料、开工不足的现象。如果多发行货币，多发放贷款，则只能进一步加剧原材料、燃料、动力供应不足的矛盾。

多发行货币，不可能用来提高人民的生活水平。人民生活水平的提高只能建立在生产发展的基础上。如果没有以生产发展和商品流转扩大为物质基础，而采取多发行货币的办法，结果是一方面增加工资，另一方面提高物价，如果物价增长超过工资增长的幅度，就会导致实际工资下降，人民的实际生活水平下降。

因此，发行货币必须依据货币流通客观规律的要求，过去我们对货币流通的客观规律重视不够。虽然国家每年根据货币发行指标向流通界投放货币，但是，这个发行指标的确定往往不是根据客观经济发展的需要。比如，生产发展了，商品流通扩大了，对货币的需要量就增加，就可以相应地多发行货币；反之，生产缩减了，商品供应减少了，不仅不能多发行货币，而且针对流通中已经存在的过多货币要采取回笼货币的措施。如果一定硬要把过量的货币投入流通，流通中的货币量超过生产的发展和商品流转的客观需要，货币就会贬值，就会给国民经济的发展和人民生活带来严重影响，就会受到违反客观经济规律的惩罚。马克思说："国家固然可以把印有任意的铸币名称的任意数量的纸票投入流通，可是它的控制同这个机械动作一起结束。价值符号或纸币一经为流通所掌握,就受流通的内在规律的支配。"也就是说,国家虽然可以把任意数量的货币投入流通,但是,这些货币一经投入流通,就离开了国家的意志,受流通的内在规律支配。因此,货币发行必须依据货币流通的客观规律。

我们一定要认真总结实践经验,只有把货币发行工作建立在货币流通规律的基础上,才能保持正常的货币流通和货币发行,从而为不断提高人民的生活水平、为实现中国式现代化、为经济高质量发展服务。

五、货币需要量论

货币需要量是我国经济建设中的重大理论和实践问题。新中国成立以来,人们对马克思的货币流通规律公式的原理在实践中的运用产生了分歧;西方各经济学派对货币需要量这个问题也存在分歧。改革开放以来,西方经济金融理论引入我国后,这个问题上的分歧愈加复杂。但这并不是坏事,因为这更有利于我们对这个问题进行深入探讨。国内外对这个问题有较多研究,我提出了货币需要量理论,针对一些具体问题阐述如下。

(一) 货币需要量是客观的还是主观的

货币需要量是否具有客观性?因为有人提出,不以人的主观意志为转移的货币需要量是不存在的,否定货币需要量的客观性。

我认为货币需要量具有客观性,这并不是人们的主观臆想,而是由货币与商品之间存在的客观对应关系决定的。在商品经济中,货币是商品交易的中介和支付手段,商品生产和流通是基础,货币流通是派生的。一定的生产和商品流通规模需要一定数量的货币,而且也只能容纳一定数量的货币。生产发展了,商品流通扩大了,就会增加对货币的客观需要;生产萎缩,商品流通规模缩小了,就会减少对货币的客观需要。因此,货币需要量的多少是由客观经济过程决定的,不取决于人们的主观意志。

生产规模的大小，商品流通数量的多少，也不是由人的主观意志决定的，而是取决于一定社会一定时期生产力的发展水平，生产力是任何人都不能自由选择的，马克思说："人们不能自由选择自己的生产力——这是他的全部历史基础，因为任何生产力都是一种既得的力量，以往活动的产物，所以，生产力是人们实践能力的结果，但是，这种能力本身决定于人们所处的条件，决定于先前已经获得的生产力，决定于在他们以前已经存在，不是由他们创立而是由前一代人创立的社会形式。"[1] 人们既然不能自由地选择生产力，也就不能自由地选择商品生产和流通规模，因而一定的商品生产和流通规模只能容纳一定数量的货币。货币与商品之间这种客观对应关系，决定了货币需要量的多少，这是不以人的意志为转移的。马克思说："国家固然可以把印有任意的铸币名称的任意数量的纸币投入流通，可是它的控制同这个机械动作一起结束。价值符号或纸币一经为流通所掌握，就受流通的内在规律的支配。"[2] 因此，货币需要量具有客观性。前文已经说过，费雪交易方程式：$MV = PT$ 与马克思的货币流通规律公式在形式上是相同的，在观点上却是不同的。马克思认为等式右边决定左边，即商品价格总额决定货币数量，在这里货币需要量的客观性是很明确的；传统的货币数量论认为是左边决定右边，即货币数量决定商品价格水平，而货币数量又往往是人们的主观意志决定的，在这里货币需要量的客观性就变得模糊起来。尽管如此，传统的货币数量论也承认货币与商品之间这种客观的对应关系，而且费雪交易方程式是一个恒等式，数学上的恒等式表明等式双方的数量关系是客观存在的，货币需要量具有客观性。

凯恩斯及以后的各种货币学派在货币需要量客观性这个问题上，不是比传统的货币数量论前进一步，而是倒退了，他们笔下的货币需要量渗入了人的主观因素，凯恩斯把货币需要量分为交易的需求、预防的需

① 马克思，恩格斯．马克思恩格斯选集：第四卷 [M]．北京：人民出版社，1972：321．
② 马克思，恩格斯．马克思恩格斯全集：第十三卷 [M]．北京：人民出版社，1962：109 - 110.

求和投机的需求，前者具有客观性，后两者兼有客观性和主观性。弗里德曼的货币需要量函数也是这样的，其中既有客观性的因素，也有主观性的因素。

我认为货币需求量不仅具有客观性，而且在实际经济工作中应该强调这种客观性，不能误以为手中掌握了政权，就可以按照主观意志任意投放货币，这样做的结果只能导致货币供应量超过客观的需要，出现通货膨胀，物价上涨，给经济工作带来严重危害。

实践是检验真理的唯一标准，古今中外发生的通货膨胀证明，在经济生活中，的确存在着不以人的主观意志为转移的、具有客观性的货币需要量，任何国家货币量的供应超过这个客观存在的货币需要量，就要受到违反客观经济规律的惩罚，将会给经济发展、人民生活带来很大的损失。

（二）货币需要量是宏观的经济范畴还是微观的经济范畴

凯恩斯立足微观研究货币需要量，他认为货币需求是由人们的三个动机决定的，即交易动机、预防动机和投机动机。以后的凯恩斯学派也是在这个立足点上加以发展的。

我认为货币需要量不是微观的经济范畴，而是宏观的经济范畴。货币需要量是整个经济运行对货币的客观需要量。货币需要量是商品交换中对作为一般等价物的货币的需要数量，换句话说，就是商品交换需要一定数量的货币作为交易媒介或支付手段。因此，在实际经济工作中，货币需要量是未来一定时期（一年或一个季度）整个国民经济发展、生产和商品流通以及其他经济活动客观需要的货币数量。货币需要量是对未来一定时期经济活动所需货币数量的预测，中央银行据此对整个国民经济供应货币，因此，货币需要量是宏观的经济范畴。

不仅如此，货币供求与社会总供给、总需求是密切联系的。社会总供给是指一定时期内一国实际提供的生产成果的总和，社会总需求是指同一时期内该国实际发生的有支付能力的需求总和。在货币经济条件下，社会总供给和总需求不可能表现为实物形式，而是必须通过货币价值的形式表现出来，社会总供给和总需求的平衡表现为一国与实际提供的生产成果总和相对应的货币需要量，与一国实际发生的有支付能力的需求总和相对应的货币供应量平衡，同样的道理，社会总供给大于总需求，表现为货币需要量大于货币供应量；反之，社会总供给小于总需求，表现为货币需要量小于货币供应量。社会总供给与总需求的平衡是一个社会经济正常运行的重要前提条件，货币供应量与货币需要量保持一致，不过多，也不过少，货币稳定，物价稳定，也是一个社会经济正常运行的重要前提条件。因此，货币需要量属于宏观经济的范畴，其目的是保持社会总供给与总需求的平衡，为经济运行创造一个良好的环境。

凯恩斯等人把货币需要量作为微观经济范畴来研究，这与货币需要量的性质不相符合，达不到研究货币需要量的目的。当然，凯恩斯货币需要量的方程式从表面上来看没有微观经济的因素。其方程式为 $L = L_1(Y) + L_2(r)$，式中，L 表示货币需要量，L_1 表示前两种动机的货币需要量，Y 表示收入，L_2 表示第三种动机的货币需要量，r 表示利率。但是，他的研究出发点是立足于微观经济的，所以，这个方程式的演绎论证与得出来的结论是自相矛盾的，因为它是基于人们日常货币需要的三种动机推导出来的，是用微观的因素替换宏观的因素，是与研究货币需要量的性质背道而驰的。而且在实际计算中，也无法把许许多多微观的货币需要量相加，进而得出宏观的、整个社会的货币需要量。

从这点来讲，传统的货币数量论是正确的，他们把货币需要量作为宏观经济范畴来研究，从费雪交易方程式就可以看出，该方程式研究整个社会商品交易所需要的货币数量。在这个问题上，凯恩斯等人的货币需要量的研究比起传统的货币数量论来说，不是前进了一步，而是后退了。

弗里德曼的货币需要量理论一方面以传统的货币数量论为基础，另一方面又吸收了凯恩斯的"流动性偏好"理论。所以，他的货币需要量理论既具有宏观的成分，又具有微观的成分，因此，很难求出真正的货币需要量。

我认为只有运用宏观的经济因素来论证、分析和预测货币需要量，才能真正测算出整个国民经济中最适的货币量，运用微观的经济因素是不可能准确地测算出货币需要量的。

（三）是商品决定货币还是货币决定商品

凯恩斯的货币需求理论是建立在人们心理上具有"流动性偏好"的基础上的，他认为人们具有三种货币需要动机，分别是：交易动机，人们持有货币以满足日常交易活动的需要；预防动机，人们持有货币应付意外的、临时的需要；投机动机，人们持有货币，并根据对利率变动的预期，在有利时机购买有价证券进行投机。

决定这三种货币需要动机的物质基础是什么？凯恩斯承认前两项动机是由收入决定的，后一项动机是由利率决定的。由于国民收入是实际产量或实际收入与物价的乘积，实际上，前两种动机所决定的货币需要量占国民收入的一定比例，那么，国民收入的大小由什么决定？国民收入的大小只能由生产力的发展水平来决定。归根结底，还是生产力发展水平，即商品生产与流通的规模决定货币需要量，也就是商品决定货币，而不是货币决定商品，所以，从人们对货币需要的动机来分析，仍然离不开商品决定货币这个根本原理。

按照凯恩斯的说法，货币需要是由人们的需求动机决定的，而社会上存在着失业是因为有效需求不足，因此，提高社会的有效需求就可以发展生产，解决就业问题，得出的结论就是社会总需求决定社会总供给，货币需要量似乎是由人的主观意志决定的。果真是这样吗？从整个社会来说，产出能有多少，商品生产的规模有多大，能够供应多少商品，相应的货币需要量就有多少，这里指的当然是有支付能力的需求。社会供应增加，需求才能增加，社会总供给和总需求是相互依存、相互作用的，但是，从根本上说，是社会总供给决定总需求，货币需要量的多少，也是由商品生产和流通的规模决定的，并不取决于人们对货币需求的动机。

人们的交易动机、预防动机和投机动机需要的货币数量各是多少，概括起来，实际上是人们能够支配的货币在这三个方面的比例。这种能够支配的货币是由人们能够得到的收入决定的，如果得不到那么多货币收入，人们在这三个方面的货币需求都会落空，而人们能够支配多少货币，正如前面指出的，是由国民收入的多少决定的，而国民收入的多少，在一个国家一定时期内是由客观存在的生产力发展水平决定的，并不取决于人们的主观愿望。

总之，在简单商品生产条件下，人们看得很清楚，商品生产和流通规模的大小决定所需要的货币数量的多少。在发达的市场经济条件下，经济情况和决定因素就复杂得多，但是，仔细分析起来，仍然是商品决定货币，而不是货币决定商品，更不是人们对货币需求的动机决定货币需要量的多少。

根据以上分析，凯恩斯的货币需求理论实际上已经不是原来意义上的研究一个社会究竟需要多少货币，以保持最适货币量，保持物价稳定，而是转变为货币为何对就业和产量发生影响的理论。为了解决资本主义的失业和经济危机，他提出的政策建议是：中央银行通过增加货币供应量，降低利率，使利率低于资本边际效率，这样就会刺激投资增加，并通过投资乘数的作用，提高有效需求，使就业与国民收入成倍增长。但是，实践的结果又是怎样呢？推行凯恩斯这种政策建议的结果是资本主义国家普遍出现通货膨胀，陷入通货膨胀与经济停滞双重困境之中。

综上所述，我认为研究货币问题一个最根本的观点，是商品决定货币，而不是货币决定商品，离开了这个根本观点，孤立地在货币方面推理，甚至认为货币决定商品，必然会得出错误的结论。同样，在实际经济工作中，孤立地在货币上打圈子，也必然会得出错误的政策主张，导致采取错误的经济金融措施和行动。

（四）是货币需要量还是持币量

凯恩斯所说的货币需求的三种动机，实际上是自然人和法人持币量支出的三种不同动机，自然人和法人有了货币收入以后，准备多少用于商品交易，多少用于防止发生意外的支出，多少用于证券投资，也就是说手中这些钱怎么花，这样说更确切些。

　　货币需要量和持币量是两个不同的经济范畴。货币需要量是预测宏观经济中究竟需要多少货币，持币量是自然人和法人手中持有的货币，是他们手中的货币存量，两者在性质上是不同的，这种不同主要表现在以下六个方面：

　　第一，宏观经济范畴和微观经济范畴的不同。货币需要量是宏观经济的范畴，持币量是自然人和法人手中持有的货币，这种货币经历从收入到支出的过程，最后成为保持在手中的货币存量，而且这种存量是不断变化的，几乎每天是一个不同的数字，是微观的经济范畴。假设一个职工月工资7000元，发工资的第一天可能是这个数字，第三天各种支出发生后，手中的货币就减少了，以后再逐步减少，若干天后可能只剩下很少的货币，这就是持币量。

　　第二，决定的因素不同。货币需要量是由商品生产和流通的规模决定的，是由社会生产力决定的，而持币量是由自然人和法人的收入水平和支出结构及其消费水平决定的。收入多，持币量必然就多，收入少，持币量也就少。在支出方面，消费水平不同，持币量也不同，而且人们的生活习惯和持币量多少也有关系，例如，农民省吃俭用，不少人愿意攒钱，持币量就多。支出的结构也影响持币量，例如，多少用于高档消费，多少用于一般消费，多少用于购买股票、债券。

　　除了上述因素外，客观的经济条件也往往影响公众的持币量。例如，商业网点的多少，银行储蓄网点的多少，交通方便不方便，都会影响人们的持币量。因此，持币量和货币需要量的决定因素是不同的。

　　第三，性质上的不同。货币需要量是预测的未来时期整个国民经济对货币数量的客观需要。持币量是中央银行已经投放的货币供应量在自然人和法人手中的分布，或者更具体点说，就是货币供应量在居民、企业、政府部门的分布。

　　第四，发展变化的规律不同。货币需要量是按照马克思揭示的决定货币需要量的三个因素，即商品价格水平、商品数量、货币流通速度的相互关系发展变化的。持币量则是按照决定它的因素，即货币收入和支出及其结构的相互关系发展变化的。

第五，研究的目的和方法不同。研究货币需要量的目的是预测这个经济杠杆，从而为中央银行决定货币供应量提供重要参考，因而要采取对整个经济的综合分析研究方法。而研究持币量的目的是研究自然人和法人的货币持有量及其增减变化和动向，应运用社会调查的方法，一般采取的步骤包括：一是分类，对不同收入水平的居民进行分类；二是选点，在分类的基础上选择有代表性的住户；三是查量，对典型户进行收入、支出持币量的调查；四是推算，即以典型户的持币量推算全民的货币量；五是验证，利用历史资料和各方面的有关资料，分析研究所求得的持币量的正确性。

第六，心理因素的作用不同。人们手中的持币量如何运用？持币量是人们手中掌握的货币，因此，人们的主观意志起很大作用，西方经济学所讲的心理因素在这里的作用是很明显的。而货币需要量是整个国民经济对货币的需要，人们的主观意志很难起作用。

从以上分析可见，凯恩斯混淆了货币需求量和持币量这两个不同的经济范畴，把立足点放在持币量上研究和测算整个国民经济的货币需要量，我认为这在方法论上是根本错误的。

（五）是货币需要量还是货币供应量

货币需要量和货币供应量也是两个性质不同的经济范畴，货币需要量的性质前文已述。货币供应量是中央银行向国民经济供应的货币数量，或者说，是向法人和自然人供应的货币数量。因此，法人和自然人手中的持币量实际上是来自中央银行的货币供应量，是货币供应量在法人和自然人中的分布。所以，货币供应量是执行国家的经济、货币政策和指令的结果。

货币需要量和货币供应量的联系，表现在中央银行在决定向国民经济供应多少货币数量时，要把国民经济对货币的需要量作为一个标杆，使货币供应量尽可能保持和货币需要量相一致，不过多，也不过少，达到最适货币数量，这有利于保持货币的稳定、物价的稳定，有利于整个国民经济的正常运行。

凯恩斯提出"流动性陷阱"（Liquidity Trap）理论，他认为货币供应量大量增加，使利率降到某一低限以后，货币需求会变得无限大，这是因为在某一低利率情况下，人们一致认为未来利率会上升，债券价格会降低，这时无人再愿意持有债券而只愿意持有货币，无论货币供应量增加多少，都只能被"流动性陷阱"所吸收，而无法使利率下降，也就无法刺激投资的货币需求。的确，货币供应量和利率之间存在着密切关系，但是，凯恩斯的"流动性陷阱"理论有以下不正确之处。

第一，由于混淆了货币需要量和持币量的区别，凯恩斯把货币供应量增加、法人和自然人手中的持币量增加误认为是货币需要量增加。如前文所述，货币需要量的多少取决于商品生产和流通的规模，即社会生产力的发展水平，因此，货币需要量不可能像凯恩斯所说的那样变得无限大。

第二，凯恩斯认为在利率降低到一定限度时，无论供应多少货币，其都会被"流动性陷阱"所吸收。果真是这样吗？其实，过多供应的货币并没有被"流动性陷阱"所吸收，只不过是充塞在流通界里，在流通界泛滥，这些泛滥的货币会使物价上涨，会冲击国民经济各部门。

第三，货币供应量增加，是促使利率下降的因素，但是，凯恩斯没有看到另一个方面，货币供应量增加会促使物价上涨，而物价上涨也是提高利率的因素。所以，货币供应量的增减对利率是同时在两个方面起作用的。究竟哪个方面的作用更大些，是因时间、地点等条件的不同而不同的。

第四，利率的升降和货币供应量的增减有密切的关系，但是，货币供应量不是决定利率的唯一因素，利率的升降是由多种因素决定的。利率是调节市场经济的重要杠杆，它主要受经济形势、经济政策和货币政策的影响，受经济发展水平、产品成本、物价水平等多种因素的影响，不能把货币供应量看成是决定利率的唯一因素。

那么，利率对货币需要量是否有影响？事实上也是有影响的，表现在利率降低，公众手中的持币量增加，促使货币流通速度减缓，从而使货币需要量增加。

从以上分析可知，凯恩斯混淆了货币需要量和持币量的界限，夸大了利率对货币需求的作用，他提出的"流动性陷阱"理论在实践中是不适用的，提倡这种理论只能使更多的货币在流通界泛滥，影响国民经济的正常运行。

（六）是"流动性偏好"还是货币是一般等价物

凯恩斯的货币需求理论是建立在"流动性偏好"（Liquidity Preference）理论基础上的，他认为之所以人们总是保持一部分不生息的货币在手中，是因为货币具有完全的流动性。人们在心理上具有"流动性偏好"，即人们总是偏好将一定的货币保持在手中，以应付日常的、临时的和投机的需求。因此，人们的货币需要就取决于人们心理上的"流动性偏好"。

我认为把货币需要建立在"流动性偏好"理论基础上是不科学的。

第一，人们对货币的需要是因为货币是一般等价物而不是由于人们的"流动性偏好"。在市场经济中，由于货币是一般等价物，人们的物质文化生活，以及经济行为各方面的需要都是通过货币来实现的，掌握了货币就可以购买任何商品，从事各种经济活动。货币在质上是无限的，在量上是有限的，这促使人们追逐货币，这就是货币的魅力，并不是什么"流动性偏好"。

第二，人们对货币的需要是源自客观的经济活动，而不是主观心理上的愿望。人们对货币的需要，实际上是由于整个社会再生产过程的生产、分配、交换和消费在市场经济条件下是借助货币的形式来实现的，当然，人们有选择消费的自由，存在着心理的作用，但是，这是受物质生产过程的制约的，不能脱离物质生产过程孤立地讲心理上的决定作用。经济学上讲的需求是一种具有购买力的愿望，或者称为有支付能力的需求，始终是一种能力与愿望的统一。如果把心理作用作为唯一的原因，抛弃了经济活动存在的物质基础，这在研究方法上是脱离实际的，会陷入唯心论的泥淖中。

第三，货币需要量的大小也不取决于"流动性偏好"，而是如前文所述，取决于国民收入的多少。人们的收入减去支出，剩下来的是人们的持币量，而持币量的大小也不是取决于"流动性偏好"，而是取决于收入和支出的规模及其结构。前文已述，如果说"流动性偏好"这种心理起作用，那也是对人们的持币量，而不是对货币的需要量起作用。

从以上分析可知，货币的性质是一般等价物，正因为货币是一般等价物，掌握了货币就能够转化为任何商品，人们总是愿意保持一定量的货币在手中。"流动性偏好"实际上是货币这种一般等价物的性质在人的思想意识上的反映，这是问题的实质所在。

（七）以数学公式的推导为准还是以能够实际应用为准

货币需要量的测算的确是货币金融工作和理论探讨中的难题，同时，这又是十分重要的现实问题。西方经济学者在研究的方法上，着重于数学公式的推导，我们可以找到几十个这样的常见公式。货币需要量的测算借助数学方法进行深入的研究，这是完全必要的，特别是借助经济计量方法进行测算。西方经济学者在数学方法的应用上比较深入，这颇有参考价值，但是，我认为他们在研究方法上有以下的偏离，是我们在采用数学方法进行研究时应该避免的。

第一，运用数学推导和图解的多，运用实际资料测算的少。许多方程式的演算、推导篇幅很长，图解十分详尽，但是，运用某一个时期的实际资料进行研究在论著中却很少见，因此，虽然他们列出了很多方程式，但对这些方程式应用于实际会产生什么问题，以及如何去解决这些问题研究得更少，似乎是货币需要量的数学推导和实际的测算是两回事，结果成为"两层皮"，导致理论脱离实际。

第二，在数学方法的应用上过于繁琐，甚至有的数学推导和图解分析已经离开了货币金融领域，变成纯数学上的探讨，这种研究方法对于在实际经济金融工作中测算货币需要量的用处不大。

第三，在货币需要量的测算上渗入了心理因素，其实，这些心理因素是实际经济生活在人们头脑中的反映，已经包括在实际经济因素中，如果在测算上再渗入心理因素，特别是一些随机性比较大的心理因素，往往会影响货币需要量测算的正确性。

第四，由于混淆了货币需要量与持币量这两个不同的经济范畴，用决定持币量的因素去推算货币需要量，会形成误导，而且，从持币量的"点"去推算货币需要量的"面"，这种以点推算面的方法往往是差之毫厘，谬以千里。

综上所述，在货币需要量的测算上，我赞同运用数学方法，关键是这种数学方法必须与实践结合起来，实践是检验真理的唯一标准。把数学方法运用到实践中，进一步解决实际运算中的问题，能够把货币需要量的测算大大推进一步，而只在数学上兜圈子是没有实际意义的，也不可能真正提出科学的、实用的方程式来。

（八）以一种方法测算还是用多种方法测算

第一，货币需要量的实际测算在国内外都还是一个需要进一步探索研究的课题，还没有找到一个公认的理想方法；第二，货币需要量的测算只要求一个近似值或者是一个区间值，这样就具有实际价值；第三，影响货币需要量的因素比较复杂，可以选择其中几个决定性的因素进行测算，或从不同的侧面进行测算。因此，货币需要量的测算宜采用多种方法，并进行相互比较分析，然后选择其中比较理想的数据。

有的人主张了解经济现状，找出现状与目标状态的差距，以此确定货币供应量的调整数量。这种方法在我国的实际经济工作中一直被采用。可将研究当前和过去货币供应量是否合适作为研究未来年度经济金融情况和货币供应量多少的参考。其实，我国20世纪60年代银行工作中提出的"经验数据法"也是运用这一原理，通过了解经济现状，找出过去货币流通量与社会商品零售额的正常比例，当时提出的经验数据是1:8，再研究未来时期经济发生变化的差距，以此确定货币供应量的调整数量。

在实际经济工作中，虽然还可以用上述这种方法，但是，这种简便的方法有一个最大的缺陷，它所依据的是目前的经济金融和货币运行的状况，但这是否是最佳的经济金融和货币运行状况呢？这是要打一个问号的，或者说，目前的经济金融状况还说得过去，那么是满足于这种状况，还是争取更好的经济金融和货币运行状况呢？目前有没有隐藏的不稳定因素、不良状况还没有被我们所认识？如果是这样，那么推算出来的未来时期的货币需要量就会有很大的误差。因此，在实际的经济工作中，既要肯定这是一种比较实用的、简便的方法，又要看到它的缺陷。

前文已经说过，无论是费雪交易方程式还是马克思的货币流通规律公式，其形式都是一样的，但在观点上却有根本的不同。上述这些方程式都可以作为测算货币需要量的参考，测算货币需要量的各种方法都可以将其作为基本框架，作为基本出发点，事实上，后来出现的许多方法都是从这个基本方程式发展和演绎出来的。

结合市场经济的特点，凯恩斯提出债券的交易需要一定的货币量，这是对传统货币数量论的一个突破，是很有价值的观点。债券、股票等有价证券可以为持有者带来收益，但是，它不是真实资本，它本身并不具有什么价值，马克思称它为虚拟资本，可是在实际经济生活中，各地的证券交易所每天进行数量很大的交易，这当然需要一部分货币作为支付手段，这部分货币量在经济生活中是实际的需要，想抹掉也是不可能的。

根据以上分析，在货币需要量测算的基本公式中，除了商品交易外，我一直认为劳务服务应当视同商品交易，也应该考虑进去。

另一种方法是求得正常的货币流通速度，但正常的货币流通速度是货币需要量测算中的难点。我曾经运用一元回归方程求得正常的货币流通速度，以此测算货币需要量。

我认为可以运用上述几种方法测算货币需要量。除了依靠数学方法进行计算外，还需要进行经济的分析、研究，将各种方法测得的数据进行比较分析，从中求得货币需要量的正确数据，以此作为实际经济金融工作的参考。

六、货币流通规律论

马克思主义哲学揭示出客观规律具有本质的、必然的、稳定的联系。货币流通规律具有重要性、客观性、宏观性、本质性、必然性、稳定性的联系。

（一）货币流通规律的重要性

马克思说，货币流通规律是商品经济中"最重要的经济规律之一"。① 实现中国式现代化，实现经济高质量发展，实现人民物质文化生活水平的不断提高，离不开重视和利用货币流通规律的重要作用。

在我国社会主义市场经济条件下，能否正确认识货币流通规律的重要性，是关系到全国人民日常经济生活的重要问题。对货币流通规律在社会主义制度下的作用，必须要有深刻的认识。我国经济发展的实践证明，不认识货币流通规律的重要性，是会使广大人民吃苦头的。

在社会主义制度下，货币流通规律要求市场货币流通量必须与商品流转相适应。货币流通量过多或不足都会给经济发展、人民生活带来损害，货币过多影响更大，会导致商品脱销，有货币买不到商品，持续一段时间，就会引起物价上涨，影响安定团结，这在历史上是有过教训的。只有市场货币流通量与商品流通相适应，才能稳定货币，稳定物价，才能为实现中国式现代化、经济高质量发展服务，才能不断提高人民的物质文化生活水平。因此，我们必须对货币流通规律在社会主义制度下作用的重要性有充分的、深刻的认识。

（二）货币流通规律的客观性

马克思说："国家固然可以把印有任意铸币名称的任意数量的纸币投入流通，可是它的控制同这个机械动作一起结束。价值符号或纸币一经为流通所掌握，就受流通的内在规律的支配。"② 我国流通的人民币是

---

① 马克思，恩格斯. 马克思恩格斯全集：第十三卷 [M]. 北京：人民出版社，1962：96.
② 马克思，恩格斯. 马克思恩格斯全集：第十三卷 [M]. 北京：人民出版社，1962：109–110.

一种纸币，国家可以决定向流通界投放任何数量的人民币，但是，人民币所代表的价值却离开国家意志，受纸币流通的客观规律的支配。马克思一再强调货币流通规律的客观性，但是，在实际的经济工作中，我们往往对货币流通规律的客观性认识不足，尊重不够。

在安排生产建设计划时，对需要考虑得多，对可能性考虑得少，结果被迫多发行货币，有的人总认为我们是社会主义国家，多发行点货币不要紧。事实上恰恰相反。在资本主义制度下，多发行货币很快就反映到物价上来，容易暴露。而在我们国家，如果货币发行过多，在初期往往觉察不出来，等到问题暴露出来时，流通中货币数量过多的现象已经达到相当严重的程度，已经给经济的发展、人民生活造成了损失。因此，在社会主义制度下，货币流通规律的客观性更应该受到尊重，对此更应该有深刻的认识。

（三）货币流通规律的宏观性

宏观是哲学术语，是与微观相对立的。根据货币流通规律的客观要求，政府要从经济发展的整体、全局、大的方面去观察和研究经济发展与经济运行，而不是从局部、部分、一个企业或一个部门去研究经济发展。根据货币流通规律的宏观性，国家要从总体上、全局上对经济发展和经济运行进行调节，这是中央政府的经济职能。

在社会主义市场经济条件下，商品和服务的供应和需求是受货币流通规律作用影响的，所以，必须提高对货币流通规律宏观性的认识，这样才能保持货币的稳定、物价的稳定，促进经济高质量发展，不断提高人民的物质文化生活水平。

（四）货币流通规律的本质性

本质性代表着事物的内在性质和根本特征，是事物深层次的核心属性，是马克思主义哲学辩证思维的原则之一。本质是哲学范畴，是事物的根本性质，是事物固有的内在联系，是由事物所包含的特殊矛盾构成的。事物的主要矛盾的主要方面决定事物的性质。

货币流通规律的本质属性和固有的内部联系就是货币与商品的本质

联系。货币与商品是不可分割的，是商品流通决定货币流通，而不是货币流通决定商品流通；但货币流通对商品流通具有反作用，这就是货币流通规律的本质属性。这是我们研究货币流通规律的根本出发点，离开了这个根本出发点，片面地、孤立地研究货币流通，必然会得出对货币流通规律的错误结论，从而采取片面的、错误的经济货币政策和措施，这不仅不能认识和利用货币流通规律的作用，而且违背了货币流通规律的客观要求，必然会受到违反客观规律的惩罚，必然会造成经济金融工作的失误。

（五）货币流通规律的必然性

哲学上的必然性是指由事物的内在本质所决定的联系和趋势。必然性是事物发展中不可避免的趋势，是由事物的本质决定的。认识事物的必然性就是认识事物的本质。必然性和偶然性是对立统一的关系，两者是事物发展的两种不同的趋势。必然性总是通过大量的偶然性表现出来，偶然性是必然性的表现形式或必要补充，必然性可以在一定的条件下转化为偶然性。

货币流通规律的必然性，是指人们如果能够正确认识和利用货币流通规律在社会主义制度下的作用，并根据正确的认识，采取正确的经济货币政策，就能够保持货币流通的正常、货币的稳定、物价的稳定；反之，如果不能正确认识和利用货币流通规律的作用，甚至违背货币流通规律的客观要求，就会出现市场货币流通量与商品供应不相适应。货币流通量过多就会引起货币贬值、物价上涨；反之，货币流通量过少同样也会影响经济的发展和人们的日常经济生活。

（六）货币流通规律的稳定性

哲学上的稳定性是指事物的质的规定性和相对的稳定性。质的规定性是指事物成为它本身，并区别于另一事物的内在规定性。世界上的事物千差万别，这是由事物质的规定性和稳定性决定的。

货币流通规律的稳定性，要求经济稳定、高质量增长，不存在经济增长率的大的波动，保持可接受的失业率，避免发生通货膨胀。货币稳定和经济增长的关系是相辅相成的，货币稳定是在经济适度增长和发展中的稳定，是动态的稳定，而不是静态的稳定。经济稳定对一个国家和地区来说至关重要，它关系到经济的发展、人民的生活水平、社会的稳定。

只有根据货币流通规律的客观要求发行货币，才能保持经济稳定增长；只有货币流通量与商品供应量相适应，才能保持货币的稳定、物价的稳定以及经济稳定的增长。国家虽然可以把任意数量的货币投入流通界，但是，市场货币流通量要与商品供应相适应，这是不以人的意志为转移的客观过程，这是由货币流通规律决定的。因此，货币发行过多，必然会影响货币的稳定、物价的稳定以及经济稳定的增长，会给经济发展、人民生活带来损失。

货币需要量论是我提出的第九个货币创新理论，货币流通规律论是我提出的第十个货币创新理论，请读者批评指正。

复习思考题

1. 什么是货币流通规律？
2. 简述货币需要量的性质。
3. 简述市场货币流通量的性质。
4. 什么是货币流通速度？
5. 简述货币流通规律与价值规律的关系。
6. 简述农、轻、重比例与货币流通的关系。
7. 简述积累和消费的比例与货币流通的关系。
8. 简述货币发行与货币流通的关系。
9. 你对货币需要量论有什么看法？
10. 你对货币流通规律论有什么看法？

第九章　货币数量

市场经济中有许多经济变量，其中，货币数量是市场经济活动中重要的、独立的经济变量。货币数量在市场经济活动中占据极为重要的地位。货币数量适当或不适当、多或少，影响经济运行，影响广大人民群众的日常生活，影响社会安定。

一、用哲学事物普遍联系和发展的观点研究货币数量

从相互联系和发展过程中观察事物，这是唯物辩证法总的特点。要了解事物是如何联系和发展的，必须掌握事物的联系和发展的规律性。研究货币数量也是这样，要从货币数量与经济活动的相互联系和发展中进行研究，要正确认识和掌握相互联系和发展的客观规律。

货币数量和经济活动是普遍联系的。商品生产离不开货币，货币是商品生产和流通的媒介，市场经济也就是货币经济，一切国民经济活动都通过货币来进行。哪里发生经济活动，哪里就有货币运行，哪里就有货币数量。实际上，货币数量是国民经济活动的结果。

国民经济各个部门是相互联系、相互制约的整体，任何一个部门都不能孤立地存在和发展，因此，货币数量和货币运行是与国民经济各个部门交错紧密地联系在一起的。这种普遍联系是多方面的、错综复杂的。要从生产、分配、交换、消费等各个方面研究其与货币数量的联系，要从国民经济各个部门研究其与货币数量的联系。只有这样才能进一步掌握货币数量的全貌，以及货币数量受到各个不同因素的影响。

　　事物的普遍联系，是和事物的运动、变化、发展密切联系、不可分割的。离开事物的相互联系，就无法考察事物的运动、变化和发展，更无法了解运动、变化和发展的实质；反之，离开了事物的运动、变化和发展，也无从了解事物的相互联系。货币数量也是这样，只有从经济的运动、变化和发展中才能研究和掌握货币数量的运动、变化和发展，离开了经济的运动、变化和发展，也就无法了解货币数量的实质及其发展、变化的客观规律。货币数量和经济的联系不仅存在于静止状态中，而且存在于不断的运动变化中。

　　货币数量运动、变化和发展的根源是经济的运动、变化和发展，经济发生了变化，货币数量必然发生变化，离开了研究经济的运动、变化和发展，是无法了解和掌握货币数量的运动、变化和发展的；反之，货币数量的运动、变化和发展对经济的运动、变化和发展也有一定的反作用。因此，如果只从货币数量自身来研究，则很难找到货币数量增减变化的真正原因。只有从经济的运动、变化和发展中，才能找到货币数量运动、变化和发展的原因及其规律性。

　　流通界的货币数量不可能长期处在静止不变的状态中，而是在不断的运动、变化中和经济发生相互的作用，在和经济发生相互作用的过程中，货币数量不断地运动、变化和发展着，不断地由一种货币数量形态发展成另一种货币数量形态。如果经济处在良性循环中，则货币数量在正常状态中运动和变化着；如果经济处在更高阶段的良性循环，货币数量也在更加正常和稳定的状态中运动和变化着。反之，如果经济走向滑坡，走向萧条，则货币数量的运动和变化就处在不正常、不稳定的状态中；如果经济情况更加恶化，货币数量就处在更加不正常的状态中，货币数量就会过多或过少，发生通货膨胀或通货紧缩。

　　货币数量是经济发展变化的集中反映，经济活动、经济部门之间的相互联系、相互作用，在市场经济条件下，主要是通过货币数量进行的，一切经济活动都反映在货币数量上，因此，银行被称为是社会的总簿记、总核算机构。货币数量可以进行纵向比较，也可以进行横向比较。从微观上说，一个企业、一个经济部门可以通过货币数量和其历史上的经济活动作比较，可以和将来的预测作比较；也可以作横向比较，和同行业、其他经济部门作比较。从宏观上说，一个社会的货币供应量、信贷数量、投资数量等可以进行纵向比较，可以和历史上的货币数量作比较，可以和将来的预测作比较；也可以进行横向比较，和相同类型国家作比较。因此，货币数量作为社会经济活动的"晴雨表"，集中反映了经济发展变化的情况。

二、用哲学对立统一的观点研究货币数量

客观世界中普遍存在着矛盾，矛盾是一切事物发展的动力。任何事物的内部都存在着矛盾，一切事物中包含的矛盾方面的相互依赖和相互斗争，推动一切事物的运动和发展。货币数量也是这样，只有揭示货币和商品的矛盾，才能认识货币数量的真面目及其运动的客观规律性。

商品和货币是对立的统一。商品具有使用价值和交换价值，即每个商品必须具有满足人类一定需要的属性，它是形成商品的物质财富内容，是交换价值的物质承担物。商品的交换价值是商品的社会属性。对商品的生产者来说，只有交换价值；对商品的使用者来说，才有使用价值。这样，任何商品都有交换的必要，这种交换是通过货币进行的，一定数量的商品要进行交换，就必须有一定数量的货币与之相对立。因此，商品和货币的对立是商品内在矛盾的外在表现，也是货币数量产生的根源。

作为资本的货币也是这样。资本所有者用货币购买原材料是为了投入生产，生产产品是为了出售，这里的商品也有交换的必要，把产品转变成货币，这种交换同样是通过货币进行的。一定数量的产品要进行交换，同样要有一定数量的货币与之相对立，这样才能把产品转化成货币，才能实现资本增值的目的，才能使大货币带来小货币，产生更多的货币，这也是作为资本的货币数量增加的根源。

一切事物中包含的矛盾方面的相互依赖和相互斗争推动一切事物的

运动和发展，没有什么事物是不含着矛盾的，矛盾即是运动，即是过程。无论是商品和货币的交换，还是作为资本的货币和商品相交换，都是商品的内在矛盾表现为外部商品和货币的矛盾。矛盾是一切事物发展的动力，商品的内在矛盾是商品运动和变化的动力。因此，商品生产和流通引起货币运动，商品运动是基础，货币运动是派生的，商品生产和流通是货币运动的动力。必须搞清楚哪个是基础，哪个是派生的，哪个是货币运动的动力，这是我们在实际的经济和金融工作中研究货币数量的基本观点，只有这样才能找到货币数量增减变化的真正原因，才能掌握实质性的问题并采取针对性的措施，避免实际工作中的盲目性，保持自觉性。

在分析货币数量和货币运行时，着眼点应该是商品，从分析商品着手，这是有重要的方法论意义的。商品和货币是一对孪生子，有商品的地方，就有货币，有商品流通必然会有货币运行，商品生产和流通是基础，货币流通、货币数量是派生的。只有研究清楚商品，才能研究清楚货币，只有针对商品生产和流通采取有力的措施，才能改善货币流通，只有商品生产和流通进入良性循环，货币运行才能进入良性循环，货币数量才能保持正常。

在实际的金融工作中，有的人不从商品研究货币，单纯地从货币研究货币，整天埋头在货币数量的统计数字中，不把商品和货币联系起来进行研究，不能从商品生产和流通、从经济的全局来研究货币数量，这是不可能真正研究清楚货币数量问题的。同样，不从商品生产和流通方面采取有力的措施，只想孤立地在货币流通中打圈子，同样也是不能改善货币流通状况、保持货币数量正常的。

在一切过程中，矛盾的发展是不平衡的，不能平均看待，任何矛盾的各个方面的发展也是不平衡的，也不能平均看待。矛盾的两个方面中，必定有一个方面居于支配地位，起着主导作用，成为主要的矛盾方面，而另一个方面则处于被支配的地位，成为非主要的矛盾方面，事物的性质是由主要的矛盾方面决定的。商品与货币的矛盾也是这样，商品处于矛盾的主要方面，这是因为：

第一，商品生产是基础，货币流通和货币数量是派生的。人类的生存依靠社会产品的再生产，社会产品到达消费者手中，要经过社会产品的生产、分配、交换和消费四个环节，而这四个环节在市场经济中是通过货币交换完成的，货币是流通的媒介、支付的手段，一定规模的社会产品就要有相应的货币数量相对立。所以，商品生产和流通决定货币流通和货币数量，商品是矛盾的主要方面。

第二，商品生产和流通是货币运行的动力。从市场商品流通的表面现象看，商品进入流通界和货币进行交换后，就退出了流通界，进入了生产消费或生活消费，而货币则停留在流通界进行反复不间断的运行，似乎是货币运行引起商品流通，这就往往使实际工作者产生错觉，看不见商品生产和流通是货币运行的推动力，因而形成了单纯从货币到货币的错误观点。

第三，商品是货币稳定性的保证。黄金也是商品，无论国家规定货币的含金量还是没有规定货币的含金量，黄金对于保证货币的稳定性起着一定的作用。但是，一个国家货币稳定性的根本保证，是这个社会有充足的商品生产和供应，这是由这个国家的社会总产品和经济发展的总水平决定的，所以，商品才是一个社会货币稳定性的保证。商品与货币这一对矛盾的主要方面是商品，这一原理告诉我们，在实际的经济和金融工作中，要保持货币的稳定，要保持货币数量的正常，必须抓住矛盾的主要方面，即商品这一方面。

矛盾的主要方面和非主要方面不是一成不变的。在事物发展的一定阶段上，在一定条件下，二者是可以互易其位和相互转化的。商品和货币的矛盾也是这样。一般来说，矛盾的主要方面是商品，但是，在一定条件下，矛盾的主要方面会转化为货币。矛盾的主要方面和非主要方面的转化是需要一定条件的，研究对立面的相互转化，最重要的是认识转化的条件。矛盾的主要方面从商品转化为货币，这个转化的条件就是货币投放的数量过多，或者货币供应量不足，在这个条件下，货币就转变成矛盾的主要方面，而且货币投放过多又是主要的，货币供应量不足是容易克服的。

在矛盾的主要方面转化为货币时，如果出现货币投放过多，就必须找出造成过多的原因，一般来说，不外乎采取以下三个方面措施：

第一，力争财政收支平衡，略有结余。造成货币供应量过多，往往发生在财政出现赤字时，古今中外都是如此，我国也是如此。消灭财政赤字，不外乎是从收入方面讲，力争多收入一点，从支出方面讲，力争少支出一点。

第二，控制贷款发放。过多地发放贷款必然造成货币供应量增加，从我国的实践中也可以看出，我国货币供应数量过多的年份，也都存在信贷失控，所以，必须保持贷款的数量适应国民经济发展的客观需要。

第三，把住货币的闸口。不管是什么原因引起的货币数量过多，最终都是通过货币这个闸口出去的，因此要从紧控制住这道闸口。在流通中货币数量严重过多的特殊时期，甚至可以在短期内把货币供应的闸口关死。

矛盾的各个方面相互对立、相互排斥，但它们又具有同一性。商品和货币的矛盾也是这样，既是相互对立的，又是同一的。无论是商品还是货币都不能孤立地存在，商品失去了货币或者货币失去了商品，两方就失去了存在的条件。因此，在处理商品和货币的矛盾时，无论哪个方面是矛盾的主要方面，都必须从两个方面同时采取措施，如此才能收到良好的效果。例如，在商品供应不足时，必须着重发展商品生产，扩大商品流通，同时，要压缩流通中的货币数量，这样才能收到良好的效果。在商品供过于求时，就要积极扩大和增加社会需求，促进商品销售，或者是有些商品需要转产等。再如，在货币数量过多时，必须采取财政、信贷、货币等方面的措施，着重解决货币数量过多的问题，同时，又要发展生产，扩大商品流通，增加货币需求量，这样才能收到良好的效果。当出现货币紧缩时，就要采取扩大内需、增加货币供应量的措施。

矛盾的双方永远处于斗争之中，有矛盾就有斗争，斗争的结果导致矛盾双方的转化，由此推动事物的变化和发展。商品和货币也是这样，双方既同一又斗争，矛盾的双方在一定条件下相互转化，要采取措施解决矛盾，最后促进商品生产的发展和保持货币的稳定。

　　矛盾的同一性和斗争性是不可分割的，无论是离开斗争性来谈同一性，还是离开同一性来谈斗争性，都是错误的。商品和货币的矛盾也是这样，商品和货币的对立是无条件的、绝对的，有商品就要转化为货币，但有时商品推销不出去了，会形成商品滞销；有时则出现相反的情况，有货币就要转化为商品，但有时出现商品短缺，有货币买不到商品。所以，有商品不等于有货币，有货币不一定等于有商品，这种对立是绝对的、无条件的。当商品被购买者看中了，商品价格也合适，在这种条件下，商品就转化为货币；同样，货币持有者找到满意的商品，商品价格也合适，货币就转化为商品，这时商品和货币就具有同一性。因此，商品和货币的同一性是有条件的、相对的。

　　在货币数量和商品流通的相互适应关系中，适应和不适应也是对立统一的。根据货币流通规律的客观要求，货币数量和商品流通必须保持相互适应，这样才能保持通货的稳定，促进国民经济持续稳定地发展，但是，随着经济的发展变化，这种适应性往往会被打破，出现新的矛盾，会变成不适应，经济和金融工作的任务就是研究出现的新矛盾或矛盾新的发展状况，并采取有效的措施，建立新的更高一层的相互适应。因此，在经济的发展变化过程中，我们既要看到货币数量与商品流通相适应的一方面，所谓适应就是矛盾的暂时的相对的统一，又要看到适应不断地被矛盾的斗争所打破，必须及时加以调整，以达到新的相互适应。

　　一般来说，商品和货币的矛盾是非对抗性的矛盾，商品多了或少了，或者货币数量多了或少了，通过各种措施加以解决和调整，又可以达到新的相互适应。那么，在商品与货币的矛盾中，是否存在着对抗性的矛盾呢？答案是肯定的。对抗性的矛盾和非对抗性的矛盾在一定条件下是可以互相转化的，在这里，条件是重要的，没有一定的条件，就不可能转化。商品和货币的对抗性矛盾主要表现为当一个国家的经济处在崩溃的边缘、货币数量达到天文数字，货币贬值到形同废纸，有货币买不到商品，或者只能买到极少的商品，这时解决商品和货币的矛盾必须采取强烈的外部形式。例如，第一次世界大战后的德国马克，当时商品与货币的矛盾已经转化为对抗性的矛盾，必须采取废弃的形式，不废除旧马克的流通，不废除旧的货币制度，货币就无法正常流通，整个国民经济就无法正常运转，人们的生活就不能正常进行。这时必须进行币制改革，以解决商品和货币的对抗性矛盾。

三、用哲学质量互变规律研究货币数量

事物的发展和对立面的转化表现为由量变到质变，又由质变到量变的过程。质量互变规律是事物发展的普遍规律，货币数量也是如此。

世界上客观存在的一切事物都是质和量的统一体，没有一定的质和一定的量的东西是根本不存在的。质是事物内部所固有的一种规定性，这种规定性把它和其他事物区别开来。货币质的规定性是一般等价物，也就是说，它是衡量其他商品的价值体和交换媒介，和其他商品一样，都包含着无差别的人类劳动。货币在商品世界是唯一的、共同的等价物，所以是一般等价物。正是由于货币是一般等价物，才把货币与其他商品区别开来，它是商品世界的特殊商品。

事物不仅有质的规定性，而且有量的规定性，货币数量就是货币量的规定性。在市场经济中，一切人类劳动产品都是通过货币衡量和作为交换媒介的，所以，一个社会生产力发展的水平、创造社会财富的多少、经济发达的程度都是用货币来衡量的。

量和质并不是不相关的，而是密切联系的。质总是具有一定量的质，量也总是具有一定质的量。货币作为一般等价物的质和量也是紧密联系的，货币作为一般等价物必须有一定的量，没有一定数量的货币不是现实的货币，货币数量总是作为一般等价物的量。量和质是对立统一的，一方面，货币作为一般等价物决定一定的货币的数量，规定着货币数量

的活动、范围，这就是说，货币数量是以一般等价物为基础的，质制约着量；另一方面，作为一般等价物的货币，又是以一定的货币数量为必要条件的，也就是说，货币是以一定的数量为前提条件的，没有一定数量的货币，也就不存在货币，也就没有货币的质。

各种事物的量都有一定的限度，量变超出了这个限度，事物的质就会改变，货币也是一样。例如，货币转化为资本，就表现为一个从量变到质变的辩证发展过程，在这里，并不是任何货币数量都能转化为资本的，这个货币数量必须达到一定的最低数值，这个货币数量要足够用于购买原材料、雇用工人，从事剩余价值的再生产，当然，货币转化为资本还必须具有一定的客观条件，这就是必须以劳动力转化为商品为前提条件，劳动者和生产资料相分离，无产阶级除了出卖自己的劳动力以外，成为一无所有的无产者。

度是一定事物保持自己的质的数量界限，在这个界限以内，量变不会引起质变，超过这个界限，事物就会发生质变。货币数量也是这样，货币数量的增加或减少，在一定限度内，不会引起质的变化，货币和经济保持相对的稳定性。人们常说心中有数，这对从事经济和金融的实际工作来说是十分重要的，心中必须存有货币数量这个度，货币数量不能超过客观界限。从宏观上说，这个客观界限就是货币需求量，货币需求量是经济发展变化对货币的客观需求，这取决于经济发展的客观水平，并不取决于人们的主观愿望。那么，这个客观需求是否就像自然科学那样十分精确呢？当然不是，根据对许多国家长期实践经验的总结，一般不超过5%，也就是说，必须控制在5%以内，这是一个经验数据，而不是用数字公式计算出来的。

量变和质变是事物发展的两种状态。量变是一种逐渐的、不显著的变化，是事物量的增加或减少，货币数量也是这样。一般情况下，货币数量随着经济的发展变化逐渐增加，减少的情况也有，但较少发生。

量的变化超出一定的限度，就会引起质的变化。质变是根本性质的变化，是事物由一种质的形态向另一种质的形态的突变，这是由量变到质变的转化。货币数量也是这样，货币数量的增加达到一定的限度时，就会引起质变，这是不以人的意志为转移的客观过程。货币的质变具体表现为货币的贬值，货币的贬值使货币发生质变，甚至达到了逐步否定货币是一般等价物这种货币质的规定性，使货币无法执行正常的职能。这种货币的量变到质变，在世界各国货币史上是时有发生的。

在一切事物的发展中，量变是质变的准备，没有一定的量的变化，就不可能发生质变，量的变化积累起来，达到一定的程度，就不可避免地引起质变。事物的质变绝不是偶然的，不会无缘无故地出现，而是经过量变过程有规律地准备和积累起来的，质变不以量变为前提，就不可能发生质变。货币数量也是这样，只有经过货币数量的量变过程，才能发生货币的质变，货币的质变是以货币的量变为前提的。

在经济和金融的实际工作中，有不少人整天埋头在日常的业务中，只看见货币数量的增增减减，或者是资金的增增减减，只看到货币数量的变化，而没有看到在货币数量的增减中，货币数量超过一定的限度，货币就会发生质变，就会出现人们预想不到的严重情况，这会给经济和金融工作带来严重的危害。

量变和质变及其相互转化的原因，在于事物内部矛盾的斗争。货币数量也是这样，这主要取决于货币和商品的矛盾。怎样衡量货币数量是多了还是少了？衡量的标准又是什么？这主要是和商品作比较而言的，和经济增长作比较而言的，如果货币数量比过去多了，但经济增长了，商品也多了，那么，货币数量就不会过多；反之，货币数量多了，但经济却下滑了，这就会造成货币数量过多。因此，货币数量从量变到质变及其相互转化的原因，在于商品和货币的矛盾。

从以上分析可知，商品和货币的对立统一，是货币量变和质变及其相互转化的根源，所以，货币质量互变的规律是商品与货币对立统一规律的表现形态之一。商品和货币矛盾运动的发展是无穷无尽的，因此，货币数量遵循着由量变到质变，又由质变到量变的过程，实现经济发展从低级到高级波浪式的、无限上升的发展过程。

　　量变和质变是事物统一发展过程中的不同阶段，二者有着根本的区别。但在实际生活中，由于事物矛盾运动的复杂性，事物的量变和质变不是以纯粹的形态出现的，而是相互交错的。整个事物发生根本性质的质变之前，它处在总的量变过程中，但在总的量变过程中包含有许多部分的质变。部分的质变有时表现为就全局而言事物的性质未变，而只是个别部分发生了性质的变化。货币也是这样，由于货币数量不适当地增加，增加到尚未达到根本性质的质变以前，都是处在量变的过程中，这种量变过程会引起部分的质变，这种部分的质变不像发生根本性质的质变那样，使货币贬值达到形同废纸，造成整个货币制度的崩溃，而是货币随着货币数量的不适当增加，已经开始发生部分的质变。

　　货币在量变过程中可以经过许多阶段性的部分质变，这种部分质变也可能导致货币的全面贬值，也可能由于经济发展而又步入良性循环，货币数量又进入新阶段的量变过程中。许多国家通货膨胀的历史充分证明了这一点。例如，货币数量不适当地增加，开始还不严重，表现为物价的轻微上涨，后来逐步严重，一直达到了不可收拾的地步，即使是这样，在货币整个量变的过程中，货币部分质变的程度也是不同的，表现为物价的上涨是不同的，在一个国家通货膨胀的初期阶段，物价的上涨率往往低于货币数量的增长率，然而，在通货膨胀的后期阶段，物价的上涨率往往高于货币数量的增长率。

　　货币的质变也可能出现另一种情况，即在货币发生部分质变的过程中，由于国家采取了措施，控制住了通货膨胀，货币数量逐步减少，经济逐步增长，物价上涨开始回落，这时，货币又在新阶段上开始量变，货币数量与经济增长基本上又保持相适应。

　　这就告诉我们，在实际的经济和金融工作中，要避免简单地陷入货币数量增增减减的计算和统计工作中，更为重要的是要在这种货币数量的增增减减的计算和统计工作中，注意和研究货币的部分质变，搞清楚这种部分质变是朝着货币贬值的恶性方向发展，还是朝着货币数量更为正常、货币日益稳定的方向发展。因此，在实际的经济和金融工作中，研究货币的部分质变对经济建设和人民生活都具有十分重要的现实性。

货币不仅在量变过程中发生部分质变，而且在质变过程中也有量的扩张。货币的质变本身，虽然在原则上不是量变，但在货币质变过程中也有量变，即新的质大量增长，在较短的时间内迅速发展，代替旧的质并取得支配地位。例如，在通货膨胀发生后，货币发生全面贬值，物价在短时期内迅速上涨，这就是货币质变过程中量的扩张。同样地，另一种情况的发生也是这样，货币已经有了部分质变，但是，由于国家采取各种有力的措施，货币数量逐步恢复正常，币值恢复稳定，这时，物价在短时间内全面回落并保持平稳，这也是货币质变过程中量的扩张。

综上所述，货币自身内部的矛盾运动表现为量变和质变两种状态，货币的量变转化为质变，货币的质变又转化为量变，货币在量变中有部分质变，在质变中有量的扩张。货币的量变到质变、货币的部分质变到根本质变，这就是货币的质量互变，它反映了不以人的意志为转移的客观过程。在经济和金融的实际工作中，我们要认识和利用货币的质量互变规律来保持货币数量的正常、币值的稳定，促进经济持续稳定增长，不断提高人民的物质文化生活水平。

任何事物由一种质变为另一种质，都是通过飞跃即量的渐进过程的中断来实现的，但是，飞跃的形式却不止一种，而是多种多样的。货币也是这样，货币数量超过一定的限度到质变，货币就形同废纸，需要进行货币改革。这个过程是多种多样的，因为各个国家的具体经济情况和国情不同，即使在同一个国家的不同历史时期，这种飞跃的形式也是不同的。认真研究这种飞跃的多种多样的形式，对于掌握货币量和质的互变规律，研究各个国家货币改革形式的多样性，总结经验教训是很有益处的。

自然界的飞跃和社会生活中的飞跃是有区别的。自然界的飞跃是客观规律自发地起作用的结果，而社会生活中的飞跃是通过有意识的人的活动实现的。货币也是这样，一个国家的货币数量超过一定的界限，货币形同废纸，最后收拾残局，实行货币改革，以及采取各种措施，都是通过有意识的人的活动实现的。

自然界和社会的飞跃有的采取爆发的形式，有的采取非爆发的形式。货币质的飞跃形式也是这样。爆发式的飞跃通常是解决对抗性矛盾的质变形式，它是指新事物通过对旧事物的剧烈的外部冲击来战胜旧事物的根本质变。例如，1948 年 12 月 1 日，中国人民银行成立后即开始发行人民币，逐步统一了全国的货币流通，但是，为了照顾人民的利益，采取定期兑换的方法，规定人民币兑换伪币的比价，这样做有利于及时收兑伪币，使人民币迅速占领市场，进而统一货币，稳定市场。通过彻底废弃伪币、发行人民币这种爆发式的飞跃形式，实现了货币质的飞跃。这是通过人民币和伪币发生剧烈的外部冲突，新货币战胜旧货币实现了根本的质变。

1955 年 3 月 1 日，我国发行新人民币，收回原有的人民币，主要是解决旧人民币票面值太大，使用和流通都不方便的问题。新人民币的发行，采取了非爆发式的飞跃形式，实现货币的质变。这种货币的非爆发式飞跃，通常是解决非对抗性矛盾的质变形式。在这种飞跃形式下，旧人民币向新人民币转化，没有发生外部剧烈的冲突，而是通过新旧人民币按比例兑换的方式很顺利地实现的。

四、货币数量新论

古今中外的经济学家在研究货币时，都认为货币的本质和职能是两大基本理论问题，只不过是在表述上或认识的重点上略有不同。用哲学上事物的普遍联系和发展的观点、对立统一的观点、质量互变规律对货币进行分析可以发现，货币的基本理论问题有三个，而不是两个，还有一个是货币数量问题，它和货币的本质和职能处在同等重要的地位，而且货币的本质、货币的职能、货币的数量三者是密切联系、不可分割的，是三位一体的。货币数量是货币运动中的核心。

任何事物都是质和量的统一体，货币也是这样。货币的本质是一般等价物，货币职能是货币本质的表现，所以，货币的本质和货币的职能都属于货币质的属性；另一个货币属性就是货币的数量，货币数量是货币量的属性，货币是质和量的统一体。因此，货币本质、货币职能、货币数量三者是密切联系、不可分割的统一体，具体表现在以下三个方面：

第一，没有货币数量，没有货币量的规定性，就没有货币的质，货币本质和职能就都不可能存在。货币的存在总是伴随着一定的数量，是以量为前提的，没有货币的数量，也就没有货币的质，没有货币质的属性，也就没有货币的本质和职能。

第二，货币的数量问题，实质上是商品和货币的价值对等问题，是货币转化为商品、商品转化为货币的转化过程中的价值关系问题，这实质上反映了马克思主义劳动价值论。离开了货币数量，也就不存在货币和商品的转化，也就不存在货币的本质和职能。

第三，货币只有在运动中才能发挥各种职能，离开了货币的运动，货币的各种职能就无法发挥，而货币运动的核心是货币数量，货币数量的多或少，直接影响货币职能的发挥。从现实的经济生活可以清楚看到，货币的作用是通过货币发挥职能实现的。货币职能和货币数量有着密切的关系，货币发挥职能形成货币数量，货币数量是货币发挥职能的结果；离开了货币数量的变动就看不见货币发挥职能，说明货币职能没有发挥作用。货币流通手段有一个次数的问题，货币每发挥一次流通手段职能，就形成一定的货币数量，货币支付手段的职能也是这样。因此，流通界货币数量就是货币发挥流通手段和支付手段职能的共同的结果。

从以上分析可知，货币本质、货币职能、货币数量三者有着密切的内在联系，是三位一体的、不可分割的。这里的关键是不能静态地研究货币的基本理论问题，如果静态地研究货币的基本理论问题，似乎只有本质和职能这两个基本理论问题，但是，货币是运动的，货币运动必然形成货币数量。如果动态地研究货币的基本理论问题，则可以发现货币的本质、货币的职能、货币的数量是三位一体的，不仅如此，货币数量还是货币运动的核心。

在人们现实的经济生活中，货币数量也是核心。在市场经济中，任何商品交换、任何经济活动、任何经济行为都离不开货币数量，都有一个货币数量多少的问题，这个问题时刻摆在人们的面前，人们甚至每时每刻都在思考它，被它所惊喜，被它所困惑。货币在质上是相同的，但在量上是无限的，这引诱人们追求更多的货币。

人们天天和货币数量打交道，每个人的经济生活都离不开货币，其核心是货币数量。一个人关心自己每月的工资收入是多少，考虑的是货币的数量；什么时候能够提高工资，能够提高多少，仍然是在考虑货币的数量；每个月的奖金是多少，能否增加点奖金，能够增加多少，这仍然是货币数量的问题。除了工资、奖金以外，还能有什么其他货币收入；每月要支出多少货币，能否有些结余；日常生活中柴、米、油、盐问题，实际上都是货币数量问题。物价上涨，要多支出多少货币；这个月是增加银行储蓄，还是要提取储蓄，总之，人们一切货币收支的核心都是货币数量。企业、事业单位天天和货币打交道，涉及的都是关于货币数量的问题。因此，货币数量是人们日常经济生活中的核心。

在实际的经济和金融工作中，我们应该研究货币数量，控制货币数量，透视货币数量。

第一，研究货币数量。首先要把货币数量研究清楚，这是控制货币数量、透视货币数量的前提，研究货币数量有三项重要工作：

首先是数量比较。研究货币数量的形成、增减变化，例如，比上年同期或过去各个时期的货币数量是增加还是减少？增加多少，减少多少？这涉及对货币数量的各个方面进行探讨，从货币数量的不同侧面进行研究。

其次是原因分析。从货币数量的增减变化中寻找货币数量增减变化的原因，找出其中的主要原因、次要原因，主要原因和次要原因是在什么条件下出现的，在什么条件下可以转化。

最后是找出最适数量。通过货币数量的比较，探究货币数量增减变化的原因，就能够进一步研究货币数量的客观界限。在研究当前的货币需求量时，可以把实际存在的货币数量与货币需求量作比较，看是适度还是多了，多多少，如果少了，少多少。货币数量少了是很少发生的，发生后也容易解决，比较普遍发生的是货币数量过多，如果过多，多了多少。研究货币数量的目的主要是掌握货币数量的客观界限，然后逐步做到使货币供应量达到最适货币量。

第二，控制货币数量。研究清楚货币数量是前提，关键是要控制货币数量，但控制货币数量是一件很难的事情。这是因为控制货币数量实际上是整个社会的事，但国民经济各个部门往往认为是中央银行一个部门的事。从中央银行宏观调控的任务来看，必须控制住货币投放，而各个部门都愿意多上项目，扩大经营规模，所以，控制货币数量，特别是压缩现有的货币数量是很难的事。

正因为如此，我们要认真分析控制货币数量，特别是压缩现有的货币数量的可能性与客观条件，既要千方百计地寻找这个可能性，又要实事求是地分析实现可能性的客观条件。在实际的经济工作中，往往会出现这种情况：把不可能看得过大，把客观条件看得过于乐观，结果是压缩货币数量的任务不能完成，给经济工作的全局带来很大的危害。

要研究控制货币数量的措施。控制货币数量要采取各方面的措施，特别是抓住那些有效的措施、重点措施，不然的话，措施订了许多条，但回笼的货币很少，甚至还继续投放货币。要抓住重点措施，重点措施往往能带来较好的效果。控制货币数量的措施要从全局出发，要求各个经济部门配合，不能只依靠中央银行的措施，中央银行的措施如果没有国民经济各个部门的配合，效果是不大的。

第三，透视货币数量。货币数量的变化是整个国民经济活动的结果，货币数量是透视国民经济的焦点。从货币数量的增减变化中可以透视国民经济变化的情况，如果货币数量增加较快，导致发生通货膨胀，这往往是经济不景气、经济衰退的反映。所以，货币数量是宏观经济的"晴雨表"。

货币数量新论的提出，使对货币基本理论问题的研究更完整、更现实、更深入。

第一，使对货币基本理论问题的研究更完整。只有把货币数量作为货币基本问题来研究，才能使对货币基本理论问题的研究更完整、更系统、更全面。不仅如此，货币数量是货币基本理论问题的核心，离开了量的规定性研究货币，货币质的规定性研究往往也会落空，甚至无任何现实意义。

第二，使对货币基本理论问题的研究更现实。把货币数量作为货币基本理论问题的核心，能使货币理论研究与实践结合得更紧密。应该说，货币数量比货币本质和职能更结合实际。不仅如此，突出货币数量的研究能使货币本质和职能的研究更面向实际。

第三，使对货币基本理论问题的研究更深入。在实际的经济生活中，货币的运动是围绕着货币数量进行的，各地区、各部门、各阶层都有个货币数量问题，资金运动也有个货币数量问题，资本运动也有个货币数量问题，存款、贷款、拨款也有个货币数量问题，货币运动都有一个货币数量问题，货币暂时处于静止状态，也有一个货币数量问题。抓住研究货币数量这个基本理论问题，就能使对货币理论的研究更深入，货币数量问题涉及的面很广，有许多深层次的问题需要探讨，这样就不断地促使货币理论研究向纵深发展。因此，货币数量新论具有重要的理论意义和实践意义。

货币数量新论是我提出的第十一个货币创新理论，请读者批评指正。

复习思考题

1. 怎样从事物普遍联系和发展中研究货币数量？

2. 商品和货币是如何对立和统一的？商品和货币数量有什么关系？

3. 如何在货币数量的研究中运用质量互变规律？

4. 货币量变和质变之间是什么关系？

5. 你对货币本质、货币职能、货币数量的三位一体论有什么看法？

6. 为什么说货币数量是货币运动的核心?

7. 研究货币数量、控制货币数量、透视货币数量三者之间是什么关系?

8. 你对货币数量新论有什么看法?

第十章　稳定货币

不能单纯地、孤立地从货币本身去研究货币稳定问题，而是要探索货币稳定真正的原因。经济良性循环才是货币稳定的原因，货币稳定是经济良性发展的结果。我们要用马克思主义唯物辩证法范畴的原因和结果去研究和分析货币稳定问题。

一、马克思主义唯物辩证法范畴的原因和结果

原因和结果是揭示事物引起和被引起关系的一对哲学范畴，处在普遍联系的任何一种事物、现象必然是由另外一种或一些事物、现象引起的，其中引起这些事物、现象的是原因，被引起的事物、现象就是结果。

原因和结果的关系是原因在前，结果在后，这是因果关系的基本特点。因果关系就是包括时间先后次序在内的一种事物、现象必然引起另一种事物、现象的普遍联系。

原因和结果的关系是辩证的，是对立统一的。原因和结果是相互对立的，从现实世界普遍联系看，一切现象都处在无限的、相互联系的因果关系之中。只有当人们把特定的对象从普遍联系中引出来单独进行考察时，原因和结果的对立才能显示出来。在这里每一分组具体的因果关系都有自己确定的内容，原因是原因，而不是结果；结果是结果，而不是原因，两者不能颠倒。

原因和结果又是统一的。原因和结果的统一性表现在二者是相互联系、相互依存的。原因伴随着一定的结果而存在，结果也必然是由一定

的原因引起的。没有无因之果，也没有无果之因，因果双方失去一方，另外一方就不可能存在。

原因和结果的统一性还表现在它们能够在一定条件下相互过渡、相互转化。这里有两种情况，一种情况是现象的因果联系，在无限发展的链条中，原因和结果经常互换位置，同一现象，在一种关系中是结果，而在另一种关系中就变为原因。例如，经济良性循环是货币稳定的原因，货币稳定是经济良性循环的结果；但是，另外一种情况是，货币稳定也能促进经济的良性发展。在这里货币稳定就是原因，经济良性发展是结果。

在实践活动中，人们全面把握事物的因果关系，能够为人们的实践活动提供方法论的指导。人们要善于从某一种社会活动的结果中分析其产生的原因，总结成功的经验和失败的教训，从中总结出什么原因将会引起什么后果的规律，这是不断提高经济和金融工作水平的重要方法。

正确把握原因和结果的关系，是人们进行科学预测的基础。它能使人们的日常生活，以及经济、金融工作更具有自觉性、预测性和调控性。

二、稳定货币的重要意义

货币稳定与否，涉及国民经济各个部门，关系到千家万户的日常生活，是一个带有全局性的、极端重要的问题。只有货币稳定，才能促进生活稳定，经济稳定、政治稳定。

（一）促进生活稳定

只有货币稳定、物价稳定，人们生活才能稳定，才可能集中精力搞生产。也只有在货币稳定的条件下，在生产发展的基础上，人们的货币收入才会有相应的增加，才能购买到更多的消费品，享受更多的服务，人们的生活水平才能稳定地提高，才能激发更大的劳动积极性，为实现中国式现代化多作贡献。

社会主义生产的目的，就是满足人民日益增长的美好生活需要，这是社会主义基本经济规律的客观要求。我国社会主义建设的实践证明，重视消费，正确安排积累与消费的比例关系，市场繁荣，货币流通量正常，货币稳定，人民的生活水平就能得到不断的提高，国民经济就能顺利发展；反之，片面地发展生产，孤立地发展重工业，重工业过重，轻工业过轻，盲目追求高速度、高积累，忽视人民生活的改善，就会出现商品脱销，货币发行增加，币值不稳定，经济发展就会遭受挫折。由此可见，稳定货币、保持市场货币流通量正常是社会主义基本经济规律要求的前提条件之一。

货币发行过多，物价就要上涨，物价对货币发行过多的反应是很灵敏的，这直接影响人民的实际生活水平。所以，只有保持货币的稳定、市场货币流通量的正常，才能保证人们的生活稳定。

只有币值稳定，才能实现社会主义按劳分配的原则，这个原则是通过货币与商品的交换实现的。劳动者按照自己劳动的数量和质量，获得一定的货币报酬，然后才能用货币选购自己需要的各种消费品或享受各种服务。如果货币贬值，劳动者就要遭受货币贬值带来的损失。

（二）促进经济稳定

货币稳定与否是经济稳定与否的集中反映；同时，货币稳定又能促进经济稳定地发展。只有币值稳定，才能使市场在国家宏观调控下对资源配置起决定性作用。如果币值不稳定，货币发行过多，货币流通和商品流通不相适应，那么不仅不能通过市场调节经济活动，而且正常的经济活动也会受到影响，从而不利于整个经济的高质量发展。

只有货币稳定，才能利用货币实行严格的经济核算，对国民经济活动进行统计与监督，促进企业提高劳动生产率，厉行节约，降低成本，增加盈利，增加生产，以更少的劳动耗费取得更大的经济效果。如果币值不稳定，利用货币进行价值核算、进行统计与监督都会遇到困难，就会导致挥霍浪费、管理混乱，从而影响整个经济活动。

在社会主义市场经济条件下，商品、货币是我们用来发展社会主义经济最基本、最重要的经济杠杆。要发挥商品、货币的经济杠杆的作用，必须以货币的稳定为前提，只有货币稳定，才能促进经济稳定发展。

（三）促进政治稳定

政治稳定对经济建设十分重要，没有一个稳定的政治局面，经济建设是搞不上去的。只有货币稳定、经济发达、市场繁荣、人民生活水平提高，才能促进安定团结。我国是一个人口大国，发展生产，提高人民生活水平尤为重要。在这样一个大国，货币发行过多、货币不稳定、物价上涨是潜在的危险，必须引起我们充分的注意。

三、通货膨胀对经济发展的危害

通货膨胀不仅不能刺激经济增长，相反，它会给经济发展带来很大的危害。这种危害可以归纳为以下十个方面：

第一，通货膨胀形成投资过度膨胀。在物价上涨、货币贬值的情况下，基本建设原材料价格都上涨，工资支出、奖金发放也增加，这必然增加基本建设投资单位的成本，因此完成一定的基本建设项目必然要增加投资，从而增加基本建设投资额，这是增加货币发行的一个重要原因。而且在通货膨胀的情况下，银行利率虽然也有提高，但是，提高的幅度是很小的，甚至会出现负利率。在这种情况下，企业借钱投资是合算的，负担的利息少，甚至不用负担利息，这样企业之间就争着借款，千方百计上项目，扩大固定资产投资，这将进一步加剧通货膨胀。

第二，通货膨胀形成消费过度膨胀。持续的通货膨胀，必然使广大人民群众感到很大的生活压力。在这种情况下，企事业单位为了照顾本单位职工的眼前利益，采用各种方法增加消费基金，甚至弄虚作假，滥发奖金，滥发实物，这将进一步使消费过度膨胀，消费过度膨胀成为通货膨胀的重要原因，这样就陷入了物价和工资轮番上涨的不良局面。

第三，造成商品供不应求，物价上涨。生产的发展和商品供应的增加总是要经过一定的时间，要经过一个过程才能显现出效果。如果出现通货膨胀，市场货币流通量过多，但商品基本上还是那么多，那么必然会出现市场货币量和商品相比过多的现象，结果造成商品供不应求，价格持续上涨。而且持续的通货膨胀使人们感到存放货币不如存放商品，人们形成恐慌心理和对通货膨胀的预期心理，因此不急需的商品也买好放在家里，甚至发展到抢购商品、囤积商品的地步，这样更加造成市场商品供应不足。

第四，影响经济效益。产生通货膨胀的原因是多方面的，但是，经济效益差是产生通货膨胀的根本原因。在经济效益差、原材料耗费大、费用开支多、劳动生产率低、流动资金周转期限长、损失浪费大的情况下，要创造同样的财富，就要耗费更多的财力、物力和人力，支出更多的货币，这会造成企业亏损，国家财政赤字，甚至生产出来的产品质量很差，废品很多。因此，经济效益差是造成通货膨胀的原因之一。同时，通货膨胀又进一步影响经济效益，因为货币在商品经济中作为价值尺度来衡量活劳动和物化劳动的耗费，是企业实行经济核算的工具，货币成为经济核算的工具必须以币值稳定为前提，如果币值不稳定，货币就无法正确地发挥经济核算工具的作用。因此，通货膨胀影响企业有效地进行经济核算，开展增产节约，以及提高盈利和经济效益。而且，货币是商品经济中的交换手段和直接的支付手段，如果币值不稳定，则必然影响城乡之间、地区之间正常开展贸易和顺利实现各种支付，从而影响整个经济的正常运行，这一切都会影响宏观经济效益。

第五，影响经济健康可持续发展。在通货膨胀的情况下，整个经济结构出现扭曲，各种商品供求不平衡，商品价格上涨幅度不平衡，有的商品价格上涨幅度较大，暂时供不应求的情况比较严重；有的商品价格上涨幅度小，暂时维持供求基本平衡，这样势必把资金更多地吸引到商品价格上涨幅度较大的部门，这将刺激这些部门生产的发展；在这种情况下，商品价格上涨幅度不大的部门投资就会减少，生产就会停滞或者萎缩，再加上市场反映的错误信号，政府可能作出错误的决策，这一切都会带来经济的盲目发展，造成经济结构失衡。

第六，导致储蓄下降。在通货膨胀的情况下，如果物价上涨率超过银行储蓄的利率，则会出现负利率。人们将货币存入银行不仅得不到利息，而且货币的购买力下降，将遭受货币贬值的损失。在这种情况下，人们就不愿意进行储蓄，这样势必造成储蓄下降。不仅如此，如果发生严重的通货膨胀，人们便会纷纷提取储蓄，这将给市场商品供应带来很大的冲击，更加造成商品供不应求。

第七，引起外汇储备的下降。在通货膨胀的情况下，货币贬值，商品价格提高，如果货币对外比价没有变动，往往形成币值高估，不利于扩大商品出口，使外汇收入减少，影响国际收支平衡，造成外汇储备减少。如果货币对外比价下降，会造成本国货币购买力降低，进口商品价格上涨，这会对国内通货膨胀起到推波助澜的作用。

第八，通货膨胀造成市场虚假繁荣，为政府和企业提供错误的市场信息。在货币日益贬值、商品价格持续上涨的情况下，无论是企业还是个人，为了避免通货膨胀带来的损失，便会纷纷抢购商品，囤积原材料，同时不愿意推销产成品。在通货膨胀严重的情况下，甚至是过去滞销的商品也会被抢光，这样将造成市场的虚假繁荣。政府和企业基于错误的市场信息作出判断和决策，将导致生产和经营上的失误，从而影响经济稳定、协调地发展。

第九，通货膨胀导致出现各种非法经济活动。通货膨胀造成物价上涨，这给不法分子低买高卖、囤积居奇、哄抬物价等非法经营活动提供了客观条件，这些不法分子违规牟取暴利，扰乱了社会的正常秩序，其他各种非法经济活动也会普遍产生。

第十，通货膨胀不利于人民物质、文化生活水平的提高。通货膨胀直接影响人们的日常生活，损害了每个人的切身利益，因为通货膨胀实际上是用货币贬值的办法，采取隐蔽的方式向人民群众征税。居民手中持有的货币因物价上涨而遭到贬值的损失；同时，居民在银行的利息因负利率又要遭到损失。因此，人民群众承受的通货膨胀总损失是很大的，甚至会使一部分人民群众面临生活上的困难。

从以上分析可知，通货膨胀对经济增长没有好处，其对经济发展的危害性很大。通货膨胀只能破坏经济的发展，而不能促进经济的增长，通货膨胀不仅造成经济上的损失，而且会带来政治上的损失。因此，通货膨胀不仅是一个经济问题，而且是一个政治问题。

四、评温和的通货膨胀

（一）温和的通货膨胀对我国经济起不到刺激作用

一些人认为恶性通货膨胀对国民经济有破坏作用，而温和的通货膨胀对国民经济则有刺激作用，并且举出了国外的一些例证。这些人所谓的温和的通货膨胀对经济的刺激作用主要包括以下四个方面：

第一，温和的通货膨能够刺激投资，加速固定资产的更新。我国经济建设的实践证明，在社会主义制度下，是不可能用通货膨胀来扩大投资的，这种办法不仅不能刺激国民经济的发展，反而会给国民经济的发展带来严重的灾难。

第二，把通货膨胀当作手段，发行更多的货币，扩大社会购买力，造成物价上涨的局面，从而能够扩大商品销售和促进生产的增长。这种刺激作用在我国也是不存在的。在我国，市场对资源配置起决定性作用，生产和销售的规模和增长速度是通过市场进行调节的。如果另外增加货币投放，增加社会购买力，只会破坏社会购买力和商品供应的平衡。

第三，温和的通货膨胀能够刺激生产，从而可以扩大就业。在社会主义制度下，扩大就业不能靠搞温和通货膨胀的办法，用这种办法扩大生产和销售，只能是虚假的繁荣，是表面的、暂时的。

第四，温和的通货膨胀能够增加货币发行，扩大财政支出，刺激经济发展。在我国社会主义制度下，财政预算实行"收支平衡，略有结余"的方针。我国经济建设的实践经验证明，财政出现了赤字，增加货币发行，扩大财政支出，不仅不能刺激经济的发展，反而会引起国民经济比例关系的严重失调，商品供应全面紧张，破坏经济稳定，影响人们的经济生活。

从以上分析可知，温和的通货膨胀对发展我国国民经济起不到促进作用。在资本主义制度下，借助通货膨胀来人为地制造社会购买力，扩大生产和销售，挽救经济危机注定会失败，其结果只能是加深了资本主义生产社会化和私人占有制之间的矛盾，加深了资本主义再生产过程的矛盾，使资本主义固有的矛盾日益尖锐化。要制止通货膨胀，就会引起经济危机的爆发，要防止经济危机，就要继续搞通货膨胀，从而使资本主义经济陷入经济危机和通货膨胀的双重困境之中。

（二）承认最佳通货膨胀率，就是承认可以搞通货膨胀

主张搞温和通货膨胀的人认为："一位数的通货膨胀率危害性不大，百分之二三是最佳通货膨胀率，"这是搞温和通货膨胀最具诱惑力的理论支柱。

货币稳定和通货膨胀是两种根本不同的经济现象。资本主义制度诞生初期，生产蒸蒸日上，保持货币稳定，在当时符合新生资产阶级发展经济的要求，也出现过相对稳定的通货，这曾是资本主义生产发展、经济繁荣的反映。当资本主义进入帝国主义阶段，资本主义制度内在的不可克服的矛盾日益尖锐化，迫使资本主义国家为挽救经济危机而搞扩军备战，实行赤字预算，搞通货膨胀，对无产阶级进行超经济剥削，从而使资本主义世界发生普遍性的长期通货膨胀。所以说，通货膨胀是资本主义制度的必然产物。

无产阶级夺取政权后，结束了资本主义的剥削制度，建立了无产阶级专政的社会主义国家，生产资料社会主义公有制，为生产力的发展开辟了广阔的前景。虽然经过一些挫折，但是，总的来看，生产是不断发展的，生产增长的速度是比较快的，商品流转不断扩大，货币稳定，市场繁荣，这是社会主义制度优越性的表现。因此，货币稳定和通货膨胀不是任意出现的，而是和不同的经济制度密切相连的。当然，在社会主义制度下，由于错误路线的干扰，或执行错误的经济政策也可能出现货币发行过多。总的来说，货币稳定是生产发展、经济繁荣的反映，通货膨胀是经济衰退、生产下降的反映，这是两种完全不同的经济现象。

货币政策是阶级意志的产物，是由经济制度和阶级利益决定的。稳定货币政策和通货膨胀政策是两种性质根本不同的经济政策。稳定货币政策有利于广大劳动人民的利益，有利于经济发展，有利于安定团结；通货膨胀政策损害广大人民的利益，对经济发展起破坏作用，不利于安定团结。因此，一个国家采取什么样的货币政策，既由经济基础决定，又是统治阶级经过慎重考虑、比较利害得失作出的选择。

根据以上分析，货币稳定和通货膨胀是两种本质上根本不同的经济现象，稳定货币政策和通货膨胀政策也是两种本质上不同的经济政策。在通货膨胀这种病态的经济现象中，不可能产生一个最佳通货膨胀率，2%和3%的通货膨胀率都属于通货膨胀这个经济范畴，只不过是在质相同基础上量的增减变化，并不影响质的规定性，怎么能说成是最佳的货币政策呢？不能把不同质基础上数量的增减变化混为一谈，甚至混淆质的规定性，也就是说，不能把通货膨胀率的增减变化和货币日益稳定的景气现象混为一谈。

最佳通货膨胀率是一个突破口，如果承认了百分之二三是最佳通货膨胀率，就等于承认可以搞通货膨胀，那样就会给社会主义经济的发展、人民的利益带来很大损失，而且通货膨胀往往都是从小百分比开始的，最佳通货膨胀率实际上是为搞通货膨胀打开缺口，是通货膨胀的起点。

（三）小百分比变成大百分比

从稳定货币政策到通货膨胀政策，这在政策上是一个根本的变化，是质变，超出了这个界限，也就是哲学上的度，就走上了通货膨胀的道路。通货膨胀率的提高和下降只是数量的变化，对事物的本质并没有影响，只不过是随着政治、经济和其他因素的变化，通货膨胀率有时高些，有时低些，事物的数量变化是随时随地进行的，小百分比是维持不住的，如果认可2%是最佳通货膨胀率，它就可能发展到3%、4%……这之间并没有不可逾越的鸿沟，甚至最后可能发展到恶性通货膨胀。

从古今中外的历史来看，实行通货膨胀政策的国家，其通货膨胀的规律一般是从小到大，从一位数到两位数，甚至到更多位数。最后货币成为发展生产和流通的障碍，国民经济无法维持下去，就只能来一次币制改革，收回旧币，兑换新币，又开始新的循环。

通货膨胀实际上不可能固定在小百分比上，任何事物总是发展变化的，总是从量变到部分质变，最后到质变，这是不以人的意志为转移的客观过程。因此，最佳通货膨胀率事实上是不可能存在的，它只不过是一种脱离实际的想象，通货膨胀是"上马容易，下马难"。小百分比积累起来就是大百分比，今年涨2%，明年涨3%，总是这样徐徐上升，积累起来就不是小百分比，而是变成了大百分比，大百分比是从小百分比发展而来的。通货膨胀是关系千家万户日常生活、关系国民经济各部门的大事，宣扬最佳通货膨胀率这种理论，会令广大人民很担心，因为它直接损害广大人民的切身利益。

这些人还提出，通货也膨胀，工资也增长，这不就使人民生活不受牵累了吗？如果两者都增长，就必须有一个起码的要求，即工资增长率必须超过通货膨胀率，这样才能使人们的实际生活不至于受到损害。事实上，在我们这样一个大国，要长期地坚持工资增长率超过通货膨胀率是很困难的。如果通货不断膨胀，工资只能部分调整，结果必然使多数人的实际生活水平下降。因此，千万不能轻视小百分比，不能忽视通货膨胀率的徐徐上升。

（四）小百分比隐藏着大百分比

在资本主义社会，通货膨胀率反映在物价上涨上，因为货币发行过多，物价就相应地上涨。在社会主义制度下，情况有所不相同，市场货币流通量过多，也反映在商品价格的上涨上，但是，由于有稳定的政治局面，有优越的社会主义制度，生产不断增长，货币在群众中有很高的信誉，即使市场货币流通量过多，也不一定完全反映在物价的上涨上，物价上涨率并不能全面地、真实地反映社会主义制度下货币流通量过多的程度。所以，最佳通货膨胀率中的小百分比里面可能隐藏着大百分比，小百分比中潜伏着大百分比。因此，我们绝不能对最佳通货膨胀率失去警惕，掉以轻心。

（五）百分比虽小，危害性却很大

如果把百分之二三当作最佳通货膨胀率，那么，各个经济部门、各个企业都将它计算在成本和价格中，就会造成物价普遍上涨，货币贬值。这会影响利用货币进行严格的经济核算，造成不讲核算，不讲成本，损失浪费严重，管理混乱的局面。

社会主义生产的根本目的，是满足人民日益增长的美好生活需要，物价的稳定是社会主义基本经济规律要求的前提条件之一。如果搞温和的通货膨胀，就会直接影响社会主义生产目的的实现，因此，最佳通货膨胀率并不最佳，温和通货膨胀并不温和，危害性是很大的。只有坚定不移地执行稳定货币的政策，实现中国式的现代化，促使经济高质量发展，对人民生活才是最佳的。

五、坚持货币的经济发行

实现中国式现代化，必须坚持稳定货币、稳定物价、稳定金融的政策，不能搞温和的通货膨胀。稳定货币、稳定物价，保持正常的货币流通量，是国民经济健康持续发展不断提高人民物质文化生活水平、保证安定团结的重要前提条件之一。保证货币稳定、物价稳定、货币流通正常的关键，是必须坚持货币的经济发行。

（一）两种不同性质的货币发行

货币发行有两种不同的性质，一种是适应生产发展、商品流转扩大的需要，通过信贷渠道有计划地发行货币。这种货币发行能满足经济发展对货币的客观需要，可称为经济发行。另一种是由于财政收支不平衡，出现了赤字，为了弥补财政赤字而发行货币，可叫作财政发行。这种货币发行离开了经济发展的正常需要，因而必然造成向流通界投放过多的货币。这两种货币发行在性质上是不同的，主要表现在以下四个方面：

第一，货币发行目的不同。经济发行能够满足生产发展、商品流转扩大而增加的对作为一般等价物的货币的客观需要量，如果不相应地增加货币发行量，流通过程就会出现障碍，这势必影响整个经济的顺利运行。因此，这种货币发行的目的是支持和促进生产发展，活跃市场，改善人民生活。而财政发行则不同，它的目的是暂时堵财政赤字的窟窿。

第二，符合客观规律和违反客观规律的不同。经济发行投放的货币适应流通中的客观需要，从而符合货币流通规律的客观要求，即市场货币流通量要与商品流转的需要量相适应，这种发行可以保证市场货币流通的正常以及货币的稳定。而财政发行则不同，它并非适应经济发展的客观需要，而是国家通过强制力量硬加给流通界的。可是，货币一经投入流通界，国家的这种强制力量也一起结束。马克思指出："价值符号或纸币一经为流通所掌握，就受流通的内在规律的支配。"① 不为流通界所需要的货币，就成为过多的货币，财政发行违反了货币流通规律的客观要求，从而影响货币的稳定、物价的稳定。

第三，货币发行的渠道不同。经济发行是通过信贷渠道投放的。它的特点包括：一是有商品物资作保证，通过发放贷款支持生产的更大发展，从而创造更多的社会财富。二是发放贷款，投放货币，掌握物资；出售物资，收回贷款，回笼货币，钱与物是密切结合的。三是货币流通与商品流转相适应，既保证货币流通的正常，又能使人民币的币值稳定。财政发行则不同，它是直接从银行透支，把流通界不需要的货币用行政的手段直接投入流通界，造成流通中货币量过多。

第四，货币发行的后果不同。经济发行的后果必然是经济发展，市场繁荣，货币稳定，物价稳定，人民生活水平提高，促进安定团结。而财政发行则不同，它必然造成流通界的货币过多，货币贬值，物价波动，不利于人民实际生活水平的提高，甚至使整个社会经济生活紊乱，阻碍经济高质量发展和中国式现代化实现。

根据以上分析，为了坚持稳定货币、稳定物价、稳定金融，必须坚持货币的经济发行，这是我国多年来经济建设的重要经验之一，也是实

---

① 马克思，恩格斯. 马克思恩格斯全集：第十三卷［M］. 北京：人民出版社，1962：109 –110.

现中国式现代化和经济高质量发展必须遵循的重要原则。

（二）明显的财政发行和隐蔽的财政发行

财政发行有两种：一种是财政收支不平衡，出现了赤字，这种情况下的财政发行很明显；另一种是从账面上看财政没有赤字，而实际上是假平衡、真赤字，这样造成的货币发行是隐蔽的财政发行。

在社会主义制度下，国民经济是持续健康发展的，财政收入和支出也是不断增长的，并实行"收支平衡，略有结余"的方针。所以，在正常情况下，一般是不可能出现财政赤字的，因而也不可能出现货币的财政发行。这是社会主义制度的优越性。但是，现实的经济生活是很复杂的。由于种种主客观原因，也可能发生财政赤字，产生货币的财政发行。例如，发生特大自然灾害，财政收入减少，支出一时还减不下来。又如，违反客观经济规律，不是根据财力、物力确定基本建设规模，而是先确定投资规模、增长速度，然后用财力来保证，结果形成"基建挤财政，财政挤银行，银行发票子"，造成货币的财政发行。

总之，既要重视明显的财政发行，更要重视隐蔽的财政发行。首先，隐蔽的财政发行事先没有计划，缺乏思想和行动上的准备，矛盾没有充分暴露出来，而且往往是问题越积累越严重，对国民经济和人民生活破坏性更大。而明显的财政赤字事先摆在面前，可以想尽一切办法和采取一切措施加以缩小或消除。其次，隐蔽的财政发行往往是已经在实践中造成了危害后才被逐步发现的，而明显的财政赤字尚有预先采取措施缩小或避免的可能性。最后，隐蔽的财政发行往往不是一个小数字，因为隐蔽的财政发行掩盖了各种真相，等到问题揭发出来后，算总账的数字往往是很大的。因此，我们既要看到明显的财政发行，更要看到隐蔽的财政发行，特别要把后者摸清搞透，并采取相应的措施，这样才能真正贯彻执行"收支平衡，略有结余"的财政方针，才能坚持经济发行，保证货币的稳定、物价的稳定。

（三）通过信贷渠道投放出去的货币也不一定都是经济发行

一般来说，经济发行是通过信贷渠道发行货币的。但是，通过信贷渠道发行的货币也不能超出生产发展、商品流转扩大对放款的正常需要量。如果超出这个界限，即使从形式上看是通过信贷渠道投放出去的货币，其也不是为流通界所客观需要的，不属于经济发行。这主要包括以下三种情况：

第一，银行发放贷款的数量大大超过工农业生产增长、商品流转扩大的需要量。也就是说，银行为国民经济活动提供的流通手段和支付手段超过了社会再生产过程需要的数量，发生了信贷资金和物资运动的脱节，助长了物资供求的紧张，造成货币发行过多。我国经济建设的实际经验表明，经济建设中出现的货币流通量过多，往往是银行贷款发放过多造成的。

第二，贷款用于呆滞物资过多，呆滞物资是长期不能投入生产或流通过程中发挥作用的。如果贷款中用于呆滞物资过多，而这些物资又不能参加周转，这部分资金势必相应地被长期占用，这会影响信贷资金的周转，扩大放款数量，扩大信贷收支差额，增加货币发行。

第三，预付款占用过多。在生产周期比较长、产品价值比较大的情况下，企业购买时可以支付一部分预付款。但是，如果预付款支付过多，就会影响企业正常的资金周转。企业要进行正常的生产和流通，就得向银行申请贷款。结果实际上是用银行信贷支付了预付款，这会扩大银行的放款数量，扩大信贷收支差额，增加货币发行。

以上情况表明，通过信贷渠道发行的货币，只要不是属于生产发展、商品流转扩大对信贷资金的正常需要，都会造成放款数量增加过多，导致货币流通量与商品流转不相适应，违背货币流通规律的客观要求，影响货币的稳定、物价的稳定。因此，通过信贷渠道投放出去的货币不一定就是流通界客观需要的。所以，把经济发行叫信贷发行，仔细推敲起来，是不够确切的。

（四）把财政发行转化为经济发行

从以上分析可知，财政发行对实现中国式现代化、实现经济高质量发展是不利的，必须避免和防止。但是，即使个别年份出现了财政发行，也不意味着流通中增加的货币都属于财政发行的性质。应该看到，在生产发展的情况下，其中的一部分仍然属于经济发行，只是弥补财政赤字的那部分才属于财政发行。而且经济发行和财政发行之间是可以相互转化的。财政发行通过各方面的经济工作可以转化为经济发行；同时，如果工作中出现了错误和问题，经济发行也可能转化为财政发行。

财政发行逐步转化为经济发行的直接条件是，财政收支必须做到"收支平衡，略有结余"。生产的发展、商品流转的扩大增加了对流通中货币的需要量，这样就能吸收过去多投放的货币。同时，也可以通过商品供应、劳务服务、发展储蓄事业等回笼货币。创造这种转化条件的主要措施是发展生产，增加财政收入，这是把财政发行转化为经济发行的物质基础。因此，必须努力发展生产，调整好国民经济中的比例关系，保持农、轻、重之间以及积累和消费之间的正确比例关系。要广泛开展增产节约，广开生产门路，广开财源，增产增收，讲究经济效果。对于那些能够迅速增加生产、增加商品和劳务供应、增加财政收入的，要给予积极支持。生产发展、商品流转扩大就能增加财政收入。要厉行节约，节约有了成效，增产就会有可靠的保证，财政收入就能增加，支出就能减少，就能争取财政收支的平衡，并略有结余，从而变财政发行为经济发行。

坚持信贷收支平衡是避免财政发行的重要条件。只有信贷收支实现了平衡，才能促进财政收支的真正平衡，财政收支与信贷收支必须综合平衡。财政资金、信贷资金的运动反映着物资的运动，物资平衡是财政、信贷平衡的基础，财政、信贷平衡又会促进物资平衡。因此，必须保持财政、信贷和物资以及外汇的综合平衡。就银行信贷工作而言，要积极挖掘各方面的存款潜力，努力增加信贷资金来源，严格控制信贷支出，节约信贷资金使用，加速资金周转，提高信贷资金的使用效果。

要把货币发行计划从依附于信贷计划、国家预算中独立出来。彻底改变过去财政收支不平衡，就从银行透支；银行信贷收支不平衡，信贷支出大于收入的差额，就靠发行货币来解决的局面。把货币发行计划独立出来，在制定年度或长远的国民经济计划时，要根据国民经济发展对流通中货币需要量的预测，制定货币发行计划。这样就把财政任意向银行透支，信贷收支不平衡就靠发行货币来解决的路子堵死，从根本上扭转"财政挤银行，银行发票子"的局面。这样就能迫使财政和银行挖掘一切潜力，增加收入，讲究经济效果，节约支出，合理控制基本建设投资规模，争取财政收支和信贷收支的平衡。这样就可以减少或避免财政发行，坚持经济发行，保证货币的稳定、物价的稳定、货币流通的正常，促进实现中国式现代化，实现经济高质量发展。

六、中外治理通货膨胀的对策

（一）确定治理通货膨胀的对策是研究通货膨胀的核心问题

当今世界许多国家的政府在研究经济问题时，感到最伤脑筋的就是通货膨胀的治理。通货膨胀和人民群众的日常生活有着十分密切的联系，因此，通货膨胀成为世界各国政府、理论界和人民群众议论的热门话题，同样，它也是我国经济生活中的重要问题。

确定治理通货膨胀的对策是研究通货膨胀的核心问题，同样，这也是我国保持货币稳定、物价稳定需要解决的重要问题。这主要是以下三个方面决定的：

第一，治理通货膨胀的对策，是对通货膨胀发生和发展过程的正确指导和采取的措施，是减弱和最后达到制止通货膨胀的最优选择。没有治理通货膨胀的正确的和有效的对策，通货膨胀是不可能得到治理的，也就不可能恢复货币的稳定、物价的稳定。通货膨胀有一个发生、发展和治理的过程，只有采取符合客观实际的正确的治理对策，才能逐步减弱或制止通货膨胀。在出台治理通货膨胀的对策前，可能有各种各样的方案，要从中选出最佳的对策，这样才能使通货膨胀向着减弱和平息的方向发展，最后得到制止。

第二，治理通货膨胀的对策，是对通货膨胀问题深入研究的最后成果，是对实践经验教训的总结。许多与通货膨胀有关的问题需要研究，例如，通货膨胀产生的原因、发展过程等，最终的结论是采取什么对策。关键是看治理对策是否有针对性和正确性，只有采取有针对性和正确性的治理对策，才能取得治理通货膨胀的良好效果。否则，通货膨胀会越来越严重。

第三，治理通货膨胀的对策是否正确、是否适度，关系国民经济各部门，关系整个国民经济的发展。无论是采取紧缩性对策还是扩张性对策，都直接关系经济走向繁荣还是发生经济滑坡，采取什么治理对策至关重要。

（二）世界各国治理通货膨胀的经验

在对待通货膨胀的态度上，世界各国由于社会制度、经济体制和历史、国情的不同，有许多不同之处，但是，在治理通货膨胀的对策上，却有很多共同点。这是因为治理通货膨胀的对策往往是近百年来市场经济发展规律和经验教训的总结。因此，在研究通货膨胀的对策时，不能只局限于本国范围内，许多国家治理通货膨胀的经验教训和做法是值得我们借鉴的。进行中外对比研究对于开阔我们的思路，保持我国货币的稳定、物价的稳定是有益的。世界各国治理通货膨胀的对策概括起来有以下十二个方面，这些经验是值得我们借鉴的。

1. 保持经济持续稳定增长

既不能搞经济超高速度增长，也不能搞经济低速度增长。经济持续稳定地增长是货币稳定、物价稳定的物质基础。这是世界各国的共识，为什么这是通货稳定的物质基础呢？这是因为：

第一，经济持续稳定增长，从长期来看，实际上是最高的经济增长速度，为稳定货币和稳定物价创造了物质基础。经济超高速度增长，结果往往造成经济大起大落，走弯路，主观上想经济发展快一点，实际上是更慢了，在经济大起大落期间容易发生通货膨胀。

第二，经济持续稳定增长，能够保持经济的良性循环，使产业结构更加合理，有利于理顺各方面的经济关系，使经济充满活力。只有经济良性循环，货币才能稳定、物价才能稳定。

第三，经济持续稳定增长，人民得到的实惠比较多，生活水平不断提高。只有物价和货币稳定，人民的物质和文化生活水平才能不断提高。

与经济持续稳定增长相反，低经济增长会给国民经济发展带来很大危害，具体表现为：

第一，人民的物质和精神需求不能得到满足，更不可能满足人民日益增长美好生活需要。第二，不能为新的科学技术发展创造物质条件。第三，本国资源不能被充分利用。第四，不能实现充分就业，造成人力资源浪费，影响社会安定。第五，不能增加市场商品供应、繁荣市场、稳定物价。第六，不能输出商品，增加外汇收入，实现国际收支平衡。

世界各国的实践反复证明，在经济低速度增长时期，往往通货膨胀率较高。

怎样才能保持经济持续稳定增长呢？单凭主观上的愿望，那只能把事情办糟，必须走依靠发展科学技术的途径。许多国家依靠科学技术进步、技术革新和技术革命推动经济持续、稳定地增长。只有在新科学技术基础上发展起来的经济才是现代化经济。如果仍然依靠旧设备、老技术，采取多投入财力、物力和人力的老办法，不仅不能使经济持续稳定地增长，而且会增加通货膨胀的压力。

2. 保持合理的经济结构

保持经济结构的合理是稳定货币、稳定物价的重要因素。经济结构不合理，基础工业和加工工业失衡，农业、轻工业和重工业失衡，以及产品结构失衡等，都容易导致发生结构性的通货膨胀。因此，在经济结构不合理时，必须及时加以调整，只有保持合理的经济结构，才能保证货币的稳定、物价的稳定。

农业是国民经济的基础，不仅中国在经济建设的实践中认识到了这个问题，而且许多国家在总结经济建设的实践经验时也得出这个共识，也都明确提出了农业才是国民经济的基础。只有农业发展了，整个国民经济才能得到发展，货币才能稳定，物价才能稳定。所以，农业也是货币、物价稳定的基础，农业丰收的年份，往往容易保持货币的稳定、物价的稳定；反之，农业歉收的年份，农副产品价格上涨，往往容易导致发生通货膨胀。

发展中国家要重视能源、交通运输、通信、原材料等基础产业和基础设施的发展，否则，出现"瓶颈"状态就会拖住整个国民经济的发展。解决"瓶颈"的主要办法不外乎政府增加投资、提高这些部门产品的价格、进口短线产品三种。

保持经济持续稳定增长，是建立在合理的经济结构基础上的。如果经济结构扭曲，就不能保持经济持续稳定增长，也不能保持货币的稳定、物价的稳定。

3. 提高经济效益

一个国家发生通货膨胀的原因，归根结底，是经济效益低下所致。企业是国民经济中的细胞，企业的运转有一个投入和产出的过程，通过货币资金获得投入的生产要素，在生产过程中将生产要素组合起来，经过一定的物质技术转换过程，形成企业的产出。企业的货币收入代表需求，企业的产出代表供给，如果企业的经济效益低下，就是投入的货币多，产出的商品少，这必然导致流通中货币数量过多，商品供应少，就会发生通货膨胀。因此，企业经济效益低下，是一个社会发生通货膨胀的深层次原因。

微观经济效益是宏观经济效益的基础，当然，宏观经济效益不是微观经济效益的简单总和，宏观经济效益来源于微观经济效益，又高于微观经济效益。宏观经济效益是整个社会一定时期对可获得资源的有效利用，主要体现为社会净产值与生产要素投入的关系。影响宏观经济效益的主要因素包括经济体制、经济结构、技术水平、生产要素配置及宏观管理水平等。宏观经济效益差，表现为一个社会的投入多、产出少，必然导致社会总需求超过总供给，通货膨胀的发生是必然的。

要制止通货膨胀，必须提高经济效益。市场经济是十分重视提高经济效益的，如果一个国家、一个地区的经济增长速度保持正常，商品能够推销出去，物美价廉，生产商品的劳动被社会所承认，那么这种经济增长速度就是真实的，企业是有经济效益的，容易保持货币的稳定、物价的稳定；反之，如果经济增长速度定得很高，但商品销售不出去，质次价高，商品积压在仓库里，生产商品的劳动不被社会所承认，那么这种经济增长速度就是不真实的，有很大水分的，企业是没有经济效益的，必然会发生通货膨胀。

要实行优胜劣汰，提倡合理的竞争，积极扶持新产品开发，扶持质量好、品种新、销路好、适应市场需要的产品和企业；逐步淘汰那些长期积压、技术落后、长期亏损、生产过剩的产品和企业，只有这样才能提高经济效益，保持货币的稳定、物价的稳定。

4. 争取财政收支平衡，缩小财政赤字

世界各国都从本国的经济实践中逐步认识到保持财政收支平衡的必要性和重要性，都争取缩小和消灭财政赤字。过去西方有的学者鼓吹的赤字财政理论已经越来越不灵，被人们所唾弃。过去传统的社会主义理论认为资本主义国家就是要搞财政赤字，这也不完全符合实际情况。资本主义国家大多也是在经济十分困难的情况下被迫搞财政赤字的。在财政出现赤字以后，多数国家都会采取措施缩小财政赤字，争取财政收支平衡。这是避免通货膨胀的重要条件。

保持财政收支平衡，缩小财政赤字的主要措施包括：第一，保证财政支出的增长速度低于按当年价格计算的国民生产总值的增长速度。第二，保证国家财政收入的增长速度高于财政支出的增长速度。第三，压缩消费性支出，增加投资性支出，以改善财政支出结构。第四，财政再分配的职能要尽可能带来较多的社会公平。第五，运用财政政策工具调节经济过程的正常运转，使经济得到稳定和均衡的发展。

5. 执行稳定货币的政策

只有坚定不移地执行稳定货币的政策，才能避免通货膨胀的发生，保持货币的稳定。只有货币稳定，才能为实现宏观经济目标创造必要的条件，才会形成一种不受干扰的经济发展环境。

世界各国根据不同时期的经济和金融形势采取不同的货币政策，这不外乎就是松的或紧的货币政策，一部货币政策的发展史就是松紧货币政策交替运用的历史。货币政策与经济发展可以是同方向的，但更要注意运用逆方向的货币政策。金融和经济的关系是对立的统一，经济决定金融，金融反作用于经济。经济发展固然需要货币、信贷的支持，但是，当经济发展过热时，如果银行仍然放松银根，就会起"火上浇油"的作用；当经济滑坡时，如果银行抽紧银根，就起"卡脖子"的作用，这是忽视了货币、信贷对经济的反作用。因此，应该运用与经济发展逆方向的货币政策，即当经济发展过热时，银行应该抽紧银根，避免发生通货膨胀；反之，当经济发生滑坡时，银行应该放松银根，搞活经济。

货币政策与财政政策很好地配合才能有效地治理通货膨胀。财政和金融在资金的性质、来源和运用上都不同，但两者的调节目标相同，都是为了调节市场供求，实现社会总需求和总供给的平衡，稳定货币。货币政策和财政政策的配合不外乎四种方式，即松财政和松货币、紧财政和紧货币、紧财政和松货币、紧货币和松财政。要根据不同时期的不同情况采取不同的政策组合，"双松"政策一般用于需求严重不足，资源有较大的闲置；"双紧"政策一般用于需求膨胀，经济过热，通货膨胀严重。为了避免"双松""双紧"政策用力过猛，减少其负作用，可以把货币政策和财政政策的松紧搭配起来使用。

6. 控制投资规模

扩大投资是促进经济发展的重要手段，但它往往也是发生通货膨胀的重要原因。投资膨胀是通货膨胀的重要发源地，这在发展中国家尤其如此。发展中国家生产力发展水平较低，底子薄、资金不足，但是，主观上又想较快地发展经济，因此，往往容易发生投资规模过大导致的通货膨胀。

因此，必须控制投资规模，投资规模不能超过一个国家财力、物力许可的客观界限。要合理调整投资结构，促进产业结构调整，保持经济协调发展。要提高投资效益，完善投资体制。在投资膨胀和通货膨胀严重时期，只有压缩投资规模，才能使经济降温，控制经济超高速度增长，缓解社会总供给和总需求的矛盾，减轻通货膨胀。

7. 控制信用规模

中央银行控制金融一般是采取控制商业银行信贷活动的方式，控制货币供应量，从而影响整个国民经济。在经济繁荣时期，商业银行往往增加贷款，造成信用扩张；在经济萧条时期，则减少贷款。因此，中央银行为了调节金融、稳定货币，必须运用金融手段调节信用。信用控制是中央银行执行货币政策的重要工具，是控制社会总需求的重要手段。信用控制就是控制货币供给额，使信用紧缩或者使信用松弛。

中央银行对信用的控制有两种方式：一是量的信用控制，这是中央银行对整个社会的信用数量进行控制；二是结构的控制，这是中央银行对各类信用的提供制定不同的发放条件，从而影响国民经济有关部门的经济活动。既要控制信用总规模，又要合理调整信贷结构，促使国民经济持续、稳定发展，保证货币的稳定。

8. 执行稳定价格的政策

保持货币的稳定，离不开执行稳定价格的政策。稳定商品价格和稳定货币是一个问题的两个方面，只有控制货币供应量，才能理顺价格关系。但是，在考虑放开商品价格、理顺价格关系时，往往从商品这方面考虑较多，从货币这方面考虑不够，殊不知在货币供应量很多的情况下，放开商品价格只会引起商品价格的猛烈、轮番上涨，发生通货膨胀，根本达不到理顺价格的目的。因此，只有货币供应量基本上接近流通界的客观需要，在货币稳定的条件下，才能放开价格，理顺价格关系，形成合理的价格机制。

不能认为实行市场经济就可以放弃对价格的管理。许多发达国家在通货膨胀严重时期都限制大资本家、大企业的价格垄断，因为存在价格垄断就会出现过高的价格，或者出现哄抬物价的现象，助长通货膨胀。对关系国计民生的公用事业，如煤气、电力、通信、交通运输等要实行价格管制。

9. 制定正确的收入政策

在制定收入政策时，要注意掌握三个界限：第一个界限是工资的增长速度不能超过劳动生产率的增长速度，如果超过这个客观界限，就会出现消费膨胀，导致通货膨胀。第二个界限是工资增长率应该超过通货膨胀率，只有掌握好这个界限，才不至于降低职工、劳动者的实际生活水平。第三个界限是银行储蓄的利率要高于通货膨胀率，这样才能使广大群众积攒起来的钱得到保障。如果银行储蓄利率低于通货膨胀率，群众的储蓄的购买力在通货膨胀中就会日益降低，甚至最后化为乌有。

10. 保持中央银行的相对独立性

只有保持中央银行的相对独立性，中央银行才能按照客观经济规律的要求，根据流通界对货币的客观需要，适当发行货币，满足国民经济运行的需要，保证货币的稳定。只有保持中央银行的相对独立性，才能使中央银行真正履行它的主要职责，维护货币的稳定，这是各国保持通货稳定的重要的实践经验。否则，中央银行很可能陷入按照政府意志甚至长官意志增发货币的泥淖，那是很容易发生通货膨胀的。

11. 保持货币对外的合理比价

一个国家货币对外比价合理与否，对进出口贸易、资本流动、物价等的影响都很大。汇率和通货膨胀有直接的关系，货币对外贬值，有利于商品出口、国际收支平衡、资本流入；但是会提高进口消费品和原材料的价格，从而影响国内物价的上涨，甚至国际上的通货膨胀也会通过进口商品的价格上涨传导至国内；反之，本国货币升值则不利于商品出口，不利于平衡国际收支。因此，保持合理的汇率水平有利于本国货币的稳定。

12. 加强宏观调控

当今世界各国无论社会制度或经济体制如何不同，但都十分重视宏观调控，那种认为搞市场经济就可放松宏观调控的认识是不符合实际的。尤其是在通货膨胀时期，更要特别注意加强宏观调控。

从总体上说，宏观调控的政策目标主要是实现社会总需求和总供给的基本平衡，使国民经济的各种总量之间的关系协调。总量调节是十分重要的，但是，结构调节也不能忽视。货币能否稳定，是由国民经济的总量状态和结构状态决定的，这有多种并存的形式，包括总量平衡、结构合理，总量失衡、结构不合理，总量平衡、结构不合理，结构合理、总量失衡。而失衡和不合理又有多种形式，包括社会总需求大于总供给、社会总需求小于总供给，以及某些部门产品求大于供或供大于求，部门内部供求失衡。所有这些都可能导致发生通货膨胀。因此，宏观调控既要重视总量调节，又要注意结构调节，如此才能保持货币的稳定。

七、稳定货币论的理论意义和实践意义

世界各国人民始终是站在要求货币稳定这一面的。要求货币稳定，反对通货膨胀，这是各国人民的强烈呼声。通货膨胀实质上是向人民征税，而这种无形的征税有以下三个特点：

第一，手段很隐蔽。真正的征税是很明显的，是赤裸裸的，很容易引起人们的抵制甚至反抗，通货膨胀这种征税的手段则很隐蔽。例如，物价上涨 10%，意味着你口袋的钱减少了 10%，但是，表面上并没有直接伸手从你的口袋里取走分文。

第二，很不公平。在通货膨胀期间，虽然大家都受到货币贬值的损失，但是，资产阶级通过低价买进、高价卖出，甚至投机倒把、囤积居奇，还可以赚到钱，对他们来说这可能是发财致富的好机会。真正遭受损失的是不掌握生产资料的贫困劳动者，他们只能承受货币贬值的损失，因为他们没有其他手段和办法再把钱赚回来。因此，通货膨胀这种无形的征税是对穷人征税，使穷人更穷，富人更富。

第三，税率很高。通货膨胀、物价上涨，会使广大人民群众的实际生活水平下降很多，特别是在严重的通货膨胀时期，这种损失更大。因此，这种无形征税的税率是很高的，甚至这种沉重的负担有时达到广大人民群众无法承受的程度。西方许多国家爆发的反对通货膨胀、物价上

涨的示威游行、抗议活动就是很好的证明。

稳定货币是各国人民共同的呼声,在这种共同的呼声中,世界各国政府有的是自觉地去保持货币的稳定,有的是被迫地保持货币的稳定。总之,制止通货膨胀、稳定货币日益深入人心,逐步形成人们的共识。

稳定货币论全面、系统地阐述了稳定货币、稳定物价的必要性、重要性和现实性,以及实现货币稳定的目标、任务和方法,具有重要的理论意义和实践意义。

稳定货币论是我提出的第十二个创新货币理论,请读者批评指正。

复习思考题

1. 简述稳定货币的重要性。

2. 简述通货膨胀的危害。

3. 什么是货币的经济发行?

4. 什么是货币的财政发行?

5. 怎样把货币的财政发行转化为经济发行?

6. 你对温和的通货膨胀有什么看法?

7. 中外治理通货膨胀的对策主要有哪些?

8. 你对稳定货币论有什么看法?

第十一章　货币传情

在人的一生中，人与人之间的情感是很重要的，它在人的精神世界中占据着重要地位。

一、人生哲学

人生哲学研究的是人生的哲学思维，包括人生的目的、意义和价值，人生的理想和道路，人生行为的标准，以及待人接物和为人处世之道等，其根本目的是探究人类在宇宙中的位置，揭示人生的真谛，并对人生的实践进行哲学上的反思和理论上的总结，再从哲学上和理论上指导人生的实践。把精神属性看成人的重要特性，或从精神属性来定义人，揭示人生的本质，这是人类哲学史上的共识。

精神属性指出了人是有意识的存在物，是有精神需要、精神能力以及精神生活的物体，表现为人是有自我意识的，能思维，有理性，具有情感、意志等，人的情感是精神属性的重要组成部分。

人们也常把情感作为人性的标志。常言道，人非草木，孰能无情。哲学家把人性归结为知、情、意的统一。人与人之间的感情是人性中的重要组成部分。

二、货币情感的性质

货币是物，属经济范畴，它是不可能对人产生情感的。货币情感是指人对货币产生了各种情感，例如，人挣货币，很艰难；花货币，很快乐；保存货币，很惦记。货币交换、货币关系使人与人之间通过货币产生了情感。

货币情感是指人对货币的需要以及对货币的追求而产生的情感。货币情感是十分复杂的、微妙的，既包括货币情感的发生过程，又包括由此产生的各种体验。在一定的条件下，在一定的事件中，人会对货币发生情感，例如，货币能使普通人出人头地，能使无权无势的人变成强人，能使不受宠爱的人变得可爱。在货币情感的发生过程中，人对货币产生难忘的感情。货币情感是一种实际发生的体验和感受，它给人留下深刻的印象，是难忘的回忆、难忘的感受，因此，货币情感具有稳定性、深刻性和持久性。

不仅如此，在货币与商品存在的条件下，货币对人来说是至关重要的，人时时处处都离不开货币，货币关系到人的生存、生活、安全、尊严、地位、权力等，因此，货币情感具有稳定性、深刻性、持久性，这是货币情感区别于人的其他情感的特有性质。

三、货币情感的种类

货币情感是人对货币的情感，而人的情感是复杂的、多种多样的，因此可以从不同的角度进行分类。货币情感的核心是价值，反映的是人与人之间的社会关系，因此可以从货币情感的核心是价值、反映的是人与人之间社会关系发生、变化的不同特点进行分类，主要可以分为以下十种。

（一）货币亲情

货币亲情是指在血缘关系之间存在的货币感情。由于血缘关系的存在，无论对方是什么情况，在心理上都会向着对方，即无论对方是富有还是贫穷，无论是身心健康还是不健康，都是向着对方，甚至不管对方的行为是善还是恶。亲情重在"亲"字，兄弟姐妹之间是有血缘关系的，在货币情感上，大家应该是相互帮助、相互支持、相互关心的。但是，如果在货币感情上出现了裂痕，则亲情也会受到影响。

（二）货币爱情

货币爱情是指因男女相爱形成的货币感情。货币爱情受社会的影响，是心理和感情结合的复杂的货币感情。它是由亲密、激情和承诺三个因素构成的货币感情。亲密是指关系亲近密切，包括情感或身体上的亲近、坦白和沟通，相互之间的深知和了解是亲密关系的核心。激情是人们之间产生的一种强烈的情感，是发自内心的。激情具有爆发性和冲动性，同时伴随着明显的生理变化和心理变化。承诺需要自己尽最大努力去完成，承诺许下的是自己的良心，是自己长期不能忘记而要完成的愿望。

从以上对货币爱情构成的三个因素的分析可知，货币爱情是最重要的、复杂的、难忘的货币情感。

（三）货币友情

货币友情是指人们之间因相互交往而在货币上建立的情感。这种货币情感是友好的、平等的，是相互需要的，是因相互支持、相互信任、相互关心建立起来的货币情感。当然，这种货币情感建立的基础不同，友情的深浅不同，相互之间的社会、经济条件不同，反映在货币友情上也是不同的；而且，通过货币情感也能检验友情的可靠性、信任性、亲密性。

（四）货币师生情

师生情是人世间最伟大的感情之一，有的学生把心爱的老师比作自己的父母，许多老师把自己心爱的学生看成自己的孩子。在师生情里也常常发生货币情感，有些老师用自己微薄的收入资助穷困的学生上学；有的学生事业有成之后，在货币上支持年迈的老师，他们之间存在着货币的师生情，这种货币师生情是十分珍贵的，往往给师生留下了美好难忘的回忆。

（五）货币合伙情

合伙包括合伙经营、合伙投资、合伙入股等。合伙会让人产生比较复杂的心理过程，也使人与人之间建立起比较复杂的货币关系。合伙人需要具备以下条件：

第一，分担责任，分享权利。大家在一起经营，彼此要分享权利、责任、利益等。第二，要善于发现他人的优点和包容他人的缺点，对于他人个别的、不严重的错误要理解和包容，要相互谅解、相互支持。第三，要相互沟通，经常交流，以诚相待。

合伙要先选择合适的合伙人，合伙人的具体要求包括：第一，拥有共同的价值观、共同的经历、共同的目标；第二，互相理解，相互认可，有利于合作。第三，相互之间分工明确，各尽其责，能够互相取长补短，形成优势互补。

只有具备以上条件，才能产生货币合伙情。在货币与商品存在的社会，合伙离不开货币，因此相互之间通过货币会产生浓厚的货币情感。

（六）货币成就情

成就是指事业上取得显著的业绩，通常是一般人无法完成的业绩，成就非凡，为众人所崇敬、羡慕。这往往发生在企业经营、投资选择、经商活动中，因赚取很多货币而产生这种货币的情感。于是，在外表上、在表情上、在谈话中显露出货币成就情。

这种货币成就情往往会在人与人之间的交往中流露出来，甚至是有意地流露出来，显得比一般人高出一头，有的人更是在各种场合摆出这种架势，目的是想得到更多人的称赞。

（七）货币助人

助人为乐，克己助人，帮助他人解决生活上的困难，替别人着想，这是人类崇高的品德，也是崇高的货币情感。在货币与商品存在的社会，这种助人为乐的情感是通过货币来表现和完成的，货币给人间带来崇高的情感。

帮助贫困学生上学，是通过货币完成的，货币带来崇高的情感；救死扶伤，是通过货币完成的，货币带来崇高的情感；帮助困难群众解决临时的困难，是通过货币完成的，货币带来崇高的情感。货币助人的情感往往使人难以忘怀，常常在脑海中浮现，使人激动，使人感激。

（八）货币自由情

人有心理上和行为上的自由，可以按照自己的意志、愿望行动，并对自身的行为负责。在货币与商品存在的社会，这是通过货币完成的，表现为货币越多，越富裕，在心理上感到的自由越多，因为可以自由地拿货币去购买自己喜欢的商品，享受各种劳务服务，比如可以出去旅游，自由度显得更大。没有货币或者缺少货币，则行动受限，感到自由度很小。因此，更多的货币体现出更多的自由，货币让人产生自由的情感，货币传来自由情。

（九）货币对抗情

对抗是指人与人之间存在对立的关系，并且人的生存和生活受到对方的威胁。在阶级社会里，统治阶级和被统治阶级之间存在着对抗的关系，货币关系是这种对抗关系的集中反映和表现。统治阶级通过货币雇佣和剥削被统治阶级，被统治阶级通过货币受到统治阶级的剥削和压迫，货币是阶级社会这种对抗关系的具体的、集中的、全面的反映和表现，货币带来阶级社会的对抗情。

（十）货币蔑视情

在人与人之间的关系中，蔑视是小看、轻视、看不起对方的一种情感。在阶级社会里，统治阶级用蔑视的眼光看待被统治阶级，这往往使被统治阶级产生比被剥削、被奴役还要难受的心理。

在货币与商品存在的社会，有极少数有钱人用蔑视的眼光看待没有钱的人或者被雇用的人，使人产生被轻视的货币心理，产生被蔑视的货币感情，因此产生不愉快的心理，这是一种很不正常的货币情感。

从以上分析可知，货币既能给人带来亲情、友情、愉快、信任、感激、庆幸等积极情感，也能给人带来痛苦、蔑视、仇视、嫉妒等消极情感。货币是物，属经济范畴，但是，它能够给人带来情感，货币能够传情，这是货币情感的特色。

四、货币传情论

情感是人对外界比较强烈刺激的心理反应或行为的流露，也表示人对人或对事物的关切。情感能够使人与人之间建立良好的关系，能够在人与人之间传递友好的情谊。

货币传情是由货币的本质决定的。货币是物，但世界上的其他物都不能传情，只有货币能够传情，这是因为货币不是普通的商品，它是世界上的特殊商品，货币是一般等价物、财富的代表，人人都接受它，人人都喜爱它，人人都使用它，人人都持有它。

货币是一般等价物、财富的代表，体现了社会生产关系，社会生产关系中包括人与人之间的情感，这决定了货币能够传情。

在阶级社会里，从社会生产关系来说，货币传情传的是人们在生产关系中的地位及人们之间的相互关系，传的是剥削者蔑视、鄙视、轻视被剥削者之情，以及被剥削者对剥削者反抗、仇视、愤怒之情。这两者是对立的，表现显然是不同的，货币传递的是敌对之情，有时是假惺惺之情，这里没有半点人间真情。因此，在社会生产关系中，只有增加人的情感这个内容，增加货币传情这个内容，才能全面地、深刻地阐述和理解社会生产关系的内涵。剥削者向被剥削者传递的货币之情表现为狰狞的、冷酷的，是对被剥削者精神上的虐待和思想上的折磨，这种虐待和折磨带来的痛苦有时甚至超过物质上的贫困带来的痛苦。

从以上分析可见，在揭示阶级社会中的社会生产关系时，不应该停留在物质上的剥削和被剥削的关系上，而是应该增加新的内容，即增加精神上的折磨和虐待的关系，因为它给被剥削者带来的悲哀和痛苦有时超过物质上贫困带来的悲哀和痛苦，只有这样才能全面、准确地揭示社会生产关系，而且还要指出在货币上集中体现和反映了社会生产关系，货币能够传递这种社会生产关系的情感。货币能够传情，这是在货币理论的发展史上首次提出增添这个新内容的新观点。

货币传情是由货币对人的作用产生的，是一种对人心理作用的过程和体验。这种货币心理反映人对人的关切、人对人的感情。货币传情证明了货币虽然是物，但是注入了人的货币心理和货币行为，注入了人的货币动机和货币意志，注入了人的生命活力，因此货币能够传情，货币活起来了、蹦起来了，传递了人间激情。不要再像过去那样研究死货币，现在要研究活货币，使货币在经济和社会中发挥更大的作用。

货币传情论是我提出的第十三个货币创新理论，请读者批评指正。

复习思考题

1. 什么是人生哲学？它包括哪些主要内容？
2. 为什么说货币情感是精神属性中的主要内容？
3. 简述货币情感的性质。
4. 简述货币情感的种类。
5. 你对货币传情论有什么看法？

第十二章　货币与真情

人世间最引人注目的，一是货币，二是真情，因为货币是人们的物质生活最需要的，真情是人们的精神生活最需要的。

一、从哲学上研究物质变精神与精神变物质

研究货币与真情的关系，必须以马克思主义哲学物质与精神关系的思想为指导。

物质与精神是相互依存的，互为存在的前提条件。物质是精神的载体，精神是物质的主导和表现。物质与精神的关系不是简单的并列关系，而是相互依存、互为存在的关系。

物质和精神是对立统一的，物质和精神的统一表现为它们不是互相排斥的，而是在一定条件下可以转化和融合，通过劳动创造物质财富，物质财富可以转化为精神财富，精神力量也可以转化为物质力量。

物质是第一性的，精神是第二性的，先有物质，后有精神，物质决定精神，精神是人脑对物质意识的总和，精神可以反作用于物质。

物质与精神密切相关，是彼此互相联系、共同作用的两个完整体，是唯物辩证的统一体。物质是精神发展和完善的基础，它是满足精神活动需要的重要条件；精神是物质活动的指导者，它是物质发展的动力。物质和精神相互依赖，不能离开对方，只有通过辩证的统一，才能更好地发挥自身的作用，促进精神文明和物质文明两者的发展。物质与精神的关系是复杂的，它们在发展中不断地影响和作用于对方，在统一这种

关系的过程中，要综合起来，两者作用要相互协调，实现辩证的统一。

二、货币传递真情论

以下用马克思主义唯物辩证法从六个方面分析货币与真情的关系。

（一）货币使真情更浓

货币对人的吸引力推动人们积极劳动、生产和工作，这会创造更多的物质财富，使人们获得更多的货币，因此人们的物质生活更富裕，人们能够享受更多的欢乐，人与人之间的联系和交流增强，这为传递更多的真情奠定了物质基础，使真情更浓。例如，农民经过一年的辛勤劳动获得了丰收，获得更多的货币；工人生产优质的产品，创造更多的物质财富，获得更多的奖金；工作人员创造优良的工作业绩，获得单位的肯定，货币传递了更多的人间真情，货币使真情更浓。

浓浓的真情提高了劳动者劳动、生产、工作的积极性、主动性和创造性，促使其发挥聪明才智，这进一步提高了劳动生产率，促使生产出高质量的产品，为集体、单位、国家创造了更多财富，企业获得了更多的利润，劳动者也获得了更多的货币收入。物质变精神，精神变物质，从而货币使真情更浓，更浓的真情又促进了劳动生产率的提高，为社会创造更多的财富，换来更多的货币。

在人类历史上，货币和谐力传递了人间珍贵的真情，涌现出许多可歌可泣的动人故事。有人在饥寒交迫时得到了别人的救济；有人在没钱治病时得到了别人的资助；有的人渴望上学，却交不起学费，这时得到了别人的资助；等等。货币传递了人间真情，货币使真情浓浓，这种浓浓的真情是一种巨大的力量，它使人兴奋、让人有信心、令人受到鼓励。真情是一种巨大的力量，这时货币不仅是物质的，而且变成了精神的力量，使真情具有了物质基础，使真情更浓；物质传递了真情，使物质享受更尽情、更欢乐，这里又展示了物质变精神、精神变物质的唯物辩证法。

（二）货币也能使真情变味

货币能够传递真情，使真情浓浓；但是，货币也能使真情变味，货币的扭曲力能使人身关系扭曲、经济关系扭曲、人际关系扭曲，这主要取决于人，尤其是取决于掌握货币的人。如果人不能正确认识货币与真情的关系，一味追求更多的货币，重货币、轻真情，在货币与真情的关系上表现为货币是硬的、真情是软的，向货币倾斜，把真情抛掉，牺牲真情，服从货币，这时货币就产生了扭曲力，使真情一碰到货币就被扭曲，真情就变味，真情就变成了假情，真情就消失了。人与人之间的关系被货币的扭曲力扭曲，真情就变味了。

货币对极少数思想不健康的人以及重货币、轻真情的人还会产生诱惑力。货币诱惑力使真情变味，也使人变味。这些重货币、轻真情的人多次受到货币诱惑力的袭击后，货币便经常在他们的脑子中出现，使他们处在不能自拔的状态。在货币诱惑力的升温阶段，极少数思想不健康的人重货币、轻真情，对货币产生眷恋之情，念念不忘，货币的诱惑力是产生拜金主义的内在动力。这时，思想不健康的人只对货币感兴趣，逐步远离真情，使人世间的一切真情，包括对家人、朋友、伙伴的感情发生变化，使真情变味。最后发展为货币诱惑力全部占据了这些人的思想，渗透其灵魂，使其沦落为拜金主义者，甚至走上犯罪道路，货币与真情都化为乌有。

综上所述，货币能促进人间真情更浓，也能使人间真情变味，这主要取决于人。如果人能够正确认识和处理货币与真情的关系，则能使人世间真情浓浓，促进人自由、全面发展，提高道德素质，有助于促进社会和谐，建设文明社会。如果人一味地追求货币，重货币、轻真情，则会使人与人之间的关系变味，首先是自己变味，变成一身铜臭味，变成拜金主义者，最后甚至走上犯罪道路，货币与真情都在自身上消失。

在市场经济条件下，人不可能孤立地存在，人与人之间每天都发生密切的联系和交往，人每天都离不开货币，因此，人们必须正确认识和处理货币与真情的关系，使真情越来越浓，使真情充满人世间，体现出中国特色社会主义社会和谐、道德、文明建设的新境界。

（三）真情使货币给人带来更多快乐和幸福

货币能够转化为商品，有更多的货币就能购买更多的商品供人们消费，这使人感到快乐。货币是财富的代表，有更多的财富也能使人感到快乐。但是，人不可能是孤家寡人，在成家之前，有父母、兄弟、姐妹陪伴，在成家之后，有配偶、子女以及亲戚朋友相伴，因此，货币带来的物质享受和快乐往往是多人共享的，人与人之间的真情成为货币带来更多快乐和幸福的基础。

第一，真情使货币带来的快乐是尽情。只有夫妻之间、家庭中真情浓浓，货币带来的物质享受和快乐才能存在，人们才能享受货币带来的快乐和幸福。如果夫妻之间、家庭中不存在真情，货币就很难带来快乐，甚至夫妻在外面挣的钱越多，回家为了钱争吵也越多，中国有句俗语叫"清官难断家务事"，家务事谁对谁错很难判断，这是缺乏真情引起的。因此，没有真情，货币不仅不能给家庭带来快乐和幸福，反而会带来苦恼和郁闷。

第二，真情使货币带来的快乐是共享。货币带来的物质享受和快乐不能孤芳自赏，而是必须与亲人共享，这样才能真正享受货币带来的快乐。人世间最大的快乐是天伦之乐，货币带来的快乐由家人共享、由亲人共享，则家庭充满真情，真情浓浓，这是最大的享受和快乐。不仅如此，老同学、老朋友相聚，也充满了真情，货币给大家相聚带来了快乐，这都是以真情为基础的。古语云："有朋自远方来，不亦乐乎。"否则，货币带来的只能是孤独、是苦味。

第三，真情使货币带来的快乐是信心。每个人、每个家庭的货币越多，其生活越能得到改善、提高。有了真情，家庭就会充满信心，对生产者、劳动者、工作者来说都是很大的鼓舞，因为信心比黄金更重要，这将使人们对个人的前途、对家庭的前景充满信心，这是货币带来的真正的快乐和幸福。如果货币使真情变味，使人们失去信心，货币根本就不能带来真正的快乐，反而会带来扭曲、诱惑。因此，人与人之间必须充满真情，这样才能快乐多多、信心足足。

第四，真情使货币带来的快乐是团结。一个家庭充满真情，货币带来的快乐就是互助、合作、团结。人们每天都和货币打交道，家庭是社会的细胞，每天都有货币的收入、支出、结余，这是每天都会发生的。家庭成员之间有了真情，就能共同对货币进行细算和谋划，这会促进一个家庭的互助、合作和团结，这才是货币带来的真正的快乐，否则，如果家庭没有真情，夫妻之间争财权，藏私房钱，花钱不商量，自作主张，货币就不可能带来欢乐，而是带来分裂，甚至是分离。因此，只有真情浓浓，货币带来的才是团结，才是真正的快乐，快乐、幸福才能日益巩固。

第五，真情使货币带来的快乐是希望。年轻人大学毕业后不久就会成家立业，衣、食、住、行方面的开支较大，但他们的工资又不高，或者正处在创业阶段，刚起步，面对的困难较多，挣钱也不多，这是人生必然经过的阶段。在这个阶段，年轻夫妻之间真情浓浓，则工作和生活充满了希望。虽然挣钱不多，但是真情浓浓，人生充满希望，希望鼓舞着年轻人努力奋斗，所以，货币带来的快乐是希望。希望是最有生命力的，人们往往怀念和回忆充满真情、快乐和希望的岁月，这是令人难忘的。

第六，真情使货币带来的快乐是理解。家庭成员共同挣钱，共同过日子，夫妻之间共同生活，共同奋斗。但是，也可能两人的处境有所不同，一方有老人，每月需要寄钱赡养老人，另一方没有负担；或者一方临时有困难，需要用钱，或者是工作中出现了突发状况。如果夫妻之间真情浓浓，相互理解，相互支持，则货币带来的快乐是理解。如果不是这样，夫妻相互不支持，一方每月给老人寄钱，另一方不同意，或者对寄钱的金额双方协商不一致，货币带来的就是猜忌。因此，充满真情，货币带来的快乐是相互理解。

从以上利用马克思主义哲学唯物辩证法来分析货币与真情的关系得出的结论是，只有真情浓浓，货币才能带来真正的快乐，尽情、共享、信心、团结、希望、理解是以真情为基础的，否则，货币就不能给人带来快乐，带来的只能是苦恼、苦味、泄气、分裂、失望、猜忌。因此，在现实生活中，并不是有钱人都快乐，有钱人不一定比收入一般的人更快乐，不是钱越多越快乐；有时恰恰相反，有钱人不快乐，烦恼更多，反而是当初艰苦创业时快乐更多。快乐与否要看人与人之间有没有真情，真情是货币给人带来快乐和幸福的基础。

（四）真情比货币更珍贵

货币具有购买力，可以购买任何商品，它是人们生存的物质基础，是财富的代表。真情是精神上的，人的精神往往比物质更珍贵，真情比货币更珍贵的原因如下。

第一，真情是人类情感上的真善美。人与人之间的关系中最令人难忘的是真情，真情往往让人终生回味，真情使人增加信心、动力、希望、感动，往往无法用语言来形容和表达。货币花光了可以通过劳动再挣回来，真情则需要多年的培养和滋润才能建立，失去了真情，就很难再找回来，真情无法弥补，就如破镜难圆。

第二，真情比黄金更珍贵。中国有句俗语叫"有钱难买个'愿'字。"这是很多人的切身体会，如果心甘情愿，付出多大的代价、流多少汗水也是愿意的。这是用货币很难买来的，人与人之间的真情是很难得的，是十分珍贵的。

第三，真情使人拥有好心情。人的心情时好时坏，不断发生变化。拥有好心情，能使人经常处在充实、快乐、豁达、自信的情境中，越活越轻松，越活越有劲，越活越愉快，使人有充沛的精力从事劳动、生产和工作，好心情是人生中最大的精神财富。

第四，患难见真情。在困难的岁月、困难的时刻得到别人的帮助，是最令人感动的。例如，夫妻在艰苦的年代克服各种困难，共同度过艰难岁月，这最令人难以忘怀，往往比富裕的日子更让人留恋，这说明其中起很大作用的，首先是真情浓浓，其次才是货币，因此真情比货币更珍贵。

第五，真情有凝聚力。真情能够使人心交流、心换心，使人的力量凝聚在一起，产生巨大的力量，"众人拾柴火焰高""众志成城"就是对此形象的说明。真情凝聚起巨大的力量，产生出无限的威力，它是精神"原子弹"，能够帮助人战胜一切困难，取得惊人的业绩。

第六，真情能够化解矛盾、误会、旧怨。人与人之间的矛盾、误会、旧怨在真诚的交流中被化解了，逐渐消失了，多年的感情、真情恢复了，友谊、真情比过去增加了，变得更深化、更牢固，快乐多多，心情变好。好的心态将产生无限的力量。

综上所述，人世间的真情是最珍贵的。随着中国式现代化的建设，随着我国经济的高质量发展，人民的生活不断改善，货币收入日益增加，人与人之间真情浓浓，人们的心情越来越好，人们在劳动、生产、工作中会创造出更大的业绩；反之，如果失去了真情，即使货币收入增加再多，人也可能面临更多的苦恼、扭曲、诱惑，甚至会给人造成悲剧。

（五）货币传递真情是货币本质的飞跃

人世间最吸引人的是货币与真情，但是，在阶级社会里货币传递真情是个别的，极少数有识之士的货币行为才传递真情，货币与真情通常是分离的。只有在中国特色社会主义制度下，两者才能结合起来，货币才能传递真情，这是人类社会历史上货币与真情、物质与精神关系上的飞跃。为什么说货币传递真情是货币本质的飞跃呢？理由如下：

第一，货币传递真情是社会主义制度的客观必然。只有在社会主义社会，人与人之间才能建立同志式的互助合作的新型关系。人民币是为人民服务的，社会生产关系的本质和货币的本质都发生了根本的变化。把货币与真情两者结合起来，货币才有传递真情的经济基础，货币才能传递真情。人们能够享受高质量的物质生活和精神生活，货币传递真情，快乐多多，幸福多多。

第二，货币传递真情是人对货币作用的具体表现。在社会主义制度下，人的精神面貌发生了根本的变化，人在增强货币意识的基础上，自觉传递人间真情，这是物质变精神、精神变物质的唯物辩证法。货币大大地发挥了对经济、社会的作用，这是货币与真情结合所起的作用。货币作用在本质上发生了新变化，这种作用是无法估量的。

第三，货币传递真情使人的货币心理、货币行为达到新境界。货币传递真情，使货币带来的快乐充满了尽情、共享、信心、团结、希望、理解，这使人的货币心理和货币行为达到了新的境界。在中国特色社会主义制度下，经济高质量发展，人民共同富裕，货币增多，真情浓浓，欢乐无限，人们享受货币与真情两者结合所带来的社会主义美好生活。

第四，货币传递真情是自古以来货币与商品之间关系的新变化。在阶级社会中，货币交换体现了交换双方人与人之间的关系，这种关系是对立的，或者说是剥削与被剥削的关系，是损人利己的关系，是相互猜忌的关系。只有在社会主义制度下，货币传递真情，才逐步驱散了人类历史上扭曲、诱惑的货币关系。在社会主义制度下，商品销售者对顾客传递真情的表现是诚信；生产企业对消费者传递真情的表现是生产优质产品、物美价廉的产品；服务行业对顾客传递真情的表现是周到的、令人满意的、微笑式的服务。这一切体现出货币本质在社会主义制度下发生了新的变化，货币传递了人间最珍贵的真情，这具体、生动地反映了货币本质的飞跃。

货币传递真情论论证了货币本质发生了飞跃式的变化，人的真情促使货币的作用大大增强，但是，人们的思想往往落后于客观实际，不是所有人都能够认识到、体会到这一点，因此，要大力宣传货币传递真情论，使人们的货币意识也能得到极大提高，促进货币在社会主义制度下发挥更大的作用，使人们更好地享受货币与真情相结合带来的快乐、幸福生活。

在社会主义市场经济条件下，在仍然存在商品与货币的社会，货币传递了人间真情，使人世间真情无限，真情浓浓。这说明人类社会最后要走向天下为公、共同富裕。构建人类命运共同体，这是不以人的意志为转移的客观必然。

三、货币传递真情论的理论意义和实践意义

人的一生任何时候都离不开货币与真情。货币能够购买商品，人没有货币就没有物质生活；真情是发自内心的真实感情，没有了真情，就没有了精神生活。因此，货币与真情两者缺一不可。

物质生活是基础，没有物质生活，也就没有精神生活，精神生活以物质生活为基础；但是，没有精神生活，人就失去了生活的目标、动力、互助、共享。精神生活是适应人们改造客观世界的需要而产生和发展的，对物质生活具有能动的反作用，具体表现在：真情能形成合力，真情在物质生产中能够增加生产者之间的相互了解，促进相互合作，有助于形成合力；真情能够促进生产者振奋精神，使生产者互相取长补短，团结互助，有利于挖掘潜力；真情能增添生产者的青春活力，使生产者生活得更阳光、更舒坦，有利于充分发挥生产者的积极性，创造更多的物质财富。这就是物质变精神、精神变物质的唯物辩证法。

自从货币产生以来，货币与真情这对矛盾就一直摆在人们面前，人们往往容易重货币、轻真情，因为物质生活是人的第一需要，是由当时社会生产力发展水平、社会制度决定的。在中国特色社会主义制度下，要重新认识和处理货币与真情的关系，这是由以下客观要求决定的。

第一，这是中国经济发展、人民收入增加的客观要求。中国特色社会主义进入了新时代，中华民族迎来了从站起来、富起来到强起来的伟大飞跃，已经全面建成小康社会，正在建设社会主义现代化国家，进入了逐步实现全体人民共同富裕的新时代。中国经济总量已经位于世界各国的前列，富起来就拥有更多的物质和资源。农村脱贫攻坚取得了全面的胜利，谱写了人类反贫困史上的辉煌篇章。相对来说，这必然会增加重真情、轻货币的程度，要求人们重新认识和处理货币与真情的关系，逐渐向真情倾斜。

第二，这是新时代建设中国特色社会主义和谐社会的客观要求。真

情是以真心换真心，体现为患难与共、无私奉献、肝胆相照、情深义重，是人类感情中的真善美。社会上人与人之间的许多误会、矛盾和纠纷都会在真情的交流中融化，人与人之间只有真情相行、真情交流、真诚联系，才能增进团结，为建设和谐社会注入活力，因此要提倡向真情倾斜，人与人之间多一点真情，真情是构建社会主义和谐社会的精神支柱。

第三，这是新时代公民道德建设的客观要求。在社会主义市场经济中，人们在日常生活中一刻也离不开货币，人们能否正确对待货币、正确认识和处理货币与真情的关系，是与公民道德建设有密切关系的。道德由社会生产关系决定，依靠人们的信念来维系，以善恶为评价标准，是心理意识和行为活动的总和。道德是一种思想意识，是建立在一定的社会经济基础上的意识形态。集体主义是社会主义道德的基本原则，是社会主义道德体系的灵魂，它贯穿于社会主义一切规范和范畴之中，是衡量个人行为和品质的最高道德标准。集体主义要求正确处理个人利益、集体利益与国家利益的关系。在国家利益与个人利益、集体利益与个人利益发生矛盾时，集体利益优先于个人利益，国家利益又高于集体利益，个人要以集体利益和国家利益为重，而且在必要的情况下，个人利益要服从国家利益、集体利益，绝不允许损害国家利益和集体利益，损公肥私是公民道德建设的大敌；同时，集体主义又要求集体和国家必须尽力保障个人的正当利益，促进个人自由全面发展和人生价值的实现，这样才能使集体和国家充满活力、具有创造力、富有蓬勃朝气。爱祖国、爱人民、爱劳动、爱科学、爱社会主义是新时代公民道德建设的基本要求，要推动全民道德素质达到一个新高度，鼓励人们追求更高的人生境界，最终促进社会全面进步，实现人的自由全面发展。因此，必须建设促进社会进步的社会主义道德体系，提升公民的道德素养，而货币传递人间真情是公民道德建设的重要内容。

第四，这是新时代建设中国特色社会主义文明社会的客观要求。建设美丽中国，必须建设绿水青山的生态文明，必须建设风清气正的社会文明，生态文明和社会文明这两个文明建设是缺一不可的，这是关系着中华民族复兴、永续发展的根本大计。人们能够正确认识和处理货币与真情的关系，是人们具有较高的思想觉悟、修养、风尚、道德品质、心理素质的表现，是新时代建设中国特色社会主义文明社会的重要元素。迈向美好未来，既要有经济技术力量，也要有文化文明力量，未来的中国必然会为世界贡献更有活力的文明成就。因此，要重新认识和处理货币与真情的关系，向真情倾斜，多一点真情，这是建设社会主义文明社会所必需的。货币的吸引力、和谐力对人产生正面作用，货币能使人间真情更浓；货币的扭曲力、诱惑力对人产生负面作用，货币也能使人间真情变味。

货币传递真情论是我提出的第十四个货币创新理论，请读者批评指正。

复习思考题

1. 简述货币传递真情论的主要内容、意义。你对此有什么看法？

2. 为什么要重新认识和处理货币与真情的关系？

3. 货币怎样使真情更浓？

4. 货币怎样使真情变味？

5. 为什么说真情是货币给人带来快乐的基础？

6. 你是否觉得真情比货币更珍贵？

7. 传统的货币金融理论是如何认定货币与真情的关系的？产生了什么影响？

8. 你对货币传递真情论有什么看法？

第十三章　货币与人的关系

没有社会的人，就没有社会的一切，就没有人类的历史。人自身发展的过程就是人创造历史的过程，只有人民才是创造历史的动力，只有人民才是创造历史的主人。我们必须以马克思主义哲学本体论和历史唯物主义的社会历史观的思想为指导研究货币与人的关系。

一、马克思主义哲学本体论是研究货币与人关系的指导思想

人类社会历史发展的主体是人，物质生产活动的主体是人，人作为主体必然具有主体性。人的主体性是指主体对客体的主导地位，人的主体对客体具有能动性的认识和改造的特性。主体性是自然属性、社会属性、精神属性的集中表现，是人作为主体最深刻的本质特性。

人在社会活动中与自然、社会发生关系，逐步形成了人是自然的主体，社会的主体，在与自然、社会发生关系中，也是自我的主体。主体性的基本特征是在同客体相互作用中表现出来的选择性、创造性和自主性。

人对事物的选择性是人的能动性的主要表现，重视人的主体性，在很大程度上就是重视主体在同客体相互作用中的选择性。

创造性是主体能动性的最高表现，创造性的实质是对现实的超越，因为创造性意味着突破，标志着进步，创造性是衡量个人主体性的尺度。

自主性是人的主体性地位的确认，自主性说明了人对影响和制约着的存在和发展的主客观因素有了独立、自由、自主的权利和责任。主体

能够发挥能动性与创造性，就在于他有了自主性。

只有以马克思主义哲学本体论的思想为指导，在货币与人的关系上将货币作为客体，将人作为主体，才能把货币与人的关系研究和分析清楚。

二、用马克思主义历史唯物主义的社会历史观研究货币与人的关系

货币与人的关系，在阶级社会历史上是统治与被统治的关系。阶级社会的历史是一部人类社会的剥削史，是一部劳动人民的苦难史，也是一部广大劳动人民做货币的奴隶、少数剥削者做货币的主人的历史。广大劳动人民虽然是主体，但少数剥削者通过货币这个客体，对广大劳动人民进行残酷的剥削和压迫。广大劳动人民是货币的奴隶，受尽了货币的折磨，造成了人类历史上的无数悲剧。广大劳动人民做了货币的奴隶，甚至丢了性命；但少数剥削者做了货币的主人，过着花天酒地、穷奢极欲的生活，真是"朱门酒肉臭，路有冻死骨"。

在奴隶社会，奴隶不过是奴隶主"会说话的工具"，被奴隶主用货币进行买卖。在我国商朝时期（约公元前 1600—前 1046 年）已有大量的奴隶存在。奴隶主不把奴隶当人看待，奴隶可以像牲畜一样被随便买卖和杀掉，奴隶主杀死自己的奴隶并不犯法。商朝的主要生产部门是农业，而农业的基本劳动者是奴隶。商朝的井田制就是商王及奴隶主用以榨取奴隶劳动成果的一种制度。西周时期（公元前 1046—前 771 年）奴隶制继续发展。在西周奴隶社会中，奴隶买卖很普遍，奴隶的价格非常低廉，根据智鼎铭文记载，用"匹马束丝"，即一匹马加一束丝，可以换 5 个奴隶，可见人的价格比马的价格要低得多。在奴隶社会，奴隶既做了奴隶主的奴隶，也做了货币的奴隶。

公元前 403 年至公元前 221 年是我国封建社会的开端，战国时期封建土地所有制得到迅速发展，地主阶级通过各种方式获得了土地。当时

的地主有三种类型：第一种是由原来占有大量土地的奴隶主贵族转化来的地主，因为当时封建剥削方式优越于奴隶剥削方式，能够提高劳动者的积极性，所以，许多奴隶主放弃奴隶制而采取了封建制，由此就从奴隶主转化为封建主。第二种是军功官僚地主，即官吏与将士因军功得到土地而成为地主。第三种是一般地主，即从土地自由买卖中发展起来的地主。地主剥削农民的方法，主要是把土地出租给农民，收取实物地租。

西汉文帝、景帝年间出现了政治稳定、经济恢复和发展的局面，被视为封建社会的盛世，史称"文景之治"。在赋税方面，先是刘邦提出"十五税一"，即农民按收入的十五分之一交税，景帝又减赋税为"三十税一"。但是，汉朝还有人口税，人口税是更重要的税，分为口赋和算赋两种。口赋是未成年人的人口税，自 7 岁到 14 岁，不分男女，每人每年出 20 钱；算赋是成年人的人口税，从 15 岁开始，不分男女，每人每年出 120 钱，60 岁免算赋。汉武帝时期，为了加强中央集权，统一了货币。西汉初期，仍沿袭秦制，实行半两铜钱制，即钱面上铸有"半两"二字，一两为 24 铢，半两重 12 铢。但半两钱体重难用，所以改用各种减重半两钱，即钱文重为"半两"，而实际重量低于半两，这就造成了铜钱的实际重量与钱文重量不一致的弊端。王莽接位以后，实行"王田"制度，就是宣布天下的土地均归朝廷所有，王田不得买卖，规定一夫受田百亩，如果一家男子不满 8 人，占田不得超过 1 井（900 亩），无田的人即照章受田，这样做就是企图恢复《周礼》上所说的井田制度。西晋建立于公元 265 年，改行占田制。占田制的内容包含两部分，一部分是规定一般农民占田、课田及户调的数目；另一部分是规定各级官僚仍占有的土地和佃客的数量，以加强对农民的剥削。五代（907—960年）时期赋税特别繁重，对人民的榨取更残酷。南宋时期（1127—1279年）每年的赋税收入大大超过北宋时期，明朝（1368—1644 年）赋税和地租日益加重，对于明初"永不起科"的田地，这时也全部征收赋税。从正统元年（1436 年）开始，明朝把江南的赋税一概折银征收，规定米麦 1 石折银 2 钱 5 分，4 石折银 1 两，共 400 余万石折 100 余万两，称为

"金花银"。总之，在中国几千年的封建社会中，苛捐杂税很多，农民向地主交纳实物地租和货币地租，封建主对农民进行残酷剥削，广大人民在中国封建社会始终作为货币的奴隶。

在旧中国，国民党政府为了弥补财政赤字，实行通货膨胀政策。国民党政府在 1935 年 11 月 4 日宣布实行法币制度，规定四大家族的银行所发行的纸币是法币，而法币的发行，就是通货膨胀的开始。1938 年以后，物价上涨速度大大超过法币的发行速度，从 1937 年到 1945 年，法币的发行量增加了 390 多倍，同期上海物价上涨 8 万多倍。抗战胜利后，国民党为了发动内战，更加疯狂地执行恶性通货膨胀政策，从 1945 年 8 月起的三年时间内，法币发行增加 1000 多倍，法币几乎成为废纸。1948 年 8 月 20 日国民党政府发行了金圆券，但也无法挽救其必然灭亡的命运。1949 年国民党政府逃到广州后，又发行了银圆券，但国民党政府很快就崩溃了。

国民党政府长期实行恶性通货膨胀政策，给国民经济和人民生活带来了灾难性的后果。1937 年 6 月至 1949 年 5 月，国民党统治区的通货增加了 1400 多亿倍，上海的物价上涨了 36.8 万亿倍，物价上涨幅度比通货增长幅度高 260 多倍。以白粳米为例，每石价格 1937 年 6 月为 11 元 5 分，到了 1949 年 5 月 21 日涨到金圆券 4.4 亿元，也就是说相当于法币 1320 万亿元，比抗战前上涨了 114 万亿倍[1]，广大人民生活在水深火热之中，吃不饱、穿不暖，天天为柴米油盐发愁，腰包中无钱或缺钱，甚至卖儿卖女，做了货币的奴隶。

从以上分析可知，在一切剥削社会里，广大劳动人民是受剥削的，其劳动成果的绝大部分被剥削者无偿占有，他们手中没有或十分缺少货币，而剥削者掠夺了劳动人民大部分的劳动成果，手中掌握了大量的货币。剥削者是货币的主人，被剥削者是货币的奴隶，这就是在一切剥削社会中货币与人的关系，货币奴役人，货币驾驭人。

---

① 上海金融史话编写组. 上海金融史话 [M]. 上海：上海人民出版社，1978：176.

三、人驾驭货币论

（一）人民做了货币的主人，不再做货币的奴隶

新中国成立后，推翻了旧中国几千年的剥削制度，人民当家作主。改革开放后，全国人民高举中国特色社会主义伟大旗帜，夺取了全面建成小康社会、脱贫攻坚的伟大胜利，绝对贫困现象基本消除，人民富裕程度普遍提高，生活质量明显改善，劳动人民不再为贫穷所困扰，不再做货币的奴隶，已经成为货币的主人。

人民当家作主，要当货币的家、做货币的主。要彻底摆脱贫困，贫困不是社会主义。建设社会主义就是要为人的生存、享受和发展创造更好的条件，促进经济繁荣和人民安居乐业，使人民的物质文化生活水平不断提高。经济工作必须以满足人民美好生活需要为出发点，这也是经济、金融实际工作必须落实的重要原则。在经济发展的基础上，努力满足人民美好生活需要，具体表现为人民的货币收入逐步增加，人民共同富裕，人民币更好地为人民服务。

人民要做货币的主人，经济金融实际工作者必须坚持以人为本，始终把广大人民的根本利益作为经济、金融工作的出发点和落脚点，在制定经济、金融工作各项方针政策时必须着眼于维护、实现和发展人民群众的根本利益，必须把能否维护好、实现好和发展好人民群众的根本利益作为衡量一切经济工作成败得失的标准。做好关系人民群众利益的各项工作，努力做到权为民所用、情为民所系、利为民所谋，一切从绝大多数人民群众的根本利益出发，做好我国的金融、经济工作，最终要反映在人民真正做了货币的主人，人民币是为人民服务的，为不断提高人民的物质文化生活水平服务，为人民走共同富裕的道路服务。

人民要做货币的主人，人民币要为人民服务，这是历史唯物主义哲学必然得出来的结论，这是社会发展客观规律作用的必然结果。人民群众是历史的创造者，劳动创造了社会财富和人类文明，劳动创造了人类

社会，劳动产品应该属于劳动者，归劳动人民所有，货币应该归劳动人民所有，人民是货币的主人，人民是社会的主体，货币是客体。人民是社会主义国家的主人，要紧紧依靠人民，充分发挥人民群众的首创精神和创造才能，充分调动广大群众建设社会主义的积极性、主动性和创造性。挖掘广大人民群众的创新潜力，放手让劳动、知识、技术、管理和资本的活力竞相迸发，坚持尊重劳动，尊重知识，尊重人才，尊重创新，将一切创造社会财富的潜力充分调动起来，通过实现中国式现代化、经济高质量发展，促进共同富裕，创造更多的社会财富，造福社会，使人民币更好地为人民服务，使人民成为货币的主人，货币不再驾驭人。

在中国特色社会主义制度下，人民享受着美好的生活，人民是货币的主人。历史上人民是货币奴隶的社会、货币驾驭人的社会从此一去不复返了，这是人类历史上货币与人关系的新的开始，这符合人类历史发展的客观规律，这是实践证明了的历史唯物主义的货币与人关系的结论。

（二）要把自己从做货币奴隶的精神枷锁中解放出来

在中国特色社会主义制度下，人民是货币的主人，不再做货币的奴隶，社会主义制度为人民做货币的主人提供了制度的保证，这是人民做货币主人最根本的保证。因此，在中国特色社会主义制度下，从社会生产关系来看，人民已经不可能做货币的奴隶，已经不存在人民做货币奴隶的经济基础。但是，几千年来形成的广大劳动人民做货币奴隶的思想影响深远，少部分人还没有彻底从这种思想的精神枷锁中解放出来，自觉和不自觉地还被货币驾驭着，精神上受到折磨，这种精神枷锁在日常生活中有几种主要表现，举例如下：

1. 人类灵魂工程师。教育要立德树人，培养学生德、智、体、美、劳全面发展，但是，有极少数仍被做货币奴隶的精神枷锁套住的中小学教师在课堂上少讲课程内容，在课外补课收取学生的"讲课费"，给学生道德品质的培养以及树立正确的货币观等方面带来了不良影响，扰乱了教学秩序，也给学生家长带来了很大的经济负担，同时向社会散发了很坏的货币气息，污染了社会的货币氛围。除了教育部门、学校应该花大力气纠正外，更主要的是这些教师要把自己从做货币奴隶的精神枷锁中彻底解放出来，不要玷污人类灵魂工程师的崇高称号。人类灵魂工程师不是一般的"工程师"，教师要尽可能做到灵魂上没有瑕疵、没有污点。收取"讲课费"的货币行为，使人做了货币的奴隶，颠倒了人是主体、货币是客体的关系。这些人服从了货币的驾驭，听从了货币的指挥，货币玷污了自己的声誉，货币收入虽然多了一些，但这个伤害不是用货币能够治愈的；不收"讲课费"，货币虽然少了，但是做了货币的主人，挺起了腰杆，人驾驭了货币，人指挥了货币，而不是货币统治人，是人统治货币。学校是教育人的地方，是充满希望的地方，应该把学校打造成社会主义精神文明建设的绿水青山，为国家培养更多的优秀人才。

2. 白衣天使。救死扶伤是医务工作者的天职和使命，白衣天使是人民给予医务工作者的崇高而神圣的称号，但是，有极少数仍被做货币奴隶的精神枷锁套住的医务工作者在为患者治病时收取"红包"，这货币扭曲了医患关系，使医患关系变味，污染了社会货币氛围，也给患者带来了经济上的额外负担，颠倒了人是主体、货币是客体的关系。除了医疗机构要花大力气予以纠正外，广大医务工作者也要觉醒过来，把自己从做货币奴隶的精神枷锁中解放出来，维护白衣天使的光辉形象。白衣天使的"白衣"千万不要沾染上污点，天使是真情的化身，白衣天使守护着千家万户的生命安全和健康。收取"红包"，货币收入虽然多了些，但是这些人服从了货币的驾驭，听从了货币的指挥，做了货币的奴隶，败坏了白衣天使的形象，心中应是愧疚的、郁闷的；不收"红包"，货币收入虽然少了些，但是做了货币的主人，挺起了腰杆，心情是舒坦的。在这次新冠疫情中许多白衣天使成为了人民英雄，涌现出许多感人肺腑的事迹，白衣天使展示了中国精神，白衣天使的光辉形象和事迹将载入史册，人们要向白衣天使学习。医务工作者的医德尤为重要，医务工作者向社会传递更多的人间真情，那正是广大患者及其家属日夜盼望的，是雪中送炭，患者及其家属将终生难忘。医院是传递人间真情最主要、最重要的地方，医院是充满期盼的地方，应该成为社会主义精神文明建设中的重点领域。

3. 孝老敬老。中华民族历来具有孝老敬老的美德。我国有句老话，"百善孝为先"，为什么如此强调孝的重要性呢？因为在中国的文化中，这是人之所以为人的一种天性，今天我们仍然要讲孝道，一个"孝"字写尽了天下儿女对父母的孝养、孝敬的真挚感情，写出了对社会上所有老人的关爱与帮助，一个"爱"字道出了千万父母对儿女的真挚感情，也道尽了千万儿女对父母养育之恩的真心回报。可是，社会上有个别人却说："爹亲娘亲不如钱亲"，甚至有极少数家长一心扑在孩子身上，把货币都花在孩子身上，对老人却不愿意赡养，冷落老人，把老人当作额外的包袱，这使老人很伤心。孩子天天看着自己的父母是这样对待长辈的，他们长大了也照搬照学，这些家长晚年将自食其果，这些家长被做货币奴隶的精神枷锁牢牢套住，做了货币的奴隶，颠倒了人是主体、货币是客体的关系。他们自己必须从这个精神枷锁中解放出来，把中华民族悠久的孝老爱亲、尊老敬老的传统美德一代一代传递下去，要做货币的主人，不能再做货币的奴隶，更不能让孩子在童年时留下做货币奴隶的阴影。

4. 对子女的家庭教育。家庭是人生的第一课堂，父母是孩子的第一任老师。有什么样的家庭教育，就会有什么样的子女。因此，对父母来说，要把好的品德、习惯传递给孩子，给孩子以正确的引导，帮助孩子树立正确的世界观、人生观和价值观。父母应该成为孩子的榜样、楷模、表率，要言传身教，身体力行。但是，有个别家长有意无意地在孩子面前宣传挣大钱的错误思想，孩子从小就产生将来要挣大钱的想法，颠倒了人是主体、货币是客体的关系，使孩子没有树立正确的价值观、人生观、世界观，这是很危险的。这些家长不仅没有把自己从做货币奴隶的精神枷锁中解放出来，而且向自己的子女灌输做货币奴隶的不良思想，后果是十分严重的，他们将在今后的日子里自食恶果。

5. 恋爱婚姻。恋爱婚姻关系着人一生的幸福，人们应该慎重对待，从多方面考察和考虑。但是，个别女青年找对象时把选富人作为唯一的标准，男青年把傍富婆作为唯一的标准，这很可能带来婚姻的悲剧，这是在恋爱婚姻这个大问题上没有从做货币奴隶的精神枷中解放出来，有的甚至到最后还不明白是做了货币的奴隶造成的，是颠倒了人是主体、货币是客体这个关系造成的。

6. 夫妻。夫妻应该是相敬相爱的终身伴侣，彼此应坦诚相待，相互谦让，相敬如宾。但有个别夫妻为了金钱而相互猜忌，夫妇挣钱越多，家庭矛盾就越多，金钱不仅没有给家庭带来幸福，反而带来了更多矛盾。这是颠倒了人是主体、货币是客体的关系，没有从做货币奴隶的精神枷锁中解放出来，仍然做货币的奴隶，结果将苦不堪言。

7. 兄弟姐妹。兄弟姐妹从小在一个家庭中长大，朝夕相处，是骨肉同胞，理应亲如手足。他们长大后各自成家，由于家庭贫富不一，就开始疏远起来，有的为了分遗产，吵得不可开交，甚至将自己的亲人告上法庭。他们颠倒了人是主体、货币是客体的关系，被做货币奴隶的精神枷锁套住了。

8. 朋友。从学校到工作单位，人在一生中会结识不少朋友，朋友之间应相互交往，相互帮助。但是，有的人把朋友区分为有钱人和没钱人，有的人怕穷朋友借钱，从而远离自己的穷朋友。他们颠倒了人是主体、货币是客体的关系，没有从做货币奴隶的精神枷锁中解放出来，使昨日的好朋友变成了今日的陌生人。

9. 合作伙伴。在市场经济中，人会有许多合作伙伴，理应相互帮助，相互支援，相互协作，同生存、共患难。但是，有的人在遇到矛盾和利害冲突时，就把钱看得很重，寸步不让。这是颠到了人是主体、货币是客体的关系，没有从做货币奴隶的精神枷锁中解放出来，使昨日的好伙伴变成了今日的仇人。

10. 抠门。有的人深受几千年来做货币奴隶的思想影响，在货币行为上不能正确认识和处理各方面的关系，总是怕自己吃亏、别人占自己的便宜，把钱看得死死的。事实上正相反，抠门的人往往和别人交往很少，别人也不愿和他交往，结果把自己孤立起来，失去了别人的帮助，失去了许多信息，失去了许多机会，失去了友谊，也失去了生活的快乐。那些对别人很大方的人，好像在钱上吃了亏，其实，别人愿意对这些人提供帮助，给他们提供信息，给他们提供机会，给他们提供建议，为他们当参谋，给他们带来了欢乐，这些人生活得更充实，更有发展的机会。

总之，在货币与商品存在的社会，货币是客体、人是主体，这看起来是很简单、很平常、很易懂的道理，但是，由于货币的诱惑力，由于人生观、世界观、货币观的影响，人们在许多问题上往往颠到了人是主体、货币是客体的关系，从而给自己和家人带来了苦恼、痛苦，甚至走上了邪路、不归之路，给自己和家人留下终身的遗憾。因此，我们一定要深入学习马克思主义哲学的本体论和马克思主义历史唯物主义的社会历史观，联系自己的实践，真正搞清楚、弄明白货币与人的关系，并指导自己日常生活中的货币行为。

（三）正确处理货币与人的关系

以上分析表明，中国特色社会主义制度保证了人不可能再做货币的奴隶，人民已经成为货币的主人。但是，几千年来形成的人做货币奴隶的思想影响深远。人们必须正确处理好货币与人的关系，使人们在思想意识上从做货币奴隶、货币驾驭人的精神枷锁中彻底解放出来，使人与人之间形成平等、和谐、互助的社会关系。构建社会主义和谐社会，实现中国式现代化，促进经济高质量发展，人民享受社会主义的美好生活，必须正确处理以下十个方面货币与人的关系：

第一，货币与平等的关系。在中国特色社会主义制度下，每个人拥有的货币数量不等，事实上，也不可能相等，但是，人们在政治上是一律平等的，在人格上都受到尊重。人格包括人的气质、性格、情感、自我调控等，没有高低贵贱之分。人们不可能再受货币的欺压、奴役和掠夺，不会再像过去人类历史上阶级社会那样。人民已经是货币的主人，不再是货币的奴隶，人们必须从做货币奴隶的精神枷锁中解放出来。这是政治上的平等。

第二，货币与等价的关系。在市场经济中，商品交换实行等价交换的原则，等价交换也是货币交换的根本原则，劳动对等则是等价交换的核心。只有遵循等价交换的原则，人与人之间的关系在经济上才能是平等的。这是经济上的平等。

第三，货币与致富的关系。在中国特色社会主义制度下，人们只有通过自己的辛勤劳动、工作，充分发挥聪明才智，发挥创造性和积极性，才能致富。劳动致富是唯一正确的道路，对企业、集体、单位的领导来说，还要充分调动全体员工工作的积极性、创造性，走共同富裕的道路。社会主义制度的根本目标，就是要使全体人民共同富裕，消除贫富两极分化，最终达到共同富裕。因此，只有通过辛勤的劳动和工作，才能赚到更多的货币，这是获得更多货币、致富的唯一正确的道路。这是机会上的平等。

第四，货币与市场竞争的关系。市场经济中存在着各经济主体在平等的前提下的自由竞争，竞争是各经济主体为了生存和发展的利益，通过市场的优胜劣汰的较量体现出来的，这种竞争包括生产者和经营者为追求利润最大化而展开的生产和销售的竞争，包括消费者为获得物美价廉的商品而展开的购买的竞争，还包括生产者、经营者和消费者之间的竞争。市场促进生产力发展和调节社会资源合理有效配置的作用也是通过竞争得到发挥的。因此，竞争能够促进市场主体努力采用先进的技术设备，改善经营管理，提高劳动生产率，根据市场需求调整生产结构，促进社会资源在各经济部门之间合理流动，实现优胜劣汰，促进经济高质量发展。但是，竞争不只是为了赚钱，如果把赚钱作为唯一的目标，进而采取不正当的手段进行竞争，那就把竞争引上了邪路。

第五，货币与理想的关系。实现中国式现代化和中华民族伟大复兴，是我们每个人为建设中国特色社会主义而奋斗的方向、目标，是我们共同的理想。在社会主义市场经济条件下，我们的经济生活离不开货币，要坚持劳动致富，要把通过劳动获得货币的愿望融入我们共同奋斗的理想中，为实现我们共同的理想、奋斗目标而贡献自己的力量，付出更大的努力，千万不能脱离我们共同的理想、奋斗目标，而只想着挣钱，那样是走上了挣钱的邪路。

第六，货币与友谊的关系。在社会主义大家庭里，我们的劳动、工作、生活不是一个人单独进行的，不能离开与别人的互助合作。要坚持互助合作求共赢，凝心聚力谋发展。一个人想在事业上取得好的业绩，固然要靠自己的努力，但是，也需要与他人相互协作，共同努力，这样才能把事情做好。奋斗需要友谊，友谊使我们增强了劳动、工作的信心，增添了力量。因此，在社会主义市场经济条件下，我们劳动、工作、生活离不开货币，只有帮助别人赚钱，自己才能赚钱，有钱要大家赚。人们要把互助、友谊看得很重要，甚至在一定条件下比货币更重要。

第七，货币与和谐的关系。构建社会主义和谐社会，是中国特色社会主义的本质属性，是国家富强、民族振兴、人民幸福的重要保证，反映了建设富强、民主、文明、和谐的社会主义现代化国家的内在要求，体现了全党、全国各族人民的共同愿望。我们要正确处理货币与和谐的关系，一切货币行为都要有利于构建和谐社会，这也反映了我们自身思想道德素质的进一步提高，以及人际关系的进一步改善。也就是说，在社会主义市场经济中，货币本来就涉及很多方面，我们不能仅从经济上考虑问题，而是要从政治上，以及人际关系、家庭、社会的和谐等方面全面考虑问题。

第八，货币与家风的关系。国之本在家，有家才有国，有国才有家，小家连着大家，连着国家。国家富强，民族复兴，最终要体现在千千万万家庭都幸福美满上，体现在亿万人民生活不断改善上，家和万事兴，千家万户都好，国家才能好，民族才能好。青少年是家庭的未来，更是国家的未来和希望，家庭应该承担起教育后代的责任，要树立良好的家风，父母应注重言传身教，身体力行，成为子女的表率，父母对子女从小就应进行正确对待货币的教导，树立正确的货币观，要从娃娃抓起，仍然要大力提倡拾金不昧的精神，培养诚实、正直、善良、有道德的青少年。优良的家风为青少年正确对待货币奠定了思想意识、行为的基础。

第九，货币与勤俭节约的关系。勤俭节约是劳动人民的本色，劳动人民在劳动中深刻体会到"粒粒皆辛苦"。勤俭节约是中华民族的传统美德，节俭是天然的财富，奢侈是人为的贫困。因此，无论挣得多少货币，都应该勤俭节约，不能铺张浪费，浪费是可耻的行为。勤俭节约、艰苦奋斗才是我党的优良传统，在革命老区，过去提倡节约每一个铜板，支援前线。现在越是富裕，越是有钱，越要注意勤俭节约过日子。

第十，货币与正道的关系。"君子爱财，取之有道。"有才德的人从正道得到财物，不要不义之财，也就是说，君子可以挣货币，但要从正当的途径获取，不能走歪门邪道。通过自己辛勤劳动得到的货币就是从正道挣来的货币，不是通过自己辛勤劳动得来的货币就是不义之财，也就是说，不劳而获得到的货币，无论是通过什么途径和方式，肯定是不义之财。千万不要相信什么钱都可以赚的谬论，不是自己劳动得来的钱，不是正道赚来的钱，千万不要伸手，一定要分清楚是正道还是邪道，不是从正道赚来的钱，有了第一次，就可能有第二次，会逐步把自己引上邪路，最后酿成悲剧，悔恨终生！

从以上分析可知，在社会主义市场经济中，人要做货币的主人，不要再做货币的奴隶，人必须彻底从过去做货币奴隶的精神枷锁中解放出来。只有正确认识和处理以上十个方面货币与人的关系，才能逐步进入人驾驭货币的新的思想境界。

（四）开始了人驾驭货币的新时代

人驾驭货币论阐述了人驾驭货币的根本原因、条件、内容、背景，人是主体、货币是客体。历史上货币驾驭人的时代一去不复返了，开始了人驾驭货币的新时代。

第一，人驾驭货币是历史发展的客观必然。在阶级社会里货币始终驾驭人，只有在社会主义制度下，人民当家作主，人民才成为货币的主人，主人必然要驾驭货币，这是历史发展的客观规律，这是历史唯物主义的科学结论。

第二，把人与货币的关系彻底理顺过来。自从货币产生以后，人与人之间的关系表现为物与物的关系，把一切人的关系当作物的关系来反映，把人与物的关系、人与货币的关系颠倒了，物统治人，货币统治人，货币奴役人。在社会主义制度下，社会生产关系发生了根本变化，因此要把这种货币统治人、货币驾驭人的关系彻底理顺过来。

第三，逐步清除重货币、轻真情的观念。重货币、轻真情产生的根源是人们受到货币驾驭人的思想的影响，只有把人们的思想意识理顺过来，使其适应社会主义社会生产关系大变革的需要，人才能驾驭货币。

第四，我国社会主义社会具备了人驾驭货币的物质和精神条件。我国已经建成小康社会，脱贫攻坚取得了决定性胜利，人民生活显著改善，城乡居民收入有较大幅度增长，这为人驾驭货币奠定了物质基础。人的思想觉悟大大提高，精神面貌发生了深刻变化，思想、道德、文明建设广泛开展，这为人驾驭货币奠定了精神基础。

第五，人驾驭货币是社会主义制度下人对货币作用的具体表现。人是社会生产力中最活跃、最积极的因素。人是活的，人发挥聪明才智将会极大地提高劳动、生产、工作的积极性和创造性，这有助于货币对经济和社会、对人发挥更大的作用，而且这种作用是无法估量的。

以上分析表明，我国进入了人驾驭货币的新时代，但是，人的思想往往落后于客观实际，不是所有的人都能跟上时代前进的步伐，人们必须正确处理好货币与人的上述十个关系，逐步清除过去货币驾驭人的思想影响，这样才能逐步进入人驾驭货币的新时代。目前已经有许多思想解放的人进入了人驾驭货币的新时代，享受了社会主义的美好生活。先进要带后进，先进要帮后进，使更多的人早日进入人驾驭货币的新时代，让更多的人享受社会主义下的快乐、幸福生活。

（五）精神财富越来越重要

在社会生产力发展水平比较低的条件下，人的第一需要是生存，人生存需要生活资料，物质是生存的基础，因此物质财富显得十分重要。随着社会生产力的发展，人类生产的社会财富逐步增加，但是，在阶级社会里社会财富集中在少数统治阶级手中，广大劳动者的社会财富仍然匮乏，物质财富仍然显得十分重要。

　　我国脱贫攻坚已经取得全面胜利，全面建成了小康社会，全体人民正在为实现中国式现代化而奋斗，正在走向共同富裕。我国进入新发展阶段，发展基础更加坚实，发展条件发生深刻变化，全面深化改革取得重大突破，我国社会主义制度的优势进一步彰显，但进一步发展面临新的机遇和挑战。在这种形势下，需要贯彻新发展理念、构建新发展格局，精神财富在其中显得越来越重要。精神作用也就是人的意识作用，物质是第一性的，意识是第二性的，但意识对人具有能动作用，也就是人心理上意识的能动性，这种精神作用越来越重要，因为这种作用可以指挥人的一切行为。我国进入了新时代，进入了精神财富显得越来越重要的时代。精神力量在认识和改造客观世界的过程中能够转化为物质力量，这种转化为物质的力量是巨大的，而且所有的物质力量都是由人掌控的，没有人，物质力量很难发挥作用。

　　精神作用、精神力量是一种精神财富，物质是基础，但是，精神财富却显得越来越重要。物质能否给人带来享受和快乐？货币能否给人带来享受和快乐？快乐是人的心理作用，快乐与否不仅由物质决定，更重要的是由人的心理决定。如果人没有精神财富，有货币也不一定快乐，有时还恰恰相反，货币挣得越多，不快乐也越多，烦恼越多。货币是物，精神是魂，魂不快乐，货币再多也白搭。因此，货币与快乐的关系，是物与魂的关系，货币的来源越干净，精神也会越愉快。在社会物质财富比较充裕的情况下，精神财富显得越来越重要，这是新时代物质财富与精神财富关系的新变化，也是货币与快乐关系的唯物主义辩证法。

四、人驾驭货币论的理论意义和实践意义

　　人驾驭货币论根据马克思主义历史唯物主义的社会历史观和马克思主义的本体论，总结了人类历史上货币与人关系的历史经验，系统地阐述了在中国特色社会主义制度下人驾驭货币的原因、条件、内容、背景、实质、作用，这是历史唯物主义在人与货币关系中的具体运用。人驾驭

货币论具有重要的理论意义和实践意义。

人驾驭货币论的重要理论意义如下：

第一，指出了千百年来货币驾驭人的旧时代已经结束，旧时代货币给广大劳动人民带来的压迫感、压抑感、痛苦感、剥削感不存在了。这是人类历史上翻天覆地的变化，货币不再统治人、指挥人，而是人统治货币、指挥货币。

第二，指出了在中国特色社会主义制度下，是人驾驭货币，而不再是货币驾驭人，广大人民群众真正享受到货币带来的快乐与幸福。

第三，指出了货币本质发生了新变化。货币的本质反映了人与人之间的关系。人驾驭货币论把货币与人的关系、人与人之间的关系理顺过来，这必然反映为货币本质发生了飞跃式的新变化。

人驾驭货币论的重要实践意义如下：

第一，人们从此不再被货币驾驭，从精神上结束了货币驾驭人而带来的痛苦、压抑，从被货币驾驭的痛苦中解放出来。

第二，人驾驭货币论指出了人们今后在精神上努力的方向、目标，这就是自己解放自己，把自己从过去被货币驾驭的阴影中解脱出来。

第三，清除货币驾驭人的旧思想、旧观点、旧作风，使自己真正从货币驾驭人的思想中解放出来，做货币的主人。从货币与人的关系上来说，这是人的精神上的大解放、思想上的大解放。

人驾驭货币论是我提出的第十五个货币创新理论，请读者批评指正。

复习思考题

1. 为什么货币能够统治人？

2. 通过对人类历史上货币统治人的回顾，你有哪些体会？

3. 为什么货币统治人的思想影响这么深远？

4. 你认为应该如何正确处理货币与人的关系？

5. 在日常工作和生活中还有哪些货币与人的关系需要正确处理？

6. 关于人驾驭货币论你有什么体会?

7. 简述人驾驭货币论的理论意义和实践意义。

8. 为什么说精神财富越来越重要? 请结合实际阐述货币与快乐的关系。

第十四章　货币与社会生产关系

社会生产关系离不开货币，因此，研究货币离不开社会生产关系。要想认清货币的本质及其作用，必须研究货币体现出的不同的社会生产关系，这样人们才能真正掌握货币的本质和作用。

一、历史唯物主义指出人类社会的两大基本矛盾

历史唯物主义是关于人类社会一般发展规律的科学，是唯物辩证法的科学历史观。它作为思想发展，特别是社会思想发展中最伟大的成果，构成了马克思主义哲学不可分割的、相对独立的重要组成部分。

社会的基本矛盾，首先是指生产方式内部的矛盾，即生产力和生产关系的矛盾，这一矛盾推动生产方式本身的发展；其次是生产关系作为社会的经济基础，同社会的政治、思想等上层建筑的矛盾，这一矛盾进一步说明了生产方式的发展决定整个社会的发展。

生产力和生产关系的矛盾、经济基础和上层建筑的矛盾是人类社会的基本矛盾，这是由以下原因决定的：首先，这两对矛盾所涉及的三个方面，即生产力、生产关系和上层建筑构成了社会生活的基本领域，构成了整个社会的基本结构。其次，这两对矛盾贯穿于人类社会发展的始终。最后，这两对矛盾运动中体现了社会发展的最基本规律，即生产关系一定要适合生产力状况的规律和上层建筑一定要适应经济基础的规律，形成了社会发展、社会形态由低级到高级的一般规律。

在社会基本矛盾运动中，相对于经济基础和上层建筑的矛盾来说，

生产力和生产关系的矛盾更是根本。因为社会历史发展最终决定的力量是生产力，同时，我们还必须了解经济基础和上层建筑的矛盾及其运动，这样才能深入地、全面地把握人类社会的发展和变化规律。

二、生产力

生产力是人们解决社会同自然界矛盾的实际能力，是人类征服和改造自然使其适应社会需要的客观物质力量。生产力是客观的，这是因为它是一种不以人的意志为转移的既得的力量，生产力是前人实践活动所创造的客观物质结果，是人类社会继续前进的出发点。

生产力是参与社会生产和再生产的一切物质的、技术的要素的总和。劳动对象、以生产工具为主的劳动资料和从事社会劳动的劳动者构成生产力的基本要素。劳动对象是在劳动过程中所能加工的一切物质对象，自然界是可能的劳动对象的总和。劳动对象是指人们通过自身劳动对之进行加工，使之变为使用价值用以满足社会需要的那一部分物质资料。劳动对象是生产力的基本要素之一，这是它在生产中的地位和作用决定的，因为劳动对象是进行物质生产的前提，没有劳动对象也就没有物质生产。劳动对象是人类征服自然的程度和生产力发展状况的标志之一，不同的劳动对象直接影响生产力的发展水平。劳动资料是构成生产力不可缺少的主要要素，它以生产工具为主，是人们在劳动过程中用来改变或影响劳动对象的物质资料或物质条件，人通过劳动资料对自然界发生作用，改造和影响劳动对象，从而生产出社会需要的产品。生产工具是最主要的劳动资料。

生产力要素中的劳动者是指有一定生产经验和劳动技能的人，是运用劳动资料作用于劳动对象的人。劳动者是生产力中的主导因素，是首要的生产力。

根据以上分析，生产力三要素是指劳动对象、劳动资料、劳动者。科学技术在生产力发展中具有重要的地位和作用，科学技术的发明和创造往往引起生产工具、劳动对象和广大劳动者素质的重大变革，科学技术在越来越大的程度上转化为直接的生产力，推动生产力的发展。

三、生产关系

生产总是社会的生产，是在一定的社会关系中进行的。生产关系具体体现在生产、分配、交换和消费四个环节中，构成一个统一整体的各个环节或方面。

我们可以从三个方面把握生产关系的构成，即生产资料的所有制，人们在生产中的地位和交换关系，产品分配关系以及由它直接决定的消费关系。因此，生产关系是一个多层次的复杂经济结构，是内部诸环节或诸方面相互联系、相互制约的有机统一体。

在生产关系的复杂体系中，生产资料所有制是最基本的、决定性的方面，是生产关系的基础。

第一，生产资料所有制是指生产资料和人的结合方式，其实质是生产资料归谁所有，由谁支配，这是社会生产关系中最本质、最基本的关系。正是生产资料所有制的形式，把人和物结合起来形成生产力。生产方式是生产力和生产关系结合的统一，生产力是它的内容，生产关系是两者结合的形式。

第二，生产资料所有制关系的性质、人和物结合的具体方式和方法是区分社会经济结构、经济制度的基本标志。人类社会经历了不同的社会制度，主要划分依据就是生产资料所有制关系的不同形式、人和物结合的具体方式和方法。

第三，生产资料所有制的关系，决定生产关系的其他环节和方面，其实质上都是在这一最基本的关系上建立起来的。人们在生产过程中的地位和相互关系取决于人们对生产资料的占有关系，谁占有生产资料，谁就占据统治和支配他人的地位，就具有剥削他人的资本和手段。因此，私有制是劳动人民受剥削和奴役的根源。生产资料所有制又和由它决定的人们在生产过程中的地位、关系一起，决定了产品分配的形式。

生产关系诸环节和方面是相互联系的，生产、交换、分配、消费是由生产资料所有制性质决定的，但是其对生产资料的所有制也起着重要的制约和影响作用，表现为生产资料所有制关系需要通过生产、交换、分配和消费来实现。

四、社会生产关系中的货币关系论

根据以上对社会生产关系的分析，以及回顾人类历史上社会生产关系的实践可知，在货币与商品存在的社会，社会生产关系离不开货币关系，货币关系离不开社会生产关系。我提出了社会生产关系中的货币关系论，主要观点如下。

（一）生产资料所有制是社会生产关系的基础

第一，生产资料所有制是指生产资料归谁所有，由谁支配。在货币与商品存在的社会，劳动者和生产资料的结合只有通过货币才能进行，只有通过货币才能衡量生产资料的价值。因此，只有通过货币才能把这种人和物相结合的形式搞清楚。

第二，生产资料所有制关系的性质、人和物结合的具体方式和方法是区分社会经济制度的基本标志。在货币与商品存在的社会，既要看生产资料的使用价值，又要看生产资料的交换价值，而生产资料的交换价值是通过货币来表现的。

第三，人们在生产过程中的地位和相互关系取决于生产资料所有制，就是谁占有生产资料，谁就占据统治和支配他人的地位。在货币与商品存在的社会，占有生产资料的多少，也只有通过货币才能表现清楚。

根据以上对生产资料所有制的分析可知，在货币与商品存在的社会，只有从货币关系来分析，才能把生产资料所有制讲清楚、弄明白。

（二）社会生产关系体现在生产、分配、交换、消费中

社会生产关系具体体现在生产、分配、交换、消费这四个环节中，

它们构成一个统一整体的各个环节或方面。社会生产关系怎样具体体现在生产、分配、交换、消费这四个环节中呢？在货币与商品存在的社会，货币就是社会生产关系联系生产、分配、交换、消费这四个环节的纽带，只有这个纽带才能把社会生产关系和这四个环节联系起来，没有这个纽带就联系不起来。在严重的通货膨胀期间，这个纽带就变成了"纸带"，直接影响社会生产关系与这四个环节的联系。

（三）货币能够传情

货币是物，本身是没有感情的，但是，货币这个物不是普通商品，而是商品世界中的特殊商品，货币是一般等价物、财富的代表，人人都能够接受它，人人都喜爱它，人人都使用它，人人都持有它，货币在人与人之间的关系中传递人与人之间的感情。在阶级社会中，从社会生产关系来说，货币传递的是剥削者蔑视、鄙视、轻视被剥削者之情以及被剥削者对剥削者反抗、仇视、愤怒之情。这两者是对立的，货币传递的是敌对之情，有时是假惺惺之情，这里没有丝毫人间真情。人是有感情的，没有任何感情的人是不存在的，因此，只有在社会生产关系中增加人的感情这个内容，才能使我们全面地、深刻地理解社会生产关系的内涵。剥削者向被剥削者传递的货币之情表现为狰狞的面孔、冷酷的眼神，是对被剥削者精神上的虐待和思想上的折磨，这种精神上的虐待和思想上的折磨给被剥削者带来的痛苦有时甚至超过物质上的贫困带来的痛苦，使被剥削者终生难忘。

根据以上分析，在阐述阶级社会里的社会生产关系时，不应该停留在物质上的剥削和被剥削的关系上，而应该增加新的内容，即精神上的折磨和虐待给被剥削者带来的痛苦，这种痛苦有时甚至超过物质上的贫困带来的痛苦，这样才能全面地、深刻地阐述阶级社会的社会生产关系。

在中国特色社会主义制度下，社会生产关系传递人与人之间的互助合作之情，传递人世间的真情，真情是人与人之间货币感情中的真、善、美，真情比货币更珍贵。

（四）在社会生产关系的表述和讲解上不能离开货币关系

在市场经济条件下，讲社会生产关系，不能离开货币关系；讲货币关系，不能离社会生产关系，两者是密切联系的，是不可分割的。

如果离开了货币关系讲社会生产关系，则讲不现实，讲不真实，讲不深入。

第一，讲不现实。在社会生产关系中，生产资料是社会生产关系的基础，谁占有生产资料多，谁就可以统治和奴役别人。但是，谁占有生产资料多，多多少；多少算是资产阶级，多少算是无产阶级；资产阶级剥削了无产阶级多少剩余价值，在市场经济条件下，离开了货币，离开了人与人之间的货币关系，就讲不现实。因此就不能揭露资本主义制度的剥削本质。这就为资本主义制度表面上平等、实际上不平等，表面上自由、实际上不自由，表面上公平、实际上不公平，表面上合理、实际上不合理的假象制造舆论，因为资产阶级一直鼓吹资本主义社会是平等、自由、公平、合理的社会，资本主义制度和自然现象一样，是永不改变的。

第二，讲不真实。在社会生产关系中，生产资料占有是区分社会各阶级的唯一标准。但是，哪些人算是资产阶级，占有多少生产资料；哪些人没有生产资料，算是无产阶级；资产阶级剥削了无产阶级多少剩余价值，离开了货币，离开了货币关系，就讲不真实。在发达的资本主义社会，社会生产力有了较大的发展，资产阶级鼓吹这里丰衣足食，人人都过上幸福生活，这里没有阶级之分，更没有剥削，欺骗广大劳动人民。因此，必须通过货币揭露资本主义制度真实的面目，让货币数据说话，这才是真话，才是真实情况。

第三，讲不深入。在货币与商品存在的社会，研究和分析社会生产关系的各个领域、各个方面、各种关系、各种形式离开了货币数据，离开了货币关系，就不可能把社会生产关系讲深入、分析深入。因为在商品与货币存在的社会，特别是在市场经济条件下，社会生产关系和货币关系存在着复杂的内在联系，离开了货币关系讲社会生产关系，就讲不深入。

从以上分析可知，社会生产关系中的货币关系论具有重要的理论意义和实践意义。

社会生产关系中的货币关系论是我提出的第十六个货币创新理论，请读者批评指正。

复习思考题

1. 人类社会的两大基本矛盾是什么？
2. 什么是生产力？
3. 什么是生产关系？
4. 社会生产关系中的货币关系论包括哪些内容？
5. 你对社会生产关系中的货币关系论有什么看法？

第十五章　货币与货币意识的关系

现实世界是统一的物质世界，物质是第一性的，意识是第二性的。因此货币是第一性的，货币意识是第二性的，这是唯物主义哲学的基本观点。研究货币离不开货币意识，研究货币意识离不开货币，我们必须从唯物主义哲学的这个基本观点出发研究货币与货币意识的关系。

一、货币意识

意识是一种觉知，即人们觉察到某些现象或事物。意识是一种高级的心理功能，意识对人的身心起统合、管理和调控的作用。意识意味着清醒、警觉、觉察、注意、集中等。意识是一种与物质相对立的精神实体。物质决定意识，意识是客观存在的反映。有货币的存在，就存在货币意识。

货币意识是现实的货币，即手中的货币和市场上的货币对人神经系统的刺激。世界上一切物质都具有反映这个特性，货币意识就是现实货币特性在人脑中的反映，但是，货币意识不是现实货币本身，货币意识具有精神现象的特征，是现实货币的主观反映，是人的主观世界所特有的。就其反映的形式而言，货币意识是主观的；就其反映的对象和内容来说，又是客观的，因此，货币意识体现了客观和主观的统一，这主要表现在以下三个方面：

第一，从货币意识的主观形式和客观内容来分析，货币意识是由各种反映形式共同组成的完整体系，包括感觉、知觉、表象等感性认识和概念、判断、推理等的理性认识。无论是感性形式还是理性形式，都是人的主观世界所特有的，但是，感性认识和理性认识所反映的内容和对象——货币，却是客观的。

第二，从货币意识的主观差别和客观根源来分析，货币意识反映的是现实生活中的货币和货币的运行过程，但是，不同的人有不同的反映，这表现为货币意识的主观性。每个人的货币意识都是不同的，甚至有根本的不同，这正是体现了货币意识的主观性。

第三，从货币意识的主观特征和客观基础来分析，货币意识不仅表现为对现实货币的近似摹写，而且可能表现为与现实货币毫不相干的虚幻的、荒诞的观念形态，有的人白天做黄金梦，做千奇百怪的黄金梦，但是，即便是扭曲的、颠倒的主观映像，也毕竟是对现实货币的主观反映。

货币对货币意识的决定作用和货币意识对货币能动的反作用这两个方面是辩证的统一。货币意识对货币、经济的能动反作用表现在以下三个方面：

第一，货币意识活动的目的性和计划性。货币意识对手中货币的增减变化产生一定的作用，包括预定的蓝图、目标、活动方式和步骤等，这种能动作用是手中的货币所没有的。不仅如此，货币意识还通过实践把预定的蓝图、目标、活动方式和步骤等变为现实，通过实践把观念的东西变为现实。

第二，货币意识活动的主动性和创造性。货币意识对货币的反映，是一个能动的创造性过程，货币意识不仅能够反映货币的外部现象，而且能够由感性认识能动地上升到理性认识，反映货币的本质和规律，从而让人们正确地认识货币及其运行规律，以及如何正确地获得货币，如何正确花费货币，发挥每一个单位货币的最大效用，达到自己最大的满意程度。

第三，货币意识活动对客观世界的改造作用。货币意识的能动性不仅在于使人们在实践中形成正确的思想，更重要的是表现为以这些正确的思想和理论为指导，通过实践把观念的东西变成现实，用正确的思想指导货币金融的实际工作，这对金融工作者来说更为重要。

人的货币意识是一种精神力量，要使它变为现实的物质力量，必须通过人的实践，借助货币的力量才能达到，这表现在以下三个方面：

第一，货币意识的能动作用是通过实践来实现的。货币意识能动作用的实现过程也就是货币意识的物化过程。这个物化过程是双重的，把观念的东西转化为货币活动，通过实践使主观的东西见之于客观，使客观世界发生合乎人的目的性的改变；货币意识通过实践能动地认识世界，又通过实践能动地改造世界。实践是发挥货币意识能动作用的过程，实践是主观反作用于客观的基本途径。

第二，货币意识的能动作用能否得到正确的发挥，是以能否遵循货币运行的客观规律为前提的。如果有正确的思想作指导，反映事物的本质和规律，货币意识就会通过人的实践活动将蓝图、目标、步骤和方法逐步变为现实，把人们引向健康的、美好的、富裕的生活；反之，如果不是这样，用错误的思想作指导，违背货币的运行规律，在实践中就会到处碰壁，人们会走上邪路，甚至面临灾难。

第三，货币意识能动作用的发挥，还依赖一定的物质条件和物质手段。认识世界是这样，改造客观世界更是这样。也就是说，货币意识能动作用的发挥还要依靠现实的货币。

人们往往重视手中看得见的货币，因为这是现实的货币，不重视看不见的货币意识，不重视货币的意识形态。其实，如果手中的货币发生了差错，最多也就是造成经济上的损失，当然，这要尽量避免。如果人们不重视自己的货币意识，则一旦发生错误，人就可能走上邪路，甚至面临灾难，从而改变整个人生。贪污行为就是人们不重视自己货币意识导致的结果。

二、货币意识论

根据以上分析，我提出货币意识论，主要观点如下。

（一）提高货币意识水平

人的一切行为都是由人的大脑指挥的，大脑是人的一切行为的指挥部，货币行为也是如此，也是由人的大脑指挥的。正如前文所指出的，人的大脑指挥人的货币行为，通过人的货币行为将预定的蓝图、目标、步骤和方法等逐步变为现实。因此，人们必须牢牢记住人的货币意识决定人的货币行为。

在日常经济生活中，人们往往重视手中的货币，而忽视自己的货币意识。往往一提起货币，人们就只知道、只关心手中看得见的货币，而忽略了自己脑中的货币意识。其实，人脑中的货币意识是因，手中看得见的货币是果，两者是因果关系。因是看不见的，果是看得见的。看不见的货币意识谋划、思考并付诸行动，才有手中看得见的货币这个果。人们必须牢牢记住这两者是因果关系。

看不见的货币意识有着更大的看不见的重要性。在日常经济生活中，人们对手中看得见的货币的重要性的认识是很深刻的，是不会忘记的，手中看得见的货币这个月进账多少，支出多少，结余又是多少，银行存款增加或减少多少，算得一清二楚，唯恐算错了，搞丢了，这是生活中的头等大事。可是，对于脑中看不见的货币意识，则很少过问，很少思考。殊不知手中看得见的货币出现差错，只会造成经济损失；脑中看不见的货币意识如果出现差错，则是思想上的大错，甚至会搞得家破人亡。因此，人们必须牢牢记住脑中看不见的货币意识有更大的看不见的重要性。

看得见的货币和看不见的货币是物和魂的关系。手中看得见的货币是现实的货币，包括各种图案、数字、颜色的现金以及银行的储蓄存单、数字货币等，它们都是物，是统一的，它们似乎是活蹦乱跳的，但其实货币的物是死的。脑中看不见的货币意识是人的魂，是活的。每个人脑中的货币意识是不一样的，甚至是千差万别的。因此，一定要经常地、长期地提高自己的货币意识，管好这个魂，不能出任何差错，因为一旦出了差错，就是大错，就是人丢了魂，人如果丢掉了魂，那就什么大错都可能会犯，因此，人们必须加强货币意识的提高和锻炼。

提高自己的货币意识需要长期的锤炼，这是一个艰巨的任务，是一个长期的思想意识的提高和锻炼的过程。人们要经常检查自己的思想，清理自己的思想，而且要长期坚持，不断提高自己的思想觉悟，提高思想修养、文化修养、道德修养、人品修养，这是一个千锤百炼的过程。人们要树立正确的货币观、人生观、世界观，让提高货币意识的效果在实践中看得见。

（二）增强货币意识

在社会主义市场经济下，人们要不断增强货币意识。意识形态是一种观念的集合，是观念、观点、概念、思想等要素的总和。社会意识是社会存在的反映，是人们对物质生活、人与人的关系及其过程在观念中的反映，社会意识包括社会上人的一切意识要素和观念形态，它是全部社会精神生活及其过程的总概括。个人意识是个人独特的社会经历与社会地位的反映，是个人在社会中与他人交往关系的反映。个人意识和社会意识存在密切的联系，是不可分割、相互作用的。增强个人货币意识，有助于实现中国式现代化、经济高质量发展，能够促进共同富裕，有利于建设和谐社会，并确保个人和家庭的幸福和快乐。

要增强四个货币意识，即劳动的货币意识、等价的货币意识、清白的货币意识、主人的货币意识。

劳动的货币意识。货币是一般等价物，只有通过劳动才能获得货币；货币是财富的代表，是多年劳动成果的积累。只有劳动才能致富，劳动是硬道理，不想通过劳动获得货币都是走歪道，这是两条根本不同的道路。增强劳动的货币意识，人们就能为我国全面建成社会主义现代化国家的第二个百年奋斗目标多作贡献，就能确保个人和家庭享受货币带来的幸福和快乐。不想通过劳动获得货币，就会损害他人、集体和国家的利益，甚至会走上犯罪的邪路。

等价的货币意识。等价交换是货币交换的根本原则，货币交换必须坚持等价原则，在平等互惠的基础上进行交换，这是硬道理。妄想通过不等价交换获取更多的货币，这是走歪道。通过不等价交换获得货币将损害他人、集体和国家的利益，最后弄巧成拙，货币不仅不能给自己带来快乐，而且带来了恐慌和烦恼。

清白的货币意识。在市场经济中，每个人天天和货币打交道，货币的收支一定要清清楚楚，特别是工作中经手的国家的、集体的货币收支一定要清清白白，不能相差分毫，这是硬道理。任何想在集体、国家货币收支中找空隙、捞好处都是歪道，伸了一次手，就可能伸第二次、第三次……结果是整天提心吊胆，最后把自己引上了犯罪的道路。

主人的货币意识。在社会主义制度下，人民是国家的主人，人民是货币的主人，必须增强主人的货币意识，人要驾驭货币。但是，人们的意识往往受到历史上意识形态的影响，几千年来货币驾驭人的思想影响依然存在，必须彻底清除。只有彻底清除历史上各种货币驾驭人的思想影响，人才能从过去货币驾驭人的枷锁中解放出来，人才能成为货币的主人，人才能驾驭货币，享受货币带来的快乐和幸福。

中国特色社会主义制度的建立，是中国社会意识形态发展史上空前未有的一次伟大飞跃，社会意识形态的进步，促进了社会精神文明极大发展。实现社会主义现代化的宏伟蓝图，就是要实现经济高质量发展，实现中国式现代化，要建设高度发达的物质文明和精神文明。每个人只有增强上述四个货币意识，才能为实现社会主义现代化的宏伟蓝图多作贡献，才能使自己和家人拥有货币带来的获得感、快乐感、幸福感、安全感，使货币给人们带来真正的快乐和幸福。

（三）货币意识和社会意识形态的关系

前文分析了个人货币意识的产生、形式、作用、调控等，这是最根本的、最重要的、最核心的。但是，个人不能独立生活、孤立存在，而是生活在社会里，是和社会密切联系的，个人离不开社会，因此，要正确认识和处理以下三个方面的关系：

第一，个人货币意识和社会货币意识的关系。个人的货币意识和社会的货币意识有着密切的联系，社会意识是社会存在的反映，是人们对社会物质生活、人与人的关系及其过程在观念中的反映。在货币与商品存在的条件下，社会货币意识是社会意识的集中、具体的表现，各种社会意识都反映在货币意识上，从社会货币意识可以透视社会意识。

个人货币意识是对货币意识的微观考察。它是个人独特的社会经历与社会地位的反映，个人货币意识是社会实践的产物。社会生活和社会关系是错综复杂的，世界上没有两个社会经历完全相同的人，因而也就没有完全相同的个人货币意识。每个人的家庭出身、生存条件、人类经历、学习经历、工作经历等不同，因此形成了不同的货币意识。货币意识这个独立性的特点，使人们在对待生活、货币时采取不同的态度，形成不同的追求，由此选择不同的人生道路。

社会货币意识是对货币意识的宏观考察。它是个人货币意识复合的产物，是一个社会、一个阶级的货币意识，是在一定程度上综合反映社会经济生活的基础上形成的货币关系在观念上的体系。个人货币意识和社会货币意识有着明显的差别，但它们又是密切联系的，两者不可分割、相互作用、相互贯通。任何个人离不开社会，任何个人的货币意识也离不开社会的货币意识，意识在本质上就是社会的。

个人货币意识和社会货币意识不仅相互依赖，而且相互作用。一方面，社会货币意识影响和作用于个人货币意识，每个人在自己的实践中总会受到周围人货币意识的影响，并且受到整个社会货币意识及其历史传统的影响；另一方面，个人货币意识又影响和作用于社会货币意识，向社会散发不同的货币氛围。

社会货币意识随着社会存在的发展而发展。社会是不断发展的，社会货币意识也是不断发展的，社会存在是不断发展进步的，社会意识也是不断发展进步的。因此，作为社会意识的重要组成部分，社会货币意识也是不断发展进步的。纵观人类历史，人们的生活、智慧、经验、知识、教育和修养等不断为社会货币意识提供新的营养，使它的发展和提高持续不断，而劳动人民的实践则是一切营养的最终来源。人类的社会货币意识在漫长的历史过程中不断改进、不断增添新的内容，是对人类历史上灿烂成果的继承和发展。劳动人民的社会货币意识主要包括辛勤劳动、劳动致富、等价交换、勤俭节约、创造财富、多劳多得、报效祖国、振兴中华。因此，我们要吸取有益的社会货币意识，抵制不良的社会货币意识。

第二，个人货币意识和社会货币心理的关系。社会心理与个人心理是对立统一的，社会心理直接与日常生活相联系，是不系统的、不定型的、自发形成的，社会心理表现为感情、风俗、习惯、成见、自发的倾向和信念等，它交织着感性因素和理性因素，以感性因素为主，不具备自觉的理性因素。因此，作为社会心理中重要的组成部分，社会货币心理表现为人们普遍的生活情绪、态度、言论和习惯，一段时期内社会货币心理影响着整个社会，影响着整个社会的货币心理状态、社会的货币情绪基调、共识和价值取向等。

社会货币心理是一种复杂的精神现象，它不可能是单一的、清一色的。在阶级社会里，社会货币心理在不同阶段呈现出不同的特点，基于每个阶段特殊的经济地位和生活方式，形成各种独特的社会货币心理，形成一定的阶级感情、思想和作风等。一定阶级的货币心理反映这一阶级的精神面貌，反映它的历史特点和发展前途。因此，社会货币心理必然影响个人的货币心理，影响个人的货币意识，每个人应以劳动人民先进的货币心理、先进的货币意识为导向，促进个人货币意识的提高，进而促进整个社会货币心理素质、货币意识水平的提高。

第三，个人货币意识和社会意识形态的关系。社会意识形态是一种高水平的社会意识，是一种系统的、自觉的、理性化、定型的社会意识，决定和影响个人的货币意识。在中国特色社会主义制度下，马克思主义是我国占统治地位的社会意识形态，是中华民族占统治地位的社会意识形态，必须持续推进马克思主义中国化、时代化，坚持把马克思主义基本原理同中国具体实际相结合、同中华优秀传统文化相结合。百年来，同中国具体实际和中华优秀传统文化相结合的马克思主义与时俱进，我们要用马克思主义的立场、观点和方法解决中国的实际问题，重振实现中华民族伟大复兴的信心，不断推进马克思主义中国化、时代化，这时时刻刻影响着每个人的货币意识。

在一定的社会形态中，往往有三种不同的社会意识形态。首先是反映这个社会占统治地位的经济制度和政治制度，并为其服务的社会意识形态；其次是旧社会的意识形态，它反映已经被消灭和正在被消灭的旧经济制度和政治制度，它为复辟旧社会制度制造舆论；最后是反映现存社会里孕育并成长着新的社会诸因素的新的社会意识形态，它为新社会的诞生呼唤，为建立新的经济制度和政治制度鸣锣开道。这三个对立的社会意识形态不可避免地展开斗争，最后一种社会意识形态将占据统治地位。正因为如此，只有这种社会意识形态才能成为新社会的精神支柱和标志，它代表人类未来的共产主义意识形态将逐步形成，它必然成为全世界、全人类统一的社会意识形态。因此，个人的货币意识必须向马克思主义中国化、时代化的最新成果学习，向人类未来共产主义社会意识形态学习。

三、货币意识论的理论意义和实践意义

第一，意识是心理学研究的中心问题之一。从人的心理状态来说，货币意识意味着对货币的注意、观察、警觉、清醒；从心理内容来说，包括对货币的体验、经验、回忆等，如货币带来的快乐、幸福、痛苦、懊恼等；从货币行为来说，货币意识支配货币行为。货币意识是一种与货币相对立的精神实体，由思想、幻想、观念等构成。

第二，货币意识的作用。货币意识是一种高级的心理功能，对个人的身心起着统合、管理和调控的作用，也就是说，货币意识不只是对货币信息的被动觉察和感知，它还有能动性和调节作用。

第三，手中的货币是看得见的货币，脑中的货币意识是看不见的货币，但脑中看不见的货币意识影响手中看得见的货币。因此，必须充分认识货币意识的重要性和能动作用，并在实践中长期努力，加强锻炼，

提高修养。

第四，人们往往注意手中看得见的货币，忽视脑中看不见的货币意识提高的重要性。这是市场经济中每个人要重视的主要危险。在社会主义市场经济中，人生的道路存在着两个坑：一是拜金主义；二是不能管好自己脑中货币意识。要警示后来人管好脑中的货币意识，不要走邪路，掉进这两个坑，要走阳光大道，为实现中国式现代化、为中华民族伟大复兴多作贡献。

第五，要增强四个货币意识，即劳动的货币意识、等价的货币意识、清白的货币意识、主人的货币意识。

第六，个人和社会货币意识进步的成果构成社会主义精神文明的一部分。精神文明对于巩固和发展物质文明有巨大的促进作用，没有一定的精神文明，物质文明的发展就要遭受破坏和窒息。我国人民对祖国的前途和命运充满信心、团结互助、尊老扶幼、遵守社会公德的风尚正在不断形成和发展。中国特色社会主义现代化的宏伟蓝图要求在迅速发展社会生产力和建设高度物质文明的同时，建设高度的精神文明，中国将以全新的精神文明屹立于世界。

货币意识论是我提出的第十七个货币创新理论，请读者批评指正。

复习思考题

1. 简述货币与货币意识的关系。
2. 简述货币意识的性质。
3. 简述货币意识的作用。
4. 简述货币意识与货币行为的关系。
5. 为什么要增强四个货币意识？
6. 简述货币意识论的理论意义和实践意义。

第十六章 心理货币

马克思主义哲学中唯物论和辩证法的统一体现在辩证唯物主义的认识论中。马克思主义的认识论是能动的反映论，它以科学的实践为基础，揭示了认识的本质和认识的过程及其规律。

一、辩证唯物主义的认识论是能动的反映论

思维和存在、精神和物质，何者是第一性的，何者是第二性的，这是哲学的根本问题。马克思主义的唯物主义坚持物质是第一性的，精神是第二性的，坚持从物质到精神这个认识论的基本观点，认为思维是对存在的反映，这就是唯物主义的反映论，唯物论的认识论和反映论都是可知论。

实践是认识的基础，我们必须掌握马克思主义哲学的实践观。实践是认识的来源、动力和目的，是检验认识是否正确的唯一标准，具体表现在以下四个方面：

第一，实践是认识的来源。人的认识是通过实践逐步形成的，认识的内容是在实践活动的基础上产生和发展的。人的认识也有间接的，但这种间接的认识也是通过别人的直接实践经验产生的。

第二，实践是认识发展的动力。人的有目的的实践活动推动人的认识产生和发展，实践的需要是推动认识在广度、深度上不断发展的根本动力，实践是认识发展的动力。

第三，实践是认识的目的。人要生存和发展，就要通过实践不断改

造自然和社会，以获取物质生活资料和创造其他生活条件，通过实践也促进了人的认识。

第四，实践是检验真理的唯一标准。人的认识是否符合认识的实际，是否具有科学性，只有通过实践才能检验。判断认识或理论是否正确，不是以主观上的感觉而定，而是以客观上的社会实践结果而定，唯有实践，才是检验认识真理性的标准，此外再也没有别的标准。

能动的反映论是认识的本质。以实践为基础的认识活动是人对客体的能动的反映活动，人对客体的能动反映是认识的本质。马克思主义哲学的认识论是反映论，反映论的基本原则是承认对象的客观实在性，承认认识能够如实地反映对象固有的性质和规律。马克思主义坚持唯物主义的反映论，就是坚持认识论的可知论，它是建立在实践基础上的能动的反映论，具体表现在以下四个方面：

第一，人的认识是以认识结构为前提的、具有选择性的反映活动。认识结构是人的头脑中由知识、经验等各种认识要素组成的结构系统，是经过反复实践在人的头脑中形成的信息性结构。在人的认识过程中，人的认识的能动性表现为对客体信息的吸取、选择、加工，只有这样人才能形成对客体的认识。

第二，人的认识是抽象、概括事物本质规律的反映活动，不仅是反映事物的现象，而且必须把握事物的本质。为了把握事物的本质和规律，就必须在实践的基础上进行思维的抽象、概括等活动，从而得出正确的认识。

第三，人类认识是以实践为基础的创造性的反映活动。在人的认识活动中，反映与创造是不可分割的。马克思主义以科学的实践观为基础，把认识的反映特性与创造性有机统一起来，以能动的反映论阐明了认识活动的本质和规律。

第四，人的认识和思维是不断探索、不断丰富、不断反思、不断深化的过程。

以马克思主义哲学认识论的反映论为指导，我们对人的心理货币的认识不断深化，不断提高，不断充实，并进行不断的反思。这是联系人们日常经济生活的实践，以实践为基础得出来的心理货币的创新理论。

二、心理货币和货币的关系

货币是物质的，物质是从各种具体事物抽象概括出来的普遍属性，物质的这一共性寓于各种具体实物的个性之中，没有脱离各种具体实物存在的物质。货币是一般等价物、是财富的代表，这就是货币的属性，包括每个人手中的货币和流通界的货币，这是看得见的货币。

货币是一般等价物，有货币就可以在市场上购买商品或享受服务。货币是财富的代表，货币多的人就是有钱人，就是富人，甚至是富豪。不仅一个人的生活水平高低由手中货币的多少决定，甚至个人的社会地位、名誉、权力等也是由手中掌握的货币多少决定的。

货币是市场经济活动的核心，一切经济活动都离不开货币。一个人经济上宽不宽松、富不富裕，就是看其手中货币有多少，包括手中的现金、存款、债券、股票、数字货币等。这些货币是看得见的货币，说明手中的货币有很强的现实性。

手中的货币具有个人所有权。个人手中的货币只要是合法收入，都受到国家法律的保护，任何人不能侵犯。个人手中的货币是个人劳动、工作或经营的成果，完全由个人支配和使用，任何人无权干涉。

上述货币是物质这一最本质的特性，指出了货币对心理货币的独立性、根源性，心理货币对货币的依赖性、派生性；指出了货币是第一性的，心理货币是第二性的；指明了货币与心理货币的关系，以及各自的地位和作用。

心理货币是人心理上特有的反映，这个特有的反映表现在以下五个方面：

第一，心理货币的过程。人的心理货币是在时间上展开的，通过货币的认知过程、货币的动机过程、货币的行为过程等反映出来。人们看货币，先是用眼睛接受货币的刺激，然后经过神经系统加工，把货币刺激转化为神经冲动，从而觉察到心理货币的存在。接着将心理货币从它所在的环境或背景中区分出来，最后确认这是心理货币，是货币在人们心理上的反映。

第二，心理货币的结构。心理货币的现象是很复杂的，各种现象之间存在一定的联系。心理货币的结构是构成心理货币的基石，包括货币感知、思维、情感、意志等，它们共同构成人的心理货币。

研究心理货币的结构，就是研究心理货币产生的各种现象之间的联系和关系，这有利于增强对心理货币的整体及各个组成部分的认识，有利于掌握心理货币各个部分的作用。这是研究心理货币的一项重要任务。

第三，心理货币的人脑机制。心理货币是人的神经系统的机能，特别是脑的机能，因此，一个健康发育的神经系统是心理货币产生、发展的物质基础。当神经系统尤其是脑组织某些部位受到损伤时，心理货币就会出现异常。在这方面与物质的货币是不同的。

第四，心理货币的发生与发展。人的心理现象是进化过程的产物，脑的发育为心理货币的发生和发展提供了物质基础。在人生不同的年龄阶段中，心理货币有着不同的特点。因此，研究心理货币的发生、发展也是研究心理货币的重要任务。在这方面与物质的货币是不同的。

第五，心理货币与环境的关系。心理货币与人所处的环境有着密切的联系，这里包括自然环境和社会环境，环境的变化会影响心理货币。因此，研究心理货币与环境的关系也是研究心理货币的一项重要任务。在这方面与物质的货币是不同的。

以上对货币和心理货币关系的分析充分说明了这个世界不仅存在物质货币，而且存在心理货币。心理货币的存在是和物质货币的存在同步的，但是千百年来却被人们所忽视，过去只是研究货币存在的主要方面，研究物质的货币，而没有研究心理货币，这是片面的。只有既研究物质货币又研究心理货币，才能全面地研究人的货币行为、货币活动、货币心理。因此，对心理货币的研究大有研究的领域，大有研究的前景，大有研究的理论意义和现实意义。

三、心理货币论

心理货币论的主要观点如下。

（一）心理货币的性质

人脑是世界上最复杂的一种物质，是自然界长期进化的产物。人脑包括大脑、小脑、间脑、脑干等部分。大脑的神经系统由神经细胞，即神经元组成，它是神经系统结构和功能的单位，它的基本作用是接受和传递信息。神经元是具有细长突起的细胞，它由胞体、树突和轴突三个部分组成。人脑神经元的数量在 100 亿个以上。神经元通过自己的树突和胞体接受外来冲动，并经过轴突传导这种冲动。文化是人类的产物，也是人脑的产物，人脑在文化的影响下得到发展。在人脑的进化中，语言起了重要作用，脑与语言是交互进化的。

心理货币是一种觉知，即人们觉察到某些现象或事物。心理货币是一种高级的心理功能，心理货币对人的身心起统合、管理和调控的作用。心理货币意味着清醒、警觉、察觉、注意、集中等。心理货币是一种与物质货币相对立的精神实体。

货币决定心理货币，心理货币是货币的反映，有货币的存在，就存在心理货币，理由有三：第一，人脑是心理货币产生和活动的物质基础，离开了人脑，就不存在心理货币。第二，心理货币是人脑的机能，现实货币无数次刺激人的大脑，形成复杂神经活动的生理过程，产生了心理货币。第三，心理货币的存在是现实货币在人的大脑中的反映，这种心理货币是看不见的货币。

现实的货币包括人们手中的货币和流通界的货币，这是看得见的货币。货币对人的神经系统产生刺激，世界上一切物质都具有反映的特性，心理货币就是现实货币特性在人脑中的反映。但是，心理货币不是现实货币本身，心理货币具有精神现象的特征，是人们手中货币和流通界货币的主观反映，是人的主观世界所特有的，就其反映的形式来说，心理货币是主观的，就其反映的对象和内容来说，又是客观的，因此，心理货币体现了货币客观和主观的统一，这主要表现在以下三个方面：

第一，从心理货币的主观形式和客观内容来分析，心理货币是由货币各种反映形式共同组成的完整体系，包括货币感觉、知觉、表现等感性认识和概念、判断、推理等理性认识。无论是感性形式还是理性形式，都是人的主观世界所特有的，但是，从感性认识和理性认识反映的内容和对象来说，却是客观的。

第二，从心理货币的主观差别和客观根源来分析，心理货币反映的是现实生活中的货币和货币运行过程，但是，不同的人有不同的反映，这表现为心理货币的主观性。人的心理货币差别很大，甚至有根本的差别，这正体现了心理货币的主观性。

第三，从心理货币的主观特征和客观基础来分析，心理货币不仅表现为对现实货币的近似摹写，而且可能表现为与现实货币毫不相干的虚幻的、荒诞的观念形态，有的人白天做黄金梦，做千奇百怪的黄金梦，但是，即使是扭曲的、颠倒的货币主观映像，也毕竟是对现实货币的主观反映。

从以上分析可知，在人的生理上、心理上以及人类历史中、现实生活中都有心理货币存在的证据，只是人们长期没有认识到它的存在。

（二）心理货币的作用

心理货币对经济、社会发展以及对人的作用主要表现在以下三个方面：

第一，心理货币作用的目的性。对于手中货币的增减变化而言，心理货币的作用具有一定的动机和目的性，相应地会形成蓝图、目标、活动方式和步骤等，不仅如此，心理货币还通过实践将蓝图、目标、活动方式、步骤等变为现实，即通过实践把观念的东西变为现实。因此，心理货币是看不见的货币，它指挥手中看得见的货币，决定手中看得见货币的增减变化。

第二，心理货币作用的主动性。心理货币对货币的反映，是一个主动的、能动的创造过程。心理货币不仅能够反映货币的外部现象，而且能够由感性认识上升到理性认识，反映货币的本质和规律，从而使人们正确认识货币及其运行规律，以及知道如何正确获得货币，如何正确使用货币，如何发挥每个单位货币的最大效用，达到自己最大的满意程度。

第三，心理货币对客观世界的反作用。心理货币的能动性不仅表现为使人们在实践中形成正确的思想，更重要的是表现为以这些正确的思想和理论为指导，通过实践把观念的东西变为现实，用正确的思想指导货币金融的实际工作。

人的心理货币是一种精神力量，要使它变为现实的物质力量，必须通过人的实践，并借助货币的力量才能达到。

第一，心理货币的能动作用是通过实践来实现的。心理货币的能动作用的实现过程也就是心理货币的物化过程。这个物化过程是双重的，把观念的东西转化货币活动，通过实践使主观的东西见之于客观，使客观世界发生合乎人的目的性的改变；心理货币通过实践能动地认识世界，又通过实践能动地改造世界。心理货币通过实践发挥能动作用，实践是实现主观反作用于客观的基本途径。

第二，心理货币的能动作用能否得到正确发挥，是以能否遵循货币运行的客观规律为前提的。如果有正确的思想作指导，反映事物的本质和规律，心理货币就会通过人的实践活动将蓝图、目标、步骤和方法逐步变为现实。看不见的心理货币就会逐步将看得见的货币变为现实，把人们引向健康的、美好的、富裕的生活；如果不是这样，违背货币运行的客观规律，人们在实践中就会到处碰壁，把人们引向邪路，甚至带来灾难。

第三，心理货币能动作用的发挥，还依赖一定的物质条件和物质手段。认识世界是这样，改造客观世界更是这样。也就是说，心理货币作用的发挥还要依靠现实的货币。

人们在日常经济生活中往往重视手中看得见的货币，因为这是现实的货币，不重视看不见的心理货币。其实，如果手中的货币发生了差错，最多也就是造成了经济上的损失，当然，这要尽量避免。如果人们不重视看不见的心理货币，那么一旦发生错误，人就可能走上邪路，甚至会带来灾难，从而改变整个人生。

看不见的货币指挥着看得见的货币。人的一切货币行为都是由心理货币指挥的，正如前文所讲的，看不见的心理货币通过实践将蓝图、目标、步骤和方法逐步变为现实，最终变成看得见的货币。因此，人们货币行为的"司令部"是心理货币，它决定人的货币行为，看不见的货币指挥着看得见的货币。

看不见的货币决定看得见的货币。心理货币是人们看不见的，因此，人们往往容易忽视；手中的货币是看得见的，因此，人们往往很重视。在日常生活中，人们往往会产生错觉，一提起货币，就只知道、只关心手中看得见的货币，而忽略了看不见的心理货币。其实，看不见的心理货币是因，看得见的手中的货币是果，两者是因果关系。因是看不见的，果是看得见的，只有在看不见的心理货币谋划、思考、推动下，才有手中看得见货币这个果。人们应牢牢记住这两者是因果关系。

看不见的货币比看得见的货币更重要。在日常经济生活中，人们对手中看得见货币的重要性认识是很深刻的，是不会忘记的，家里有记账本，手机上有记录，银行对账单上有记录，人们总是算了又算，唯恐发生错误。可是，对于心理货币，因为是看不见的，则很少过问。殊不知手中的货币出现了差错，只是经济上的损失；心理货币若出现了差错，那就是大错，甚至会搞得家破人亡。因此，人们必须牢牢记住看不见的心理货币比看得见的手中的货币更重要。

看得见的货币和看不见的货币是物和魂的关系。手中看得见的货币是物，包括现金、银行存款、各种货币资产等，这些都是物。而看不见的心理货币是魂。因此，人们一定要管好这个魂，不能出现任何差错，一旦魂出了差错，那就是大错。

管好心理货币，需要持续提高思想修养，这是一个长期的、艰巨的、重要的任务。手中看得见的货币是活蹦乱跳的，反而容易管好，管好的效果也容易显现。但是，管好心理货币，短期内效果往往不显著，它是一个长期锻炼和提高的过程，人们要经常检查自己，理清自己的货币心理，古人云："一日三省吾身"，管好心理货币需要长期努力，越是看不见，越要管紧、管牢、管好。要提高认识，提高修养，提高素质，提高道德水平，要树立正确的世界观、人生观、货币观。让管好心理货币在实践中看得见，不能有半点放松。

（三）心理货币与货币意识的联系和区别

货币意识是人脑发展的最高产物，是货币在人脑中的主观反映，并对客观世界产生能动的反作用。货币意识不是货币本身，其具有精神现象的特征。货币意识是"知、情、意"的统一体。"知"是指人对货币的知识和对货币的认识，是意识对货币的主观反映。"情"是指人对货币的情绪和情感等，是反映货币过程中人的主观状态，如对货币的感受、评价等。"意"是指货币意志指向某种主观货币愿望、主观货币状态。

人的货币心理活动是很复杂的，货币心理活动能适应环境和行为之间的相互作用，因此货币心理是一种变化的动态过程。我们可以把人的货币心理现象划分为心理过程、个性和心理状态三个领域。

第一，心理过程。人的心理是一种变化的动态过程，人的心理过程分为认知过程、情绪情感过程和意志过程三个方面。认知过程是一个非常复杂的心理活动过程，由对货币的感觉、知觉、注意、表象、记忆、想象、思维、语言八个要素构成。只有分析货币认知构成的要素，才能全面掌握货币认知的心理过程。情绪情感过程是人对货币是否满足自身物质和精神上的需要而产生的态度体验，它反映了货币与人的需要之间的关系，包括喜、怒、哀、乐、爱、憎、惧等。货币满足了人的需要，人就会产生积极的、肯定的货币情绪情感；反之，则会产生消极、否定的情绪情感。意志过程是指人自觉地确定目的，并克服内外部的困难，力求实现预定目的的心理过程。意志过程表现为发动和制止货币行为两个方面，即发动货币行为去实现预定的目的，制止和预防与目的不相符合的货币行为。

第二，个性。货币心理过程总是在不同人的身上发生，由于个人遗传、教育、经历等的不同，人的货币心理形成不同的特点。个性是一个人的整体面貌，它是个人货币心理活动稳定的心理倾向和心理特征的总和。

第三，心理状态。心理状态是心理活动在一段时间内出现的相对稳定的持续状态。它既具有心理过程的暂时性、可变性等特点，又具有个性的持续性、稳定性的特点。

从以上分析可知，心理过程、个性和心理状态之间是相互联系、相互影响、相互依存的关系，要了解一个人货币心理的全貌，必须把三者结合起来考察。

根据以上分析，货币意识与心理货币既有联系又有区别。两者的联系表现为都是与货币这个物发生关系，但是，心理货币、货币意识与货币发生关系，在性质上又有根本的不同，这表现在以下四个方面：

第一，货币意识是一种精神现象。精神现象是指意识、思维、神志等，精神活动是大脑各个部分的整合活动，反映货币的过程是主动的、复杂的、积极的。个人的素质、环境、教育等因素对个人精神的特征产生影响。心理货币是一种货币心理活动。人的心理货币有一个动态变化的过程，每个人的货币心理活动都是不同的，一个人在不同时期的货币心理活动也是不同的，因此，货币意识和心理货币两者的特性是不同的，两者这种特性的不同反映了心理货币与货币意识性质上的不同。

第二，人的货币意识在人生的每个阶段是相对比较稳定的，是不可能经常发生变化的。心理货币则不同，它随着主客观条件的变化而变化，特别是客观条件发生变化时，人的心理货币也是会发生变化的，人的心理货币的这种变化也反映了心理货币与货币意识性质上的根本不同。

第三，货币意识存在于人的大脑中，是在货币长期对人作用的实践中形成的。心理货币是在人的日常货币心理活动的变化中形成的，是人的货币心理活动的结果。两者的来源不同，也说明了两者在性质上是根本不同的。

第四，货币意识对货币的影响具有相对的稳定性，力度上也有相对的稳定性。心理货币对货币的作用则不同，随着主客观条件的变化，人的心理活动是会经常发生变化的，人的心理货币对货币的作用也是经常发生变化的，人的心理货币对货币的作用有一个动态变化的过程。这种作用稳定性和力度的不同，也反映了心理货币与货币意识在性质上是不同的。

（四）个人货币心理与社会货币心理的关系

以上分析了心理货币的产生、性质、作用以及心理货币与货币意识的联系和区别，这是最根本的、最重要的，是心理货币的核心。但是，个人是不能独立生活、孤立存在的，而是生活在社会里，是和社会密切联系的，个人离不开社会，这决定了个人货币心理与社会货币心理有着密切的关系。

社会货币心理是个人货币心理综合的产物，是综合反映在一个社会经济生活基础上形成的货币活动在观念上的体系。个人货币心理与社会货币心理有着明显的差别，但又是密切联系的，二者不可分割、相互作用。任何人的货币心理都离不开社会货币心理。

个人货币心理和社会货币心理不仅相互依赖，而且相互作用。一方面，社会货币心理影响和作用于个人货币心理，每个人在自己的生活实践中总会受到周围人货币心理的影响，并且受到整个社会货币心理及其历史传统的影响；另一方面，个人货币心理又影响和作用于社会货币心理，向社会货币心理散发不同的货币氛围。

社会货币心理随着社会的存在和发展而发展。社会是不断发展的，社会货币心理也是不断发展的，社会存在不断发展和进步，社会货币心理也不断发展进步。纵观人类历史，人们的生活、智慧、经验、知识、教育和修养等不断为社会货币心理提供新的营养，使它的发展和提高持续不断，而劳动人民的实践则是一切营养的最终来源。人类的社会货币心理在漫长的历史过程中不断改进，不断增添新内容，这是对人类历史上灿烂成果的继承和发展。劳动人民货币心理的主要内容包括辛勤劳动、劳动致富、等价交换、勤俭节约、创造财富、多劳多得、报效祖国、振兴中华。因此，我们要在日常经济生活中吸取有益的社会货币心理，抵制不良的社会货币心理。

社会货币心理是一种复杂的精神现象，它不可能是单一的、清一色的。在阶级社会里，社会货币心理在不同阶段呈现不同的特点，基于每个阶段特殊的经济地位和生活方式，形成各个特殊的货币心理，形成一定的阶级感情、思想和作风等。一定阶级的货币心理反映这一阶级的精神面貌，反映它的历史特点和发展前途。因此，社会货币心理必然影响个人货币心理，我们要以劳动人民先进的货币心理为榜样，促进个人货币心理素质的提高，进而促进整个社会货币心理素质的提高。

个人货币心理是个人独特的社会经济与社会地位的反映，也是个人经济生活实践的反映。由于社会生活和社会关系的复杂性，世界上没有两个社会经历完全相同的人，也就没有完全相同的个人货币心理。人的家庭出身、生存和生活条件、学习经历、工作经历等都不同，因此形成了不同的货币心理，这使人们对待生活和生存采取不同的态度，形成不同的追求，由此选择不同的人生道路。

根据以上分析，个人货币心理必须以劳动人民最美好的、充满希望前景的社会货币心理为榜样，向其学习，努力增强个人心理货币的素质，为集体、为社会多作贡献，这也将给自己和家庭带来快乐、幸福。

四、心理货币论的理论意义和实践意义

第一，心理货币产生和存在的历史悠久，有货币的产生和发展，就有心理货币的存在和发展，心理货币是货币在人心理上的反映。因此，心理货币是和货币同步产生的，是随着货币的产生和发展而产生和发展的。只不过人们没有认识到它并提出来过。现在提出了心理货币并指出了它具有重要的历史和现实意义。

第二，在现实的经济生活中，在货币与商品存在的社会，货币逐步成为人们日常经济生活中的核心，人们时时处处都离不开货币，时时处处都关心货币，时时处处都思考货币，已经不限于货币这个物的存在，在实践中已经证明还有另一种货币存在，从而引起人们对货币的注意、观察、警觉、清醒，这就是心理货币存在的客观反映。

第三，存在两种货币。一种是人们手中的货币、流通界的货币，这是看得见的货币；另一种是心理货币，是人们心理上存在的货币，这是看不见的货币。

第四，具有两种性质。人们手中的货币、流通界的货币是物质上的货币，心理货币是人们心理上的货币。这两种货币在性质上有根本的不同。

第五，产生两种作用。人们手中的货币、流通界的货币是一般等价物和财富的代表，心理货币是人的一种高级的心理功能，对个人的身心起着统合、管理和调控的作用。

第六，形成两种关系。个人手中的货币、流通界的货币体现着人们和经济生活的关系，心理货币则体现了人们心理上的货币和手中货币的关系。

第七，手中的货币是看得见的货币，心理货币是看不见的货币，看不见的货币指挥看得见的货币，看不见的货币是看得见货币的"司令部"。

第八，人们往往容易注意手中看得见的货币，而忽视看不见的货币，这是在市场经济中每个人都要重视的主要危险，要管好看不见的心理货币，避免走上邪路。

第九，人们要不断增强心理货币的"四性"：劳动性、等价性、清白性、主人性。

第十，人们要净化社会货币氛围，净化个人货币心态，净化货币心理，净化货币观念，为社会主义精神文明建设多作贡献。

心理货币论是我提出的第十八个货币创新理论，请读者批评指正。

复习思考题

1. 手中的货币有什么特点？

2. 你认为有心理货币吗？理由是什么？

3. 简述心理货币的性质和作用。

4. 简述心理货币与手中货币的关系。

5. 怎样增强心理货币的素质？

6. 简述个人货币心理与社会货币心理的关系。

7. 你对心理货币论有什么看法？

第十七章　货币与快乐的关系

物质与精神之间的关系是哲学的基本问题，也是辩证唯物主义与辩证唯心主义争论的根本问题。物质是第一性的，精神是第二性的，这是马克思主义唯物主义的基本观点，我们要用这个基本哲学观点研究货币与快乐的关系。

一、物质与精神的关系

物质与精神之间是相互依存、互为条件的，是缺一不可的。物质是基础，物质是动力，物质是前提条件，只有物质有了保证，才能为精神提供强大的后盾。精神对物质有反作用，精神具有相对的独立性，物质决定精神，精神对物质具有能动的反作用，正确的精神力量能够指导人们有效地开展实践活动，促进客观事物的发展。开发人的精神资源，调动人的精神力量，就会有力地推动社会和自身的进步，精神可以转化为物质力量。

物质和精神对人的发展和进步具有重要的作用，物质可以转化为精神，精神可以转化为物质力量。在社会的发展中，物质和精神两个方面因素都很重要，两者是作用与反作用的关系，物质发展达到一定程度能够提高人的精神素质，高尚的精神素质反过来又有助于创造更多的物质财富。

物质诚可贵，精神价更高。我们必须以马克思主义物质与精神之间关系的哲学思想为指导研究货币与快乐的关系。在市场经济中，货币是市场经济活动的核心，因此，人们一生的货币心理和货币行为往往自觉或不自觉地追求货币，追求更多的货币，但是，人们要搞清楚货币与快乐的关系。有货币不一定快乐，那么怎样寻求人生中真正的快乐呢？这是日常经济生活中最根本的问题，人们必须搞清楚，不然就会稀里糊涂地追求货币，将虚度一生。

二、货币是物质生活的基础

货币是一般等价物和财富的代表。人们不能没有货币，日常生活中的衣、食、住、行都离不开货币，没有货币一天也过不去。因此，年轻人参加工作或劳动后，脑中想的是多挣点货币，至少能够维持日常生活开支，这是进入社会以后人们普遍的货币心理和行为规律。

挣钱多了以后，可以提高消费水平，逐步考虑买房买车，成家立业，享受生活的快乐。亲戚、朋友交往离不开货币，货币多才有面子，货币少显得很掉价，有货币才能带来快乐，没有货币就没有快乐的物质基础，人们都希望这个物质基础日益稳固。

随着社会生产的发展，人们的生活水平逐步提高，货币收入也逐步提高，人们过上更美好的生活。但是，如果没有货币来源增加、货币收入增加，人们就会失去快乐的物质基础，因此，社会越发展，经济越发达，人们对快乐的物质基础的要求越高。

从以上分析可知，货币是人们生活快乐、幸福的物质基础，离开了这个物质基础，在市场经济条件下，人们就很难获得持久的快乐与幸福。

三、快乐是精神生活的基础

快乐是人的一种心态，是指感到高兴和满足，是人类精神生活中的一种愉悦，是一种心灵上的满足，是一种开心、高兴的状态。如果一个人整天都没有快乐的感觉，闷闷不乐，时间长了，就可能会得忧郁症或其他精神上的疾病，人就无法生存，因此，快乐是健康的精神生活的基础。

人们快乐或不快乐主要是由人的动机、情绪、心态决定的。

动机是决定行为的内在动力，是引发人从事某种行为的力量和念头，它容易受到内部和外部因素的影响。内部因素主要是由人的心理、行为的目标、目的、欲望、需求、需要、本能等产生的，许多动机都涉及生理和心理需要的复杂结合。在市场经济条件下，货币是一个主要的外部因素，名利、权力、地位、成就、人际关系等都与货币的刺激有关。

情绪是一种特殊的动机，情绪是人对客观事物的态度体验及相应的反应，是多种感觉、思想和行为综合产生的心理和生理状态。情绪发生的三个阶段分别为：第一，感觉到事情的发生；第二，触动到内心的不安；第三，掀起内心深处的波澜。情绪的种类包括快乐、高兴、兴奋、悲伤、愤怒、厌恶、恐惧、轻蔑、惊讶等。

心态就是心理状态、想法和看法，是一个人生活、工作和看待世界的心理基础，还是看不见、摸不着的，为人们的行为选择定下了基调。如果心态不积极，只是单纯地想改变行为的习惯，则很难获得真正的成效。因此，心态是看不见、摸不着的无形的船舵，它无意识地把控着我们的人生方向。货币心态决定了如何看待货币、利用货币、思考货币，决定了货币心理和货币行为，所以，货币心态决定了货币能否给人们带来快乐。

从以上分析可知，人们快乐与否是由人的动机、情绪、心态决定的。人只有拥有正确的动机、正常的情绪、良好的心态，才能保持精神上的快乐。这三者之间是密切联系的，动机起着决定性作用，只有有了正确的动机，才能有正常的情绪和良好的心态；同时，情绪、心态也影响动机的实现。

四、有货币不一定快乐论

（一）有货币不一定快乐的原因

根据以上分析，人们快乐与否是由动机、情绪、心态决定的，所以，快乐与货币既有联系又有区别。货币是快乐的物质基础，但它本身不是快乐，快乐是人们精神生活中的一种愉悦，是人们拥有的精神财富，快乐与货币有性质上的区别。因此，人们往往有了货币也不一定快乐，有较多货币的人不一定比拥有较少货币的人更快乐，有较多货币的人甚至更不快乐。

快乐与人的货币动机、货币情绪、货币心态有密切的关系，人们快乐与否具体是由货币收入、支出、结余三个方面共十二个原因造成的，以下作具体分析。

在货币收入方面：

第一，不等价。货币虽然是收入进来了，进了自己的腰包，但是，自己发现这次货币交换是不等价的，或者往往客观上是等价的，但自己主观上认为是不等价的，这样有货币也不一定快乐；如果购买商品不等价，货币支出多了，或者客观上是等价的，但自己主观上认为吃了亏，也不会快乐。

第二，不合理。企业发放奖金，货币进了自己的腰包，但是，自己与别人攀比，感到奖金分配不合理，心中不快乐。单位调整工资，自己的工资增加了，货币进了自己的腰包，但是，自己和别人攀比，感到工资调整不合理，觉得自己吃了亏，工资是增加了，但货币增加带来的却是不快乐。

第三，不合适。与上面的情况正好相反，企业发放奖金，自己感到奖金比别人多一点，自己感到不合适；单位调整工资，自己的工资调上去了，但自己觉得工作并不突出，不应该调高工资，这样货币增加了，进了自己的腰包，但自己却感到心中有愧，觉得这样不合适，怕别人在背后说三道四，心中不快乐。总之，如果人没有正确的货币动机、正常的货币情绪、良好的货币心态，货币无论是没有增加还是增加了，都会感到不快乐。

第四，不值得。企业领导到处想办法，找出路，联系人，花了很多费用，还遭受白眼，但是，企业收入增加很有限，觉得不值得，心中不快乐。有的职工觉得企业、单位工资收入太少，想尽办法跳槽，费了很大工夫，找到了新单位，货币工资是增加了些，但是，又觉得其他条件赶不上原来的单位，感到不值得，心中不快乐。

第五，不精神。有的企业老板、高管赚了不少钱，但是，道德情操没有跟上，谈话和行为都带着铜臭，有的还摆起"有钱能使鬼推磨"的架势，使下级、亲戚朋友心中很不快乐，货币给别人带来了不快乐，货币也就不可能使自己得到真正的快乐。

第六，不合法。有的人通过非法手段获得了货币，货币进了自己的腰包，但是，恐惧却随之进了自己的心脏，整天提心吊胆，睡不好觉，吃不好饭，货币没有给人带来快乐，而是给人带来痛苦，甚至是灾难，最后搞得家破人亡。

在货币支出方面：

第七，不透明。企业、单位、团体、家庭等货币支出不透明，特别是夫妻之间货币支出不透明，这容易引起夫妻之间猜疑、争吵，这种情况在日常生活中比较常见，货币支出带来了不快乐，甚至带来了阴影。

第八，不和谐。家庭货币收入是固定的，货币支出如何分配，家庭成员往往意见不一致，男性愿意在吃上多花点钱，女性愿意在穿上多花点钱。住房租得贵一点还是便宜一点？在买房买车时，往往意见也不一致。如果彼此尊重、谅解，货币就能给家庭带来快乐，如果各方坚持己见，货币就会带来不快乐。

第九，不尽情。货币虽然已经花出去了，但是，心中感到不尽情，所以不快乐。这样的事情在日常生活中经常发生，例如，因兄弟姐妹之中有人结婚生子而送礼，钱是送出去了，丈夫或妻子有一方感到不到位、不尽情，心中就会不快乐，如果一方再抱怨几句，更会使另一方感到不快乐。

第十，不体面。请客送礼，钱是花出去了，但是，事后感到宴请的规格不到位、不够体面，心中便留下了遗憾。请客吃饭本来是一件十分快乐的事，但留下的却是不快乐。送礼也是这样，礼金或者礼品送出去了，但是，事后想想可能不到位、不够体面，于是担心别人在背后议论自己抠门，这样货币带来的是不快乐。

第十一，不满足。例如，花钱买商品，如果没有买到自己喜欢的颜色或款式的衣服，或者没有买到自己爱吃的名牌食品，或者慕名去旅游，结果很失望，货币带来的是不快乐。

在货币结余方面：

第十二，不达标。企业的盈利不达标，老板不快乐。个人货币结余不达标，甚至还要动用过去的货币结余，货币带来的是不快乐。

从以上对十二种主要情况的分析可知，有货币不一定快乐，货币多的人不一定比货币少的人更快乐，货币多的人甚至更烦恼，这是由人的货币动机、货币情绪、货币心态决定的。

（二）货币带来的快乐与精神财富带来的快乐在性质上是不同的

下面进一步分析货币带来的快乐与精神财富带来的快乐有什么不同，只有搞清楚这一点，人们才能懂得精神财富带来的快乐才是真正的快乐。

1. 快乐的特点不同

货币带来的快乐有以下六个特点：物质的、外在的、有限的、短暂的、无感情的、不自主的。精神财富带来的快乐有以下六个特点：精神上的、内心的、无限的、持久的、动情的、自主的。

第一，物质上的、精神上的不同。货币带来的快乐是物质的，物质是人们生存的基础，没有物质，人就无法生存；精神财富带来的快乐是精神上的，没有精神上的快乐，人也无法长期生存，因此，两种快乐缺一不可。但是，二者在快乐的性质上是不同的，货币通过物质让人产生快乐，不同的人有不同的物质需求，物质产生的快乐不完全相同；精神上的快乐对人是直接的。物质是第一性的，精神是派生的，但是，在物质比较充裕的条件下，精神上的快乐就显得更重要。

第二，外在的、内在的不同。在人们的经济生活中，货币是一般等价物和财富的代表，人们通过劳动、工作获得货币才能产生快乐，没有获得货币就不能享受货币带来的快乐，因此，货币对人产生的快乐是外在的。精神财富来自人的自我修养、自我锻炼、自我成长，因此，精神财富带来的快乐存在于人的内心中。

第三，有限的、无限的不同。货币带来的快乐是物质的，这种快乐只限于物质本身的性质，不可能超越物质的这种性质。精神财富带来的快乐则不同，人有了精神财富，它就始终存在于自己的心中，快乐是无限的。

第四，短暂的、持久的不同。货币带来的快乐在时间上是短暂的，物质消耗完了，快乐也就结束了。精神财富带来的快乐则不同，精神财富带来的快乐是持久的，往往让人难以忘怀。

第五，无感情、动情的不同。货币通过购买商品带来快乐，或者货币变成财富而带来快乐，商品和财富都是物质的，物质是没有感情的。人的精神财富带来的快乐则不同，往往是人们之间通过交往而产生感情带来的快乐，它是有情的，是动情的，它会给人留下难忘的快乐回忆。

第六，不自主、自主的不同。货币带来的快乐是不自主的，例如，企业老板给职工发奖金，发多少，取决于企业老板。单位给员工调整工资，增加多少，取决于单位。精神财富带来的快乐是自主的，是自己身上产生的。

2. 货币带来的快乐决定于社会生产力

生产力是社会发展的根源和动力，是人类征服和改造自然，使其适应社会需要的客观物质力量。生产力既是前人创造物质的结果，又是当前生产实践的物质基础。社会生产力的发展有一个客观的过程，人们为了满足物质的需要，必须向自然索取，这推动了生产力向前发展。因此，社会上有多少货币是由社会生产力决定的，社会生产力是货币带来快乐的发动机。

精神财富带来的快乐则不同，它取决于人们的自我修养、自我情操、自我素质，因此，人自身是精神财富带来快乐的发动机。例如，人们往往会回忆起年轻时期的创业阶段，虽然生活很艰苦，但是越是艰苦越向前，心中充满了快乐和喜悦。

3. 货币带来的快乐还决定于贫富、地位、权力、控制

社会生产关系中的贫富、地位、权力、控制不同，决定了货币带来的快乐不同。对贫穷的人和有钱的人来说，货币带来的快乐就不同；对社会地位高的人和社会地位低的人来说，货币带来的快乐不同；对有权有势的人和无权无势的人来说，货币带来的快乐不同；对控制别人的人和被别人控制的人来说，货币带来的快乐不同。

精神财富带来的快乐主要是由自身拥有的精神财富决定的。拥有精神财富的人心中经常是快乐的。正如前文分析的那样，有钱的人不一定比钱少的人更快乐，有权有势的人不一定比平民百姓更快乐，中国有句俗语叫"无官一身轻"，控制别人的人如果遭到被控制人的反抗，则其心中并不快乐。

4. 精神财富带来的快乐是更高境界的快乐

通过以上对货币带来的快乐与精神财富带来的快乐的阐述和比较，我们可以看出精神财富带来的快乐比货币带来的快乐更上一个层次。精神财富带来的快乐是活力、激励、奉献、超越、新境界；货币带来的快乐是人们生活的物质基础，消费完了也就结束了，但是，精神财富带来的快乐则不同，它包含以下内容：

活力。快乐转化为活力，使人充满生机，人感觉全身有用不完的劲儿，从内心到四肢都充满力量，使人全身心投入自己的劳动或工作。

激励：快乐转化为激励，这种激励来自心理和行为的需要，激励自己勇往直前，为企业、单位、集体、社会多作贡献，鞭策自己把劳动或工作做得更出色。

奉献：快乐转化为奉献，使人一心想为集体、社会多作贡献，贡献自己的聪明才智，贡献自己的力量，贡献自己的辛勤劳动，一心为公，不辜负青春年华。

超越：快乐转化为超越，使人超越自我，超越过去，超越已经取得的成绩，使人在新的征程上重新起跑，使数量转化为质量，使人获得新的、更大的成就。

新境界。快乐转化为新境界，即快乐的尽头出现了新境界，使人的精神世界出现新境界、新想法、新思路、新心情、新作为；使人使用货币也达到了新境界，用货币创造人间的快乐，把货币用活。

（三）让货币给人间带来更多的快乐

基于以上分析、比较、研究，我们得出的结论集中到一点就是：如何使货币给人间带来更多的快乐。这主要包括以下几个方面。

第一，人的一生要有一个明确的最终目标。这个目标会给人带来无限的力量，有力量的人心中必然藏着快乐。在这个远大目标的指引下，人还要有一系列小目标，作为实现自己梦想的阶梯，要主动积极，志向高远。人自己是前进的船长，自己掌握着航行路线，不惧风浪，风浪是人生航船行驶中无法避免的，人要更好地驾驭人生，驶向最终的目的。货币不过是自己生活中的物质条件，货币多一点，心中快乐；货币少一点，艰苦奋斗，勤俭节约，心中也快乐，不要让货币左右自己的最终目标，更不能把货币作为自己追求的目标。如果把货币作为自己的目标，货币不仅不能带来快乐，甚至会带来烦恼和痛苦。

第二，只有正确认识和对待货币，货币才能给人带来快乐。货币是商品交换的媒介，是一般等价物，货币代表着人类一定的社会劳动，它在商品交换中起着一般等价物的作用。但是，在实际的经济生活中，货币往往存在两种价值，一种是货币的客观价值；另一种是货币的主观价值。货币的主观价值存在于人们的脑中，存在于人们的货币心理和货币行为中，因人而异。对不同的人来说货币的主观价值差异很大，有的人把货币的主观价值看得比磨盘还大，这些人的货币的主观价值离客观价值很远，由此造成了许多错误的货币心理和货币行为，使货币带来了不快乐，使货币给自己带来了痛苦。货币的主观价值与客观价值差距有多大，决定了货币给人带来的不快乐有多大，它的罪魁祸首就是不正确的货币心理和货币行为，因此，人们一定要正确认识和对待货币，这样货币才能给人带来快乐。

第三，贫富、地位、权力、控制逐步消失。贫富差距逐渐消失，实现共同富裕，这样货币就会给人们带来更多的快乐。实践证明，我国农村脱贫攻坚取得了决定性的胜利，人们过上了小康生活，过去缺粮缺衣缺钱的日子一去不复返了，货币给人们带来了更多的快乐。地位、等级逐渐消失，人们在生产中结成同志式的关系，共同发展经济，共同享受生产成果带来的快乐。大家虽然分工不同，但是在政治上、人格上是平等的，各得其所，共同享受货币带来的快乐。权力是为人民服务的。一切为了人民，一切依靠人民，一切权力都用来为人民谋福利，这样货币就会给人们带来更多的快乐。控制变成分工合作。过去形成的上下等级控制关系变成上下级同志式的关系，人们相互尊重，互相支持，友好合作，这样货币就会给人们带来更多的快乐。

（四）物质快乐转化为精神快乐，精神快乐转化为物质快乐

货币带来物质财富的快乐，精神财富则能使货币带来更多的人间快乐，例如，在新冠疫情期间，有的人缺药品、缺口罩等，其他人就把自己买到的防疫物资让给别人，货币给别人带来了难忘的快乐。在别人得到救治的同时，自己也得到了更多的快乐，这是物质变精神，精神变物质，使货币给人间带来更多的快乐。在日常的生活中，这种事例是很多的。

（五）突破货币私有制观念，使货币给人们带来更多的快乐

古今中外的有识之士，如道德情操高尚的人、拥有精神财富的人、思想先进的人，他们往往拿出自己的货币，救死扶伤，帮助贫困学生上学，为遭受地震、洪水等灾害的群众捐款，献出爱心，他们使货币给人间带来了更多的快乐。有识之士还成立各种慈善机构，救助急需帮助的人。人们突破了几千年来货币私有制的观念，这是货币心理和货币行为上的质变，是精神上的飞跃，精神变货币，使货币发挥更大的作用，给人们带来更多、更动人的难忘的快乐。

五、有货币不一定快乐论的理论意义和实践意义

有货币不一定快乐，这是由上述货币收入、支出、结余三个方面的

十二个原因造成的。精神财富给人带来的是真正的快乐，只有正确认识和对待货币，货币才能给人带来快乐。货币是快乐的基础，但是，它本身不是快乐，快乐和货币在性质上是有区别的。因此，人们往往拥有货币也不一定快乐，拥有更多货币的人不一定比拥有较少货币的人更快乐，他们甚至更不快乐。

精神财富给人带来的是真正的快乐，精神财富带来的快乐是精神上的、内心的、无限的、持久的、动情的、自主的；货币带来的快乐是物质的、外在的、有限的、短暂的、无情感的、不自主的。

精神财富带来的快乐使人充满了活力，是奉献，是超越，是新境界。人们要不断提高对货币与快乐关系的认识，正确对待货币，正确处理货币，使货币给人们带来更多、更真实的快乐，而不是带来苦恼。

有货币不一定快乐论是我提出的第十九个货币创新理论，请读者批评指正。

复习思考题

1. 为什么说货币是物质生活的基础、快乐是精神生活的基础？

2. 为什么说人的快乐与不快乐是由货币动机、货币情绪、货币心态决定的？

3. 为什么有货币不一定快乐，货币多的人不一定比货币少的人更快乐？

4. 为什么说精神财富给人带来的是真正的快乐？

5. 货币带来的快乐与精神财富带来的快乐在性质上有什么区别？

6. 为什么说突破货币私有制的观念，货币就能给人间带来更多的快乐？

第十八章　货币政治危机

　　社会主义市场经济条件下的主要危险是拜金主义，这是从整个社会主义社会来分析的，是从宏观上分析的；货币政治危机是从个人来分析的，是从微观上分析的。社会主义市场经济条件下的主要危险是拜金主义，这决定了个人货币政治危机的存在；而个人货币政治危机会对拜金主义产生影响。两者是密切联系、不可分割的，只讲社会主义市场经济条件下主要危险是拜金主义，而不讲个人货币政治危机，那是不全面、不深入、不具体的。只有把两者结合起来分析，才能全面、系统、深入、具体地阐述拜金主义是社会主义市场经济条件下的主要危险。

一、个人货币政治危机哲学上的分析

　　什么是个人货币政治危机？个人货币政治危机是指个人因追求货币而危及个人政治生命、政治生活、政治前途。人不仅有生理上的生命，即自然生命，人还有政治生命。政治生命主要是指有坚定的理想信念，树立正确的政治方向，遵守鲜明的政治原则，有坚定的立场、观点。

　　个人政治生命涉及个人信仰的选择、人生的追求；个人政治生命是党和人民培养、信任、委托的结果，这要求树立为人民服务的宗旨，树立崇高的理想，具有崇高的思想境界和高尚的道德品质。

　　一个人的生命不在于长短，而在于对社会的贡献。每个人的生命都是有价值的，生命的价值就在于有所追求。政治生命为人的追求指明了方向、目标和前途，人失去了政治生命，也就失去了前进的方向、目标和前途，也就失去了生命的意义。因此，我们必须把拜金主义对人的危害提高到政治生命的高度来分析和认识。

　　社会主义市场经济条件下的主要危险是拜金主义，这是原因，个人货币政治危机是结果。原因和结果是事物、现象之间的相互联系、相互制约的普遍形式之一。它是人类在认识和实践活动中最先遇到的一对范畴，也是哲学史上最早产生的一对范畴，因果观念是人们一切自觉活动必不可少的逻辑条件。社会主义市场经济条件下的主要危险是拜金主义和个人货币政治危机之间也表现为因果关系，两者是普遍联系和全面发展的不同侧面，有着各自独特的特殊内容，同时，两者在基本方面又有着本质上的联系和共同性；作为辩证思维的形式，两者都是客观事物普遍本质的反映，作为揭示事物矛盾本性的成对范畴，两者是对立统一的关系。

　　原因和结果是揭示事物之间引起与被引起关系的一对范畴。处在普遍联系中的任何一种事物、现象必然由另一种事物、现象引起，引起这种事物、现象的就是原因，被引的事物、现象就是结果。社会主义市场经济条件下的主要危险是拜金主义，这是原因，个人货币政治危机是结果。

　　我们必须运用马克思主义唯物辩证法范畴的原因和结果研究和分析个人货币政治危机。

二、拜金主义的性质

　　在货币与商品存在的社会，拜金主义源于货币在人们日常经济生活中的重要作用在人心理上的反映，这种心理上的反映还要追溯到商品拜物教在人心理上的反映。

　　在货币与商品存在的社会，由于劳动产品转化为商品，商品生产者之间的关系不是明明白白地表现为人与人之间的社会关系，而是表现为人们之间物的关系。这种物掩盖着人们之间的社会关系，正是这种商品形式，即价值形式在人们心理上产生了神秘性，人们之间的关系被商品偶像化了，这种偶像化的虚幻形式在宗教上找了一个比喻，叫作拜物教，这就是商品拜物教的由来。

商品拜物教又发展为货币拜物教，货币拜物教通俗地可称为拜金主义，人的心理反映也从商品拜物教发展到拜金主义，这就是极少数人心理上产生拜金主义的由来。拜金主义是商品拜物教发展的顶峰，这是因为：

第一，货币价值形式是货币形式发展的最后阶段。人与人之间的物化关系在货币形式中得到了最集中、最突出的表现。无论是过去简单的、个别的价值形式还是扩大的价值形式，商品的价值形式表现在许多商品上。但在货币价值形式出现后，都集中、突出地表现在货币上，这使人与人之间的社会关系偶像化，并在货币上达到了顶峰，极少数拜金主义者的心理都集中拜倒在货币面前。

第二，商品的直接交换变成了间接交换，使货币变得更神秘。在货币价值形式以前，商品之间是直接交换，商品之间的等价交换原则在这里容易直接地、具体地表现出来。但是，到了货币价值形式，每个商品所有者的商品要先与货币交换，然后拿货币购买他所需要的商品，商品所有者卖出或买进的商品是否等价，在这里就模糊起来，商品所有者在心理上都盼望商品交换能够等价、公平、合理，但是，交换的结果可能是货币变得更少或者是更多，这里存在着"猫腻"，这样货币就变得更神秘。

第三，商品的价值用货币来衡量，就产生了商品的价格。商品的价格根据商品供求关系环绕着商品的价值上下波动，由此价值规律调节商品市场。高于商品价值的商品价格刺激扩大生产，低于商品价值的商品价格引起生产缩减，价值规律是商品经济的调节者。因此，货币价值形式出现后，人不是统治商品，人不是指挥商品，而是市场指挥人，货币指挥人。人与人之间的社会关系表现为物的关系，货币统治和指挥人，这样货币显得更神秘，在人们的心理上拜金主义更盛行。

第四，货币扮演了新角色。大货币产生了小货币，货币变成了资本。货币是在新的社会生产关系中变成资本的，这种新的社会生产关系导致产生新的货币形式。在简单商品生产和流通中，货币充当媒介，使两个具有不同使用价值的商品交换。而资本的流通则不同，资本流通的目的是增值，因此大货币产生了小货币。商品市场上出现了劳动力，劳动力变成了商品，在劳动力市场上，一个是出卖劳动力这种商品的卖者，另一个是雇用劳动力的买者，劳动者通过劳动创造的价值远远超过了资本家支付给劳动者的货币工资，劳动过程就是价值的增值过程，这就是资本家的利润来源。这揭开了剩余价值是利润来源之谜，即货币成为资本以及大货币产生了小货币之谜。大货币产生小货币使拜金主义的心理更加盛行。

第五，一切都是金钱关系。拜金主义就是指金钱对人的统治，在资本主义生产方式下，一切人与人之间的关系都表现为物的关系，都表现为金钱关系，在这里除了赤裸裸的金钱关系之外，再也找不到别的关系，甚至包括家庭关系在内。马克思指出："资产阶级撕下了罩在家庭关系上温情脉脉的面纱，把这种关系变成了纯粹的金钱关系。"① 甚至不能买卖的东西，如人的名誉、良心、权力、姿色等都可以作为商品来买卖，因此，拜金主义是商品拜物教发展的顶峰。

从以上分析可知，人与人之间的社会关系表现为人们之间的物的关系，商品支配人，而不是人支配商品，商品统治人，而不是人统治商品，人与物的关系颠倒了过来。商品拜物教发展到拜金主义，不是人统治货币，而是货币统治人，不是人指挥货币，而是货币指挥人，人与货币的关系颠倒了过来。

三、拜金主义是我国社会主义市场经济条件下的主要危险

我国社会主义市场经济条件下的拜金主义者虽然是极少数，但是，

---

① 马克思，恩格斯. 马克思恩格斯全集：第四卷［M］. 北京：人民出版社，1958：469.

因为拜金主义是资本主义和一切剥削社会制度的产物，其对社会主义社会具有更大的危险性，具体表现在以下八个方面：

第一，破坏社会主义的经济基础。我国现阶段坚持以公有制为主体、多种所有制经济共同发展的基本经济制度。如果掌握和管理公有制经济的人员存在拜金主义，虽然他们人数极少，但他们是掌权人，所以危害很大，必然会把一个企业、部门甚至地区搞得乌烟瘴气，破坏社会主义的经济基础。同样地，如果其他所有制企业的管理人员也存在拜金主义，则必然会不顾国家、地区和行业的整体利益，只顾本企业、本单位的盈利，甚至损害国家、集体利益，为本企业、本单位捞取利润，追求货币，就会从内部瓦解社会主义的经济基础。

第二，影响经济高质量发展和实现中国式现代化。拜金主义者深藏在各个经济领域，他们是经济发展和运行中的蛀虫，他们虽然是极少数人，但是对实现中国式现代化和经济高质量发展的影响却很大。这些蛀虫往往使国家、集体、单位的资金不能用于原定的用途，不能得到预期的效果，他们往往挪用或转移资金，为自己谋利。他们为了捞取货币，忽视产品质量，甚至生产假冒伪劣产品，有的忽视安全生产，致使小煤矿、小矿井的工人死亡；有的生产和销售假药及有毒食品，污染了环境，使消费者的生命安全和健康遭到损害；他们偷税漏税，使国家财政收入减少，从而使国家财产遭受重大损失，影响经济高质量发展。

第三，破坏社会主义市场秩序。社会主义市场秩序是指国家通过法律、法规和制度，对市场进行资源配置和对国民经济运行过程进行调节所形成的正常、协调和有序的状态。它能保证社会主义市场经济的正常运行，保证市场机制充分发挥作用。但是，拜金主义者却严重干扰、破坏和阻碍社会主义市场经济的运行和发展，严重影响和干扰市场经济中公平、公正、公开原则的贯彻和执行，严重影响市场经济的正常、有序运行。

第四，非法谋取货币。拜金主义者非法追求货币有以下特点：首先，侵害国家、集体、他人的利益，损害社会的利益，达到个人追求货币的目的。他们追求货币的行为给国家、集体、他人的利益带来的损失往往是巨大的，是他们获取到的货币的许多倍。其次，不择手段。拜金主义者为了追求货币，往往把自己的良心、人性、自尊心丢得一干二净，个别的甚至谋财害命。再次，对货币的追求往往无止境。他们往往在一次非法追求货币得逞后，不是回头，而往往是自以为尝到了甜头，继续再干，他们对货币的追求是无止境的。越陷越深，以致达到不能自拔的地步。最后，违反国家法律，破坏财经纪律。他们为了追求货币，往往以身试法，置国家的法律、财经纪律于不顾。总之，拜金主义者的不法活动直接危害国家、集体、他人的利益，危害社会的利益，他们非法赚到的每一分钱都是他人艰辛劳动的成果，他们非法谋取货币，鼓了自己的腰包，但最终却身败名裂，造成个人和家庭的悲剧，现实生活中有无数这样的例子。那么，他们为什么要这样干呢？马克思分析指出："如果有10%的利润，它就保证到处被使用；有20%的利润，它就活跃起来；有50%的利润，它就铤而走险；为了100%的利润，它就敢践踏一切人间法律；有300%的利润，它就敢犯任何罪行，甚至冒绞首的危险。"

第五，腐蚀党和国家的肌体。拜金主义思想腐蚀人的灵魂，使少数意志薄弱的国家公务人员思想变质，导致他们不能树立正确的世界观、人生观和货币观。拜金主义思想动摇了他们正确的奋斗目标，使他们做了金钱的俘虏。他们最终违反党纪国法，成为国家肌体中的"脓包"。拜金主义思想是同我们党和国家的性质和宗旨水火不相容的，因此，能否预防和遏制拜金主义，是关系党和国家前途与命运的根本问题。

第六，污染社会货币氛围。拜金主义者人数虽然极少，但他们散发的和日常生活中表现出来的货币气息是一切为了金钱、金钱至上，好逸恶劳、贪图享受，追求奢侈糜烂的生活。这会腐蚀人的灵魂，其污染社会货币氛围的程度绝不可低估。如果社会货币氛围遭到污染，则会对中国特色社会主义经济建设、政治建设、文化建设和社会建设产生很大的负面影响。

第七，影响构建社会主义和谐社会。社会和谐是发展中国特色社会主义的基本要求，构建社会主义和谐社会是贯穿中国特色的社会主义事业全过程的长期历史任务，是在发展的基础上正确处理各种社会矛盾的历史过程和社会结果。但是，拜金主义是破坏和影响社会和谐的消极因素，拜金主义往往影响家庭、单位和社会的和睦。极少数拜金主义者铤而走险，贪污受贿、盗窃诈骗，他们的行为触犯了法律，终将造成家庭悲剧，从而影响社会的安定团结，这是对构建社会主义和谐社会的严重干扰。

第八，拜金主义是使社会主义蜕化为资本主义的主要危险。如果拜金主义思想逐步蔓延和扩散，那么贪污腐化行为就不能制止，就会有更多的人追求货币，这是关系到人心向背、党与人民群众的血肉联系的重大政治问题。在社会主义制度下，拜金主义是使社会主义蜕化为资本主义的主要危险。

以上从八个方面分析了拜金主义的主要危害。消除拜金主义是关系国家前途命运的大事，关系到国家、集体的财产安全，关系到人民的幸福。因此，拜金主义是社会主义市场经济中的主要危险，对此我们必须有清醒的认识，绝不能掉以轻心，要坚决和拜金主义作斗争，预防和制止拜金主义，清除拜金主义的一切影响。

四、货币政治危机论的理论意义和实践意义

根据以上分析，提出以下三点建议：

第一，把树立正确的货币观融入社会主义核心价值观的教育中。在市场经济中，货币观是人们日常生活中最频繁、最具体、最直接的价值观、人生观的反映。货币观和社会主义核心价值观是密切联系的。使广大人民群众受到货币观和社会主义核心价值观融合在一起的教育，指引人们形成健康的思想和行为，正确处理和对待每天都发生的货币收支问题，对于构建社会主义和谐社会有重要的促进作用。社会和谐是中国特色社会主义的本质属性，构建社会主义和谐社会是国家富强、民族振兴、

人民幸福的重要保证。

第二，传统的社会主义经济学、金融学只讲货币对经济的作用，不讲货币对人的作用，这在理论上存在一个重大的缺陷，在实践中会造成严重的不良后果。苏联解体的原因是多方面的，但是，只讲货币对经济的作用，不讲货币对人的作用，到后期拜金主义蔓延，贪官污吏严重脱离群众，民怨沸腾，社会动荡，是苏联解体的重要原因之一。这是国际共产主义运动的惨痛教训，后来人必须永远记取。

第三，从现有案例来看，贪污官员大都是受过高等教育的，因此，必须把反对拜金主义引入高等学校的课堂，特别是财经院校专业课的教学内容中，使广大学生了解思想不健康的人是怎样受到货币诱惑力的侵蚀的，是由于平时没有管好自己的心理货币，没有树立正确的货币观、人生观、世界观，一步一步地变成了拜金主义者，最后沦为罪犯。在学校就要培养学生反对拜金主义和反腐拒腐的思想品质，这样走上工作岗位后，才能具有反腐拒腐的能力，才能成为合格的社会主义接班人。

货币政治危机论是我提出来的第二十个货币创新理论，请读者批评指正。

复习思考题

1. 简述拜金主义的性质。
2. 为什么说拜金主义是社会主义市场经济条件下的主要危险？
3. 我国社会主义市场经济中为什么还存在拜金主义？
4. 什么是个人货币政治危机？
5. 你对货币政治危机论有什么看法？
6. 简述货币政治危机论的理论意义和实践意义。

第十九章　货币情感危机

在货币与商品存在的条件下，货币情感是人们与社会性需要相联系的主观体验，是人类特有的心理现象，反映了人们的社会关系和生活状况。它渗透到人们社会关系的各个方面，经常以内隐的形式存在，或以微妙的方式流露。

一、从哲学上研究货币情感

我们要运用马克思主义哲学研究人的货币情感，以理性的方式揭示人类货币情感世界的规律，并探索货币情感理性的生存路径。货币情感是社会意识形态之一，是世界观的重要组成部分。从哲学上研究货币情感，等同于将智慧、思想、观念、经验等理论化、系统化，是世界观和方法论的统一。

货币情感是一种主观体验、主观态度或主观反映，属于主观意识的范畴。辩证唯物主义认为，任何主观意识都是人对客观存在的反映，货币情感是一种特殊的主观意识。或者说，货币情感是人对客体事物价值关系的一种主观反映。

人类主观既可以是个人的，也可以是集体的，还可以是整个社会的，它们分别形成个人情感、集体情感和社会情感。人的情感强度不仅和个体事物的品质特性有关，而且与主体及环境的品质特性有关。

人在与他人交往中会产生货币情感体验，包括爱、恨、喜、怒、哀、乐等各种情感，这些情感是人类生活中不可缺少的部分。货币情感过程是一个循序渐进不断发展的过程。

二、货币情感的性质

货币是物，属经济范畴，它是不可能对人产生情感的，货币情感是指人对货币产生了各种情感。人通过挣货币，很艰难；花货币，很快乐；保存货币，很惦记；货币交换、货币关系使人与人之间通过货币产生了情感。

货币情感是指人对货币的需要以及对货币的追求而产生的情感。货币情感是十分复杂的、微妙的，既包括货币情感的发生过程，又包括由此产生的各种体验。在一定的条件下和一定的事件中，人会对货币产生情感，例如，货币能够使普通人出人头地，能够使无权无势的人变成强人，能够使不受宠爱的人变得可爱。在货币情感的发生过程中，人对货币产生难忘的感情。

货币情感是一种实际发生的体验和感受，它给人留下深刻难忘的印象，是难忘的回忆、难忘的感受，因此，货币情感具有稳定性、深刻性和持久性。

不仅如此，在货币与商品存在的条件下，货币对人来说是至关重要的，人时时处处都离不开货币，货币关系到人的生存、生活、安全、尊严、地位、权力等，因此，货币情感对人具有稳定性、深刻性、持久性，这就是货币情感区别于人其他情感特有的性质。

三、货币情感危机论

（一）货币情感的特性

货币情感不是人的一般情感，货币情感具有以下十个特性。

1. 货币情感的重要性

货币情感的重要性是指货币情感不同于人的一般情感，它具有特殊重要的性质，在人们的心理占据特殊重要的地位。货币情感的产生、发展和变化影响人们的生存、生活水平的变化，甚至导致发生许多难以预料的事情，它涉及货币与商品的交换，人与人之间的货币关系，以及货币行为的产生、发展和变化，因此，要正确对待和处理各种货币情感的发生、发展和变化，货币情感有特殊的重要性。

2. 货币情感的难忘性

人的货币情感往往使人难以忘怀、无法忘记，深深地印在人的心理上，留在人的大脑中。在货币与商品存在的社会，人与人之间通过货币产生了情感，这种货币情感由于它的特殊重要性，哪怕只是短暂性地发生过，哪怕只发生过一次，也往往使人终生难忘。

上学交不起学费，得到了别人的资助；看病缺钱，得到了别人的资助；生活中出现临时困难，得到了别人的资助，哪怕只是一次，也会给人留下终生难忘的印象。中国有句俗语叫"一分钱难倒英雄汉"，英雄汉都会被货币难住。因此，人与人之间产生的这种货币情感，往往使人难以忘怀，它深深埋藏在人的心里。

3. 货币情感的现实性

货币情感是在人的日常生活中发生的情感，是人亲身面对、亲身经历、亲身处理的情感，是和自己的需要和利益密切联系的情感，因此，货币情感具有很强的现实性。

4. 货币情感的关切性

货币情感的关切性是指产生货币情感的双方相互关心。在货币与商品存在的社会，货币是一般等价物、财富的代表，在人们的日常经济生活中占据特殊重要的地位，产生货币情感的双方唯恐对方受到损失，因为对方受到损失可能会连累自己遭受损失。因此，产生货币情感的双方是相互关心的。

5. 货币情感的快乐性

货币情感的快乐性是指建立起货币情感的双方在期望和追求的目标实现以后产生的快乐情感。快乐的货币情感是满意、愉快、欢乐、狂喜等，这取决于达到的期望和目标实现的程度。

6. 货币情感的挫折性

货币情感的挫折性是指在实现双方货币情感的目标和愿望的过程中，由于各种原因，目标和愿望的实现遇到了障碍或干扰，双方货币情感的目标和愿望不能实现，于是产生的消极的货币情感状态。

在人们的现实生活中，任何人都不可能完全避开这种挫折，关键是人们应该如何正确对待遇到的挫折。双方都应该正确对待这种挫折，经过双方的交流、相互谅解和协调，重新建立起更加健康、更加完美、更加充满希望的货币情感，使双方预定的目标和愿望更好地、更圆满地实现。

7. 货币情感的炫耀性

货币情感的炫耀性是指货币多的人，如富人、富豪在谈话中流露出自己比普通人高一等，或者是通过购买住房、购车、购买高档商品等炫耀自己，得意扬扬，脸上露出得意的微笑。

8. 货币情感的选择性

货币情感的选择性反映了人通过货币选择自己愿意的、喜欢的货币情感。人们一定要通过各种货币情感的比较，选择自己认可的货币情感，选择往往大于努力，选择不对，一切努力都白费，而且会给自己带来情感上的损伤，令人追悔莫及。

因此，货币情感的选择性是很重要的，人们一定要慎重地、再三地进行比较，选择自己愿意的货币情感，传递与交流人与人之间的货币情感，这样才能发挥自己手中货币的最大作用。

9. 货币情感的慎重性

对待货币，大家都很慎重，因为在货币与商品存在的社会中，货币是人人都关心的。建立货币情感也是人人都关心的，建立货币情感也要十分慎重，不然，往往会造成经济上很大的损失，许多诈骗案例充分说明，诈骗分子首先是千方百计地与受害者认识，逐步建立起信任的情感，然后实施诈骗。

10. 货币情感的深厚性

货币情感的深厚性是指这种情感具有深刻、深厚、坚固、牢不可破、甘苦与共的特征。货币情感是双方经过认真的选择、了解、交流，在长期相处的基础上建立起来的情感，这是双方货币与商品的交换、货币关系、货币行为的基础，因此，双方都是很慎重的。

（二）货币情感危机的特征

货币情感危机是指人们在遇到突发事件或面临重大挫折和困难时，当事人自己既不能回避，又不能用自己的资源或请求别人帮助来消除心理上的极度紧张、焦虑、烦躁、恐惧、愤怒、悲观等心理反应。

货币情感危机的特征包括以下方面：

第一，突发性。货币情感危机往往是出乎意料、突如其来地发生，事先没有任何思想和行为上的准备，也没有任何迹象、任何先兆，是突然发生的。

第二，紧急性。货币情感危机的发生具有紧急的特性，其势态不可控制，需要人们紧急地应对，紧急地想方设法，以缓和紧急的态势。

第三，痛苦性。货币情感危机在发生的事前和事后会给人带来痛苦的、悲伤的体验，会给人心理上留下痛苦的、悲伤的记忆。

第四，难忘性。货币情感危机发生在自己与亲人、亲戚之间，发生在自己与最好的朋友、合作伙伴之间，所以，货币情感危机是令人终生难忘的。

（三）货币情感危机的类型

货币情感危机主要有以下四种类型：

1. 血缘关系。兄弟姐妹之间的货币情感发生了不可解决的冲突导致关系破裂，例如，兄弟姐妹在父母去世后，为了争夺遗产吵得不可开交，都不让步，就会发生货币情感危机。

2. 婚姻关系。夫妻感情不和或感情破裂，导致分居、离婚，那么现有的房屋、货币资产等如何处理、如何分配，如果双方不肯让步，就会发生货币情感危机。

3. 合作伙伴关系。亲朋好友在一起合作经营企业或投资项目，但因为主观、客观的原因无法继续合作下去，在散伙时关于如何处理现有资产，如果各方不肯让步，就会产生货币情感危机。

4. 私人借贷。亲朋好友之间的借贷基于相互信任，但是，如果发生突发事件，或者双方之间的信任不存在了，导致双方的情感破裂，就会产生货币情感危机。

（四）解决货币情感危机的原则

解决货币情感危机要坚持以下四个原则：

第一，要搞清楚货币情感危机产生的深层次原因。针对产生的原因，要坚持以科学、规范、有序、有效的原则来解决货币情感危机。

第二，必须有家人、亲朋好友、权威人士参加，共同协商解决货币情感危机的办法。

第三，按照道德、伦理的要求，各方均作出让步，换位思考，既严格要求自己，也充分考虑对方，逐步恢复正常的货币情感。

第四，如果双方仍然不肯让步，协商多次仍无法达成一致，最后只能诉诸法律来解决。这种办法是没有其他解决办法的最后办法，因为这种办法一般会伤害双方的情感，并且以后有可能无法恢复原有的货币情感。

货币是市场经济活动的核心，货币对人来说非常重要，人们为了货币，甚至是极少量的货币，也可能争吵不休，这会损伤各方的货币情感，会带来苦恼、痛苦。因此，人们在心理上一定要十分珍惜已经建立起来的快乐的货币情感，如果发生或者出现各种不利于保持、发展双方正常货币情感的因素或迹象，要尽早采取措施予以消除，要让人世间保持更多珍贵的货币情感，要预防货币情感危机的发生，使大家保持快乐的好心境。

四、双作用、双危机

（一）双作用

以往的货币理论研究的都是货币的客观作用，即货币对经济、社会的作用，这种作用是不以人的意志为转移的货币的客观作用，只要有货币与商品的存在，这种客观作用就存在，这种作用是看得见的货币作用。货币对人也产生作用，我在第三章提出了货币五力论，系统地、全面地阐述了货币对人的作用。人们看得见的是货币的客观作用，看不见的是货币的主观作用。但是，只要深入地、仔细地观察日常的经济生活，就会发现看不见的货币的主观作用的确存在，货币的主观作用发生在每个人的身上。这里再结合货币政治危机、货币情感危机做进一步阐述。货币的主观作用发生依照以下三个步骤：

第一步是货币对掌握货币的人的心理产生了作用，人想通过货币的作用，在他人身上谋取自己的货币利益。

第二步是掌握货币的人根据心理货币的要求，在人际关系上找到在他人身上谋取个人货币利益的突破口。

第三步是掌握货币的人在他人身上获取了货币。

以上三个步骤是货币的主观作用发生的全过程。

在人们的日常经济生活中，货币主观作用表现在各个领域、各个方面，是多种多样的，前文已经论述过，例如，个别医务工作者进行过度治疗，不应该动手术的，动了手术，医生拿了红包，这里货币的主观作用发生的三个步骤包括：第一步是货币在医生的心理上发生了作用；第二步是医生在患者身上找到了突破口，货币在患者身上发生了作用；第三步是医生从患者手上拿了红包。最近看到关于医院反腐的持续深入的报道，让人感到医院的腐败真是触目心惊，货币的主观作用在现实生活中如此生动地发生。又如，个别中小学教师在课堂上少讲课程内容，而是在课外时间上课，收取讲课费，货币的主观作用在这里也发生了作用。

过去只研究货币对经济、社会的作用，不研究货币对人的作用，是在片面地研究货币的作用，是脱离实际研究货币的作用。马克思主义哲学的方法论要求运用实践的观点、现实的观点、系统的观点、全面的观点来研究货币的作用。

第一，两种作用的性质不同。货币的客观作用是货币对经济、社会的作用，这个作用是不以人的意志为转移的。因为货币是物，货币是死的，人是活的，货币是载体，人是主体，货币自己不能走进流通界，是人把货币投入流通界的，货币是由人指挥的，货币的主观作用是人的主观意志对货币产生的作用，是以人的意志为转移的货币作用。

第二，两种作用的出发点及其关系不同。货币的客观作用是货币对经济、社会的作用，是货币对物及其关系的作用。货币的主观作用是货币对人及其关系的作用，是掌握货币的人通过货币在他人身上发生的作用，通过这种作用谋取货币利益。

第三，货币作用的过程不同。货币的客观作用的过程是货币对经济、社会发生作用的过程。货币的主观作用的过程包括前文讲述的货币的主观作用发生的三个步骤。

第四，货币作用产生的结果不同。货币的客观作用是对经济、社会发生的作用，研究货币客观作用的目的，是更好地发挥货币对经济高质量发展、实现中国式现代化的作用，以更好地推进社会的发展和进步。研究货币的主观作用，是研究货币对人产生的作用，即对人产生好作用还是坏作用，是否产生损人利己的作用。

第五，货币作用的关系不同。研究货币的客观作用是研究货币对经济发展、社会进步的作用及其相互关系。货币的主观作用发生在人与人之间，研究货币的主观作用是研究货币持有人与他人的货币关系。在货币与商品存在的社会，货币是人与人之间关系的具体的、集中的表现，研究货币与人的关系，是研究货币作用的重要领域和重要方面。

第六，货币作用能够改变和不能够改变的不同。货币的客观作用是不能改变的，因为货币对经济、社会的作用是不能改变的，它是客观存在的。货币的主观作用则不同，货币的主观作用发生在人与人之间，可以在这个人身上发生作用，也可以在另一个人身上发生作用，而且发生作用的力度也不同，因为人的世界观、人生观、货币观不同，货币的主观作用是不同的。

第七，两个作用的通路不同。货币的客观作用通向货币对经济发展、社会进步的通路。货币的主观作用则不同，它可能通向正路，也可能通向邪路，还可能通向货币政治危机、货币感情危机的通路。如果人们有更高的思想道德境界，它也通向货币传递人间真情的通路。

第八，货币的主观作用是唯一的通向拜金主义的道路。货币对极少数人产生了诱惑力，这种货币的诱惑力就是货币主观作用在他们身上的具体表现，使极少数人一步一步走上拜金主义的邪路，这就是货币的主观作用在他们身上的具体表现，最后可能使他们走上不归之路。

第九，人们一定要高度重视货币的主观作用。货币的主观作用是隐蔽地、不自觉地发生的，人们一定要提高警惕性，预防和制止不良的货币主观作用，不要让它腐蚀了灵魂。列宁曾指出："货币仍然是昨日剥削的残余"[①]，这一论断具有深刻的、深远的历史意义和现实意义。

（二）双危机：人生两大主要货币危机

社会主义市场经济条件下的主要危险是拜金主义。人们在日常生活中面临两大货币危机：一是货币政治危机，它断送人的政治生命，使人前途尽失，生活黯淡无光；二是货币情感危机，它使人陷入众叛亲离的境地，令人苦不堪言。要避免这两种货币危机发生的唯一出路，就是坚决反对拜金主义。

拜金主义产生两大危机——→ { 货币政治危机——→断送政治生命 / 唯一出路：反对拜金主义 / 货币情感危机——→折磨人的一生

图 19 – 1　双危机的产生及危害

货币情感危机论是我提出的第二十一个货币创新理论，请读者批评指正。

复习思考题

1. 简述货币拜物教的性质。

---

① 列宁. 列宁选集：第三卷［M］. 北京：人民出版社，1972：838.

2. 货币情感危机是如何产生的？

3. 简述货币情感危机论的特征和表现。

4. 简述货币双作用论的内容。

5. 简述货币政治危机与货币情感危机的关系。

6. 简述货币双作用论的实践意义。

第二十章　把货币研究活

货币没有长腿，自己不能走进流通界，是人把它投入流通界的。因此，只研究货币这个物，只研究货币这个经济范畴，不研究把货币投入流通界的人，不研究人的货币心理、货币行为，这是片面地、孤立地、脱离实际地研究货币，是研究死货币。我们现在要研究活货币。把货币研究活。

一、用马克思主义哲学认识论研究货币，把货币研究活

人类历史是认识世界和改造世界的历史。如何认识世界获得真理以指导实践，这是哲学认识论的基本内容。马克思主义认识论是能动的反映论，它以科学的实践观为基础，揭示了认识的本质和认识的运动过程及其规律。

运用马克思主义认识论，以科学的实践观为基础，研究货币，把货币研究活，这是货币理论研究的重要任务。

实践是认识的基础。实践是认识的来源、动力和目的，是检验认识真理性的标准。货币没有长腿，自己不能走进流通界，是人把货币投入流通界的，这是把货币研究活的实践基础。

能动反映论是认识的本质。以实践为基础的认识活动，是主体对客体的能动反映活动，主体对客体的能动反映是认识的本质。马克思主义哲学认识论是反映论，承认认识对象的客观实在性，坚持认识论的可知论，坚持认识论的唯物论，人的认识就能够如实反映货币的本质和规律。

主观与客观的统一是认识的根本任务。以实践为基础的人的认识活动，是主体能动地反映客体，在观念上把握客体和创造客体的活动，也就是在观念上实现主体与个体相统一的活动，认识活动的根本任务就是实现主观与客观的统一，即主体正确地反映客体。

认识货币，把货币研究活，研究活货币，就是认识货币的根本任务，即实现主观与客观的统一。这是以货币运动为基础的认识，是以实践为基础的认识，是以科学理论为基础的认识。这使人们对货币的认识和分析更联系实际，更贴近实际经济生活，更具有理论的完整性、系统性和科学性。

二、人把货币投入流通界

人把货币投入流通界，货币反映和体现了人的活力，货币也就充满了人的活力。货币不是死的，不能研究死货币，要研究活货币。人对货币起决定性作用，这主要表现在以下五个方面：

第一，人把货币送进流通界。货币不能自己进入市场，是人把它投入流通界的。马克思说："商品不能自己到市场去，不能自己去交换，因此，我们必须找寻它的监护人，商品所有者。"① 货币也是这样，货币进入和退出流通界，也是由人投放和回笼的。

第二，人调控货币流通。中央银行根据经济发展的目标、要求、方针、政策、措施，根据货币流通客观规律的要求，调控流通中的货币，使货币流通更好地为发展经济、提高人民生活水平服务。

第三，人决定流通中的货币数量和规模。中央银行根据生产发展的规模、人民物质文化生活水平、市场商品供应规模、人掌握的货币数量确定流通中的货币数量，使货币数量适应流通界的客观需要，并保持币值的稳定。

---

① 马克思．资本论：第一卷［M］．北京：人民出版社，1963：102.

第四，人掌握货币投放的方向和部门以及回笼货币的方向和部门。中央银行采取各种政策措施，满足各个经济部门对货币的客观要求，更好地促进各个部门的协调发展。

第五，人掌握货币。人是货币的主人，要让货币为人民过上美好的生活服务，要一切为了人民，发展依靠人民，发展成果由人民共享。

根据以上分析，人使货币充满了活力，货币是带着人的使命，带着人的期望，带着人的力量进入流通界的。因此，货币流通从一开始就是活的，要研究货币流通中的活情况、活变化、活潜力，要研究活货币，不能研究死货币。

三、研究活货币论

货币对经济、社会、人发挥作用是受人指挥的，是带着人的目标、任务、要求发挥作用的。人决定货币起什么作用，所以，研究货币流通不能孤立地、片面地只研究货币流通的现象。如果不深入研究人的货币心理和货币行为，那是研究死货币。在现实经济生活中是不存在死货币的，一定要研究活货币。

决定活货币的主要因素有以下八个：

第一，人的货币心理是活的。人的心理现象是自然界最复杂、最奇妙的一种现象。每个人的货币心理是不同的，因为每个人的出身、家庭、教育、经历等不同。因此，只有研究人的货币心理，才能真正掌握货币，把货币研究活。

第二，人的货币行为是活的。人的货币行为是由货币心理引起的，货币心理支配货币行为，人的货币心理是复杂的，因此人的货币行为也是复杂的。货币心理是一种主观的精神现象，是看不见、摸不着的，而货币行为却是显露在外的。货币通过人的货币行为对经济、社会以及对人发生作用，人的货币行为受到外界的刺激往往会发生变化，在人和货币都相同的情况下，不同的货币行为对集体、国家、个人往往产生不同的作用。因此，只有研究人的货币行为，才能真正掌握货币，把货币研究活。

第三，人的货币动机是活的。货币动机是人的货币行为的内在动力，是引起、支配和维持人的货币行为的内部过程。货币动机对人的货币行为的激发和指引必然也会同时对货币产生激活力量。人的货币动机必须有目标，目标指引人的货币行为，并且提供原动力。同样，人的货币动机也激活了货币。因此，只有研究人的货币动机，才能真正掌握货币，把货币研究活。

第四，人的货币情绪是活。人在日常经济生活中往往充满各种情绪，有时因为货币而高兴，有时因为货币而焦虑，为货币患得患失，为货币烦恼苦闷。因此，只有研究人的货币情绪，才能真正掌握货币，把货币研究活。

第五，货币传情是活的。货币是物，物是死的，是不能传情的，但是，货币是一种特殊的商品，它是一般等价物、财富的代表，人人喜爱它，人人对它产生激情，所以，货币可以传情，货币传情使货币活了起来，蹦了起来。因此，只有研究货币传情，才能真正掌握货币，把货币研究活。

第六，人的货币使命是活的。货币使命是指掌握货币的人根据客观形势的发展，根据已定的目标和任务，支配、调节、控制货币行为，克服各种困难，实现货币行为的目标、任务。因此，只有研究人的货币使命，才能真正掌握货币，把货币研究活。

第七，人的货币心态是活的。人的心态是一个人生活、劳动、工作以及看待货币、看待人生、看待世界的心理基础，这是看不见、摸不着的人生船舵。因此，只有研究人的货币心态，才能真正掌握货币，把货币研究活。

第八，人的货币人品是活的。货币人品是人们的心理和行为上具有比较稳定的核心意义的心理和行为特征，表现在人对他人、对物、对现实和环境的心理和行为上。因此，只有研究人的货币人品，才能真正掌握货币，把货币研究活。

从以上分析可知，人的货币心理、货币行为、货币动机、货币情绪、货币传情、货币使命、货币心态、货币人品等融化在货币的投放中，融化在货币的回笼中，融化在货币的运行中。在货币对经济、社会、人的作用中，人是货币流通的灵魂，是货币流通的策划者，是货币流通的指挥者。在货币对经济、社会、人的作用过程中，人起着决定性的作用。因此，必须研究活货币，不能研究死货币，要把货币研究活。

在生产领域，货币在支持和促进企业合理组织生产、提高经济效益、提升产品质量、改善经营管理等方面发挥着重要作用。这个重要作用发挥得够不够，充分不充分，有什么不足，一定要联系金融部门的经办人、企业的领导和经手人的货币心理和货币行为来进行研究，而不能孤立地只研究分析货币和贷款。

在分配领域，人们十分关注公平、公正、合理分配，以及按劳取酬，多劳多得，这对提高全体职工的生产和工作的积极性、创造性发挥了积极作用。货币的作用发挥得够不够，有什么不足，同样地，也要联系分配过程中人的货币心理和货币行为来进行研究。

在交换领域，商品与货币的交换受双方所有者的指挥，要进行等价交换，如果违反等价交换的根本原则，就会损害双方或多方的根本利益，交换就不能形成。这里货币是活的，不是死的，从这里我们能看得更清楚。

在消费领域，货币受商业企业、服务行业人员的指挥，适应消费者消费心理和行为的变化和需求，促使全体职工为消费者提供优质服务，改善商品供应，提供物美价廉的商品。人的货币心理和货币行为的作用从这里看得更清楚，货币是活的，不是死的。

以上分析表明，在不同的领域、不同的行业，货币带着企业领导的使命和目标、全体职工的努力和愿望，发挥不同的作用。因此，货币的作用不是千篇一律的，不是同一的，货币不是死的，而是活的，这是因为在货币对经济、社会、人的作用中，人起着决定性的作用。我们必须把货币这个物和人的决定性作用结合起来进行研究，这样才能更好地发挥货币对经济、社会、人的作用，这就是把货币研究活，是研究活货币，不是研究死货币。

四、研究活货币论的理论意义和实践意义

研究人的货币心理、货币行为对货币的作用，以及把人对货币的主观作用和货币作为经济范畴对经济、社会的客观作用融合起来研究，就是研究活货币。这使货币理论的研究更联系实际，更贴近人民群众的生活，使货币理论的研究更全面、更系统，使货币理论的研究充满活力，不断发展，不断创新。

第一，使货币理论的研究更联系实际，更贴近人民群众的生活。货币理论研究进入研究人的货币心理、货币行为的阶段后，货币理论的研究比历史上的研究深入得多。自古以来，人类在探索自然界奥秘的同时，也在不断探索人类自身的奥秘；人在改造客观世界的同时，也在不断地改造主观世界。这些认识和经验是代代相传的，人类认识和改造世界的本领是高超的、无比的。把这些认识和经验运用到研究人的货币心理和货币行为，就使货币理论研究深入到"攻心战"，这比历史上的货币理论研究要深入得多。

不仅如此，研究人的货币心理和货币行为，要深入到人们的生活中，贴近人们的日常生活，这样才能使货币理论的研究更加实际，更加生动。深入到广大群众中，深入到人的货币心理、货币行为的实践中，带着强烈的实践色彩，这大大增强了货币理论研究的实践性。理论来自实践，在实践中研究货币理论，我们才能不断汲取营养，不断创新。

在实际的金融工作中，领导和决策部门不仅要研究人们的货币心理、货币行为，而且要研究金融实际工作者的货币心理和货币行为，例如，国家多次强调要大力支持小微企业，要特别注意小微企业的贷款有否被挪用、被截留的货币行为，在小微企业贷款的运用中存在哪些问题，发

放的效果如何。同样地，对所有贷款都要充分掌握，深入分析，认真评估，这是从微观上举例。从宏观上举例，美国金融行业错误的货币心理和货币行为造成次级贷款违约剧增，信用紧缩，并引发国际金融市场的震荡、恐慌和危机，美国次贷危机是 2006 年春季开始显现的，2007 年 8 月席卷了美国、欧盟和日本等国家和地区。因此，错误的货币心理和货币行为会造成金融危机，影响国家安全。

第二，使货币理论的研究更全面、更系统。既研究了货币这个经济范畴及其运行规律，又研究了调控货币的规律，以及人的货币心理、货币行为及其运行规律；既研究了货币这个载体，又研究了调控货币的人这个主体，对货币理论的研究比历史上的研究全面得多、系统得多，不是研究死货币，而是把货币研究活了。

但是，值得注意的是，人对货币的决定性作用，是在遵循货币运行规律的前提条件下的决定性作用，人不能任意妄为、为所欲为；也是在遵循人的货币心理、货币行为规律条件下的决定性作用，而不是任意妄为、为所欲为。违反客观经济规律，违反人的货币心理、货币行为的规律，那是要受到客观规律的惩罚的，会把自己碰得头破血流，陷入主观唯心论的泥淖。

第三，使货币理论研究充满活力，不断发展和创新。传统的社会主义货币理论是研究死货币，因此，传统的社会主义货币理论在近百年来几乎停滞不前，表现在阐述货币对经济、社会的作用上，就是固定的那几条，甚至在内容、表述方式和文字上都没有太大的变化。这种货币理论研究的格局必须打破，货币理论研究必须创新，必须发展。

回顾和总结近百年来社会主义货币理论研究的经验和教训可以得出，必须研究活货币，把货币研究活。货币属经济范畴，货币是物，货币是死的，但是，人是活的，人的货币心理和货币行为是活的，要把两者结合在一起进行研究。货币运行的整个过程肩负着人的货币使命和目标，货币运行反映了人的货币心理和货币行为，两者结合在一起，就激活了货币，开创了社会主义货币理论研究的新道路。研究活货币，不研究死货币，就是开创了社会主义货币理论研究的新道路，主要理由有以下四个：

第一，只有研究人的货币心理、货币行为，才能正确投放和回笼货币，保持通货的基本稳定。既要研究货币流通规律的客观性，又要研究人的货币心理、货币行为的主观性，只有把货币流通规律的客观性与人的货币心理、货币行为的主观性结合在一起进行研究，才能使货币投放和货币回笼符合流通界的客观需要，从而保持流通中最适货币数量。过去只强调货币流通的客观规律性，而不研究人的货币心理、货币行为的主观性，结果往往是没有遵循货币流通规律的客观性，仅是服从了人的货币心理、货币行为的主观性。因此，过去对货币流通规律客观性的研究是片面的，是脱离实际的，只是停留在书本上，是研究死货币。

第二，研究人的货币心理、货币行为能够增强人对货币的洞察力。通过观察和研究货币运行，能够发现哪些是人的良好的货币行为，特别要注意少数人利用货币以权谋私，以钱欺人，以钱骗人的行为，要增强对人的货币行为的洞察力，提倡良好的货币行为，打击不良的货币行为，保证货币的正常运行。

第三，研究人的货币心理、货币行为能够提高人对货币的调控力。只有深入实际，调查研究，掌握货币的实际运行，才能有的放矢地进行货币调控。把人的因素和货币的因素都考虑进去，结合起来进行研究，有助于增强人对货币的调控力。

第四，研究人的货币心理、货币行为有助于深入了解社会主义制度下人与人之间的互助、合作、友好的关系。货币传递了人与人之间的深情，给人间带来了温暖，带来了人间的真情，增加了人与人之间的亲和力。

以上分析表明，通过对人的货币心理、货币行为的研究，把货币研究活，研究活货币，能够使货币理论的研究不断发展和创新。

新阶段。通过研究人的货币心理、货币行为，研究活货币，把货币研究活，不再研究死货币。这开创了社会主义货币理论研究的新阶段。

新理念。通过对人的货币心理、货币行为如何影响流通中的货币的研究，人们认识到不仅要研究货币流通规律的客观性，而且要研究人的货币心理、货币行为的主观性，并使人的货币心理、货币行为的主观性与货币流通规律的客观性保持相互适应，这样才能更好地调控货币流通，使货币更好地促进经济、社会的发展。这开创了社会主义货币理论研究的新理念。

新经验。通过对人的货币心理、货币行为的研究，增强了货币的活力，增强了人对货币的洞察力，增加了人对货币的调控力，增加了货币的亲和力。这积累了社会主义货币理论研究的新经验。

新境界。通过对人的货币心理、货币行为的研究，人们发现货币能够传情，传递社会主义制度下人与人之间的互助合作之情，传递友情，传递人间真情。这开创了社会主义货币理论研究的新境界。

新作用。通过对人的货币心理、货币行为的研究，可以发现在社会主义制度下，货币能够在更高的层次上，如在共同富裕、建成小康社会、精神文明建设、绿色生态文明建设、实现中国式现代化上发挥更新、更好的作用。

研究活货币论是我提出的第二十二个货币创新理论，请读者批评指正。

复习思考题

1. 为什么要提出是人把货币投入流通界的？
2. 为什么要研究活货币，不研究死货币？
3. 决定研究活货币的主要因素是什么？
4. 简述研究活货币的重要作用。
5. 过去是不是研究死货币？有什么主要表现？
6. 你对社会主义货币理论研究的新阶段是如何理解的？

第二十一章　货币观

　　人类社会发展的历史表明，对一个民族、一个国家来说，最持久、最深层的力量是全社会共同认可的社会核心价值体系。我们必须用社会主义核心价值体系凝魂聚力，更好构筑中国精神、中国价值、中国力量，为中国特色社会主义事业提供源源不断的精神动力和道德滋养，其中，树立和巩固正确的货币观尤为重要。

　　在货币与商品存在的社会，货币观是世界观、人生观的集中表现。因此，货币观是马克思主义哲学的重要组成部分。

一、货币观在马克思主义哲学中占据重要地位

　　货币观是人们对货币的看法、态度和追求。人类要生存和发展，就必然要求自然界满足自己的各种需要，而自然界是不会自动满足人类需要的，人类要通过共同的劳动来满足自身在物质上和精神上的各种需要。每个人只有参与了社会共同活动，社会才能满足其需要，而这种满足在商品生产和货币流通的社会，是通过货币这个一般等价物来实现的。因此，人们在物质和精神上的各种需要都是通过货币来满足的。人们的经济生活每一天都离不开货币，货币在人们头脑中的反映，必然形成货币观，即人们对货币的看法、态度和追求。

　　货币作为一般等价物、财富的代表，在我国社会主义市场经济中发挥着重要作用，但是，货币的重要作用是通过人来实现的，离开了人的实践活动，离开了人的货币行为，货币在市场经济中作为一般等价物的

作用就不能发挥。不同的人持有不同的货币观，对货币的看法、态度和追求不同，这使货币在市场经济中作为一般等价物、财富代表的作用受到重要影响。因此，只研究客观存在的经济范畴的货币，不研究人的货币观、人的货币行为，这实际上只研究了货币问题的一个方面，而没有对货币进行全面的研究。在实际经济工作中，如果只注意研究货币和资金，不研究掌握货币和资金的人的看法、态度和追求，就有可能给经济、金融工作造成重大损失。因此，研究货币观和研究货币一样，具有重要的理论意义和实践意义。

货币观是理性思维的表现形式，在意识形态中占据重要地位，它受社会经济制度的制约，是由社会经济基础决定的，在不同的社会，存在不同的货币观。

二、货币观论

(一) 正确的货币观

在中国特色社会主义制度下，占主导地位的正确的货币观，是一切为了人民，人民至上的货币观。人民当家作主是社会主义民主政治的本质和核心，执政为民，权为民所用。在社会主义社会，绝大多数的人具有正确的货币观，这种货币观的核心是集体主义和爱国主义，集体主义和爱国主义就是要使集体利益、国家利益高于个人利益，强调个人对集体、对社会的义务和责任。只有国家和社会兴旺发达了，国家和社会中的每一个成员才能够得到更好的发展，才能拥有幸福的生活，才能拥有美好的未来。爱国主义是推动我国社会前进的巨大力量，是各族人民共同的精神支柱，是激励全国人民团结奋斗的光辉旗帜。

树立正确的货币观，要正确处理对社会的贡献与索取的关系。在实行生产资料私有制的社会，人对社会的贡献与索取往往是分离的。只有在社会主义社会，贡献与索取才能由过去的分离走向统一。树立正确的货币观，就是要正确处理贡献与索取的关系，这主要包括以下三个方面：

第一，辛勤劳动，多作贡献。个人物质和精神上的各种需要都要从社会上取得进而得到满足，这里有一个先决条件，就是个人要辛勤劳动和创造，多作贡献。没有这个先决条件，个人的各种需要、愿望都不能变成现实，不仅如此，没有这个先决条件，人的存在和发展也都是不可能的。要把劳动看成是起始点，劳动创造了人，劳动促进了人类自身的发展，劳动创造了物质产品和精神产品，劳动创造了社会财富和人类文明，劳动创造了人类社会，并推动人类社会不断进步与发展；然后劳动者才能向所在的企业、集体、单位按劳取酬。因此，树立正确的货币观，就必须把劳动看成是获取货币的出发点。

第二，正确、科学地选择需要。人的需要是对客观需要存在的主观反映，社会可提供的需要是种类繁多、千差万别的，而个人的反映能力又是有差异和局限性的。因此，个人需要也有合理和不合理、可能和不可能、应该和不应该之分。也就是说，个人确立的需要，有的可能是不合理的、不应该的、根本不可能实现的；有的既是合理的，又是应该的，但是，由于自己的劳动、贡献和持有的货币有限，目前还不能实现。因此，个人必须以客观的、科学的态度选择自己的需要，或者调整个人的需要，处理好贡献与索取的关系，处理好需要与可能的关系。即使合理的需要也要分轻重缓急，要把个人需要建立在合理、科学、可行的基础上。

第三，不断提高个人的素质。人的需要是人对客观条件的依赖和要求，个人需要的实现也是主观条件和客观条件的统一。主观条件是指人的能力、水平、人品等；客观条件是指个人需要得以实现的社会条件和自然条件。物质需要的满足程度取决于社会生产力的发展程度和水平，以及社会制度、个人货币收入等；精神需要的满足程度主要决定于社会政治条件和精神文明建设状况。只有不断实现个人需要的主客观的统一，才能正确处理贡献与索取的关系，树立正确的货币观。

如果个人能做到贡献大于索取，个人的生活就会很充实、很愉快，个人的思想境界就会提高，个人就会受到社会和他人的尊敬，个人就会树立牢固、正确的货币观。如果全体社会成员都能做到贡献大于索取，社会就能增加积累，增加投入，进行扩大再生产，发展科学技术，提高满足社会需要的能力，社会的发展也会更快。这不只局限在物质财富的创造上，在精神文明建设上的意义也是巨大的。如果一个国家、一个民族能坚持多贡献、少索取，就说明人们在艰苦奋斗，开拓进取，奋发向上，这是巨大的精神动力；反之，如果有的人索取大于贡献，那么这个人就会经常不愉快、不满足，不能做到"知足常乐"，而是总觉得挣钱太少，钱不够花，这就会对树立正确的货币观产生消极的影响。

有极少数人不想劳动，还没有对社会作贡献，就想索取，而且还要多索取。如果这样的人不能及时改正这种错误的想法，就可能陷入拜金主义的泥淖。

我们要从哲学上分析树立正确货币观的重要意义和作用，这主要包括以下三个方面：

第一，在哲学上表现为坚持唯物论还是坚持唯心论的根本不同。世界是物质的，物质是客观存在的，人的感觉、意识是对客观存在物质的反映。世界上的一切物质和文化成果都是人类劳动的结晶。因此，在社会主义制度下树立正确货的货币观，首先要强调劳动，人们只有通过劳动创造劳动成果，才能从劳动成果中取得属于自己的份额。这是坚持物质是第一性的辩证唯物主义的基本观点。

不强调个人的索取要以劳动为前提，不强调先有劳动的付出，然后才能谈个人赚钱，而是片面地把赚钱放在第一位，不讲劳动，这实质上是一种唯心论的观点。因此，这两种不同的货币观表现出来的是坚持唯物论还是坚持唯心论的根本不同。

第二，在方法论上表现为坚持唯物辩证法还是形而上学的根本不同。在货币观上，在如何看待个人与集体、权利与义务、奉献与索取等的关系方面，唯物辩证法的观点与形而上学的思维模式是根本对立的。强调一切从个人出发，割断了个人与集体、个人与社会的内在联系，只讲或多讲索取，不讲或少讲贡献，这是一种形而上学的货币观。在社会主社会，正确的货币观的核心是集体主义、爱国主义。人是社会关系的综合，社会中的个人不可能孤立、封闭地存在，人们要生存，就必然结成一定的生产关系和各种社会交往关系，人是社会的细胞，人是离不开社会的。从这个基本观点出发，为了使个人更好地生活，得到更好的发展，为了使社会得到更好的发展，就必须坚持社会利益高于个人利益，在保障社会整体利益的前提下，实现个人利益和社会整体利益的结合。坚持社会利益高于个人利益，并不意味着否定个人利益，恰恰相反，它使个人利益得到保证和实现。集体主义、爱国主义反映了个人与社会的双向辩证关系，它既包括个人对社会的贡献和责任，又包括社会对个人的尊重和满足。对个人来讲，在社会主义制度下，正确的货币观首先强调对社会的贡献，然后讲对社会的索取，要多讲贡献，少讲索取。

第三，从社会经济基础来看，货币观作为一种社会意识，是社会存在的反映，它总有着特定的社会经济基础。在社会主义社会，个人与社会的统一有了根本利益一致的经济基础，社会主义思想意识和货币观的核心是集体主义和爱国主义，集体主义、爱国主义与社会主义是不可分割的。坚持走社会主义道路，就要坚持集体主义和爱国主义。因此，必须以人民为中心，必须以最广大人民的根本利益为最高标准。人民群众是发展的主体，也是发展的最大受益者，坚持以人民为中心的发展思想，就是要把增进人民福祉，促进人民全面发展作为发展的出发点和落脚点，做到发展为了人民，发展依靠人民，发展成果由人民共享，不断实现好、维护好、发展好最广大人民的根本利益。

（二）价值观、人生观、世界观决定货币观

人的货币观是由人的价值观、人生观和世界观决定的。人的价值观是指作为主体的人以自身需要为尺度，对社会现象和发展的评价及追求。

社会主义价值观的核心是集体主义。集体主义是调节个人与社会、个人利益与集体利益之间关系的一种指导思想和行为准则，不是为极少数人谋利益，而是真正为绝大多数人谋利益。人的价值观是由人对社会、对人生的评价和追求决定的。人生的目的是人生观中最根本的问题。人究竟为什么活着，人活着的目的和意义是什么，人的一生究竟应该如何度过，这就是人们常说的人生观问题。人生观是一个人对人生目的和意义的根本看法和态度。因此，人生观是价值观的基础。

人类社会的历史表明，人的本质在人类社会的发展中是不断改变的。"人的本质是自私的"这一观点把人与社会制度割裂开来，抛开了人所依存的社会制度，它只反映私有制社会中的现象，而且即使在私有制社会中，舍己为人、为国捐躯的也大有人在。每个国家、民族和阶级中都产生过许多高尚的、富有远见的、舍己为公的、受到国家和民族推崇的先进人物，他们为了维护国家和民族的利益，为社会的发展作出了无私的贡献，甚至牺牲了自己的生命。

随着大工业的发展，登上历史舞台的无产阶级成为新的社会生产关系的代表，他们以推翻一切剥削制度，解放全人类为目的，与一切旧的传统观念彻底决裂，与此相适应，他们大公无私的思想达到了人类思想的崭新境界。

在社会主义制度下，要树立全心全意为人民服务的宗旨。全心全意为人民服务是无产阶级人生目的的核心，这是因为人民群众是创造历史的主人，人类社会发展的历史是人民群众实践活动的历史，全心全意为人民服务是无产阶级的人生目的，应该把它作为一切行为的出发点和归宿。要自觉地按照集体主义、爱国主义的根本要求，把个人利益置于集体利益之中，坚持集体利益高于个人利益，个人利益必须无条件地服从集体利益。提倡大公无私的思想，为了国家的长远利益和整体利益，要甘愿牺牲个人利益，要吃苦在前，享受在后，要培养见义勇为、助人为乐、舍己为人的高尚风格。人生观决定人生的根本方向和道路，并影响人生价值的大小，因此，树立正确的人生观极为重要。

世界观是人们对整个世界总的看法，是人们对世界的本质和各种关系（如人和周围环境之间、人和人之间以及其他事物之间的关系）总的看法，是人们对世界上一切事物的根本观点和根本看法。人生观问题实质上是世界观问题，人生观是世界观在人生问题上的具体表现。人生目的、人生态度和人生评价构成人生观的基本内容，它们都受世界观支配，都是由世界观决定的。也就是说，有什么样的世界观，就有什么样的人生观。世界观决定着人们实践活动的目标、人生道路的方向和对待生活的态度。因此，世界观决定人生观，人生观反映世界观。

以上分析表明，正确的价值观、人生观和世界观指导人们确定正确的人生方向和选择正确的生活道路；不正确的价值观、人生观和世界观引导人们确定错误的人生方向和选择错误的生活道路。有什么样的价值观、人生观和世界观，就有什么样的人生追求。以金钱至上为人生价值取向的人，想到的、做到的必然是追求金钱；以个人为社会辛勤劳动、多作贡献为人生价值取向的人，往往不计较个人得失，对货币看得很平淡，进入了一种忘我劳动、为社会多作贡献的思想境界。人生的价值在于奉献，在于为人民谋利益。多做有益于人民的事，埋头苦干，默默贡献，有助于实现人生最大的价值。因此，价值观、人生观和世界观决定货币观。

（三）货币观是价值观、人生观、世界观最集中和具体的表现

在日常生活中，人们的价值观、人生观和世界观是很隐蔽的，从表面上是很难看出来的，但是，当人们接触到货币时，人们能否正确对待货币，即人们对待货币的态度如何，能够最明显、最集中、最具体地反映出人们的价值观、人生观和世界观。

在市场经济中，货币就好像是一面镜子、一块试金石、一个测量器，最明显、最具体地反映了人们的价值观、人生观和世界观。在货币面前，人们往往无法掩饰，暴露无遗。有的人能够正确对待货币，能够很客观、很理智地对待货币；有的人则对货币斤斤计较，热衷于追求货币，甚至在货币面前失态。在货币面前，人们表现出不同的态度，包括形象、看法、行为甚至争吵等，从而最明显、最集中、最具体地反映了人们的价值观、人生观和世界观。这主要是因为：

第一，货币是私有的。自从货币产生以来，货币就是私有的，为自己所用。人们的私有制观念很牢固，因为货币关系到自己和家庭的生活，

关系到物质和精神生活水平的提高。人们如何处置货币，直接关系到自身的利益。

第二，货币是一般等价物、财富的代表。货币有各种用途，货币持有者对货币的使用有各种各样的打算，他们想实现自己的愿望。增加货币或减少货币，直接关系到货币持有者愿望的实现，要么能够实现更多的愿望，要么根本不能实现愿望。因此，人们很难回避对待货币的态度这一问题。

第三，货币数量是最重要的。货币持有者最关心的是货币数量，经常盘算自己的货币能否逐步增加，甚至会计划增加到什么水平。能否恰当对待和处置货币，往往关系到人们货币数量的多少，因此，人们也往往要暴露出自己的真面目。

在日常生活中，人们的货币观能够反映出人们的价值观、人生观和世界观，这主要包括以下六个方面：

第一，义与利。这里说的"义"，主要指道德合乎正义，合乎公益，合乎国家利益。这里说的"利"，主要指物质利益。因此，义与利的关系是指道德与金钱的关系。企业、公司的所有者或领导在义与利面前有两种选择：或者是先考虑国家利益、社会利益，宁可自己的企业、公司少赚点钱，也要为国家、社会、消费者多作贡献；或者是牺牲国家、社会、消费者的利益，只是为了使自己的企业、公司多赚点钱。企业、公司的所有者或领导的价值观、人生观和世界观在货币面前暴露无遗。货币观就像一块试金石，检验着人们的价值观、人生观和世界观。

改革开放以来，中国有许多企业和公司坚持正确的发展方向，把国家、社会的利益放在第一位，通过技术创新、产品创新、经营管理创新，开拓国际市场，逐步成为国际先进企业，用高质量的产品占领了国际市场，成为国家的纳税大户，为国家和社会作出了巨大贡献，这些企业和公司所有者或领导具有正确的货币观。

第二，把顾客真正看作"上帝"。在经营企业和公司时，是把顾客看作"上帝"还是只是为了赚钱，是企业和公司所有者或领导的价值观、人生观、货币观的测量器。

改革开放以来，在日常生活中涌现出许多讲诚信、为顾客提供优质产品和服务的企业和公司。这些企业和公司对其生产经营的产品保修保退，上门服务，热情周到，让顾客满意，这样的企业和公司讲究诚信至上、顾客至上，在经营中得到不断发展，是顾客信得过的企业和公司。企业、公司赢得了顾客，为国家、社会作出了贡献，这些企业和公司的所有者或领导具有正确的货币观。

第三，在严重的自然灾害和疫情面前，是慷慨解囊献出爱心还是不愿掏出自己口袋中的钱，这是对每个人价值观、人生观、货币观很好的检验。2008年5月汶川大地震是对中华民族的考验，也是对中国特色社会主义制度的考验。2019年年底暴发的新冠疫情又是一次对中华民族的考验，中华大地上涌现出空前的爱心热流，人们捐出大量救济款和物资，彰显了中国特色社会主义的时代风貌、强大的力量和特殊的价值，中国精神感天动地，中国力量令人惊叹，对各国抗击疫情的支援，令世界瞩目，中华民族的精神在此升华，无数可歌可泣的事迹被载入中国的光荣史册。

第四，把货币的多少当作人际交往的尺度和标准。人们一般根据爱好、专业、性格等选择交往对象，但是，在日常生活中，也有少数人对亲戚朋友中富有的就愿意多交往，不富有的就疏远，这往往是其货币观的一种反映，有的人甚至在恋爱婚姻中不注重人品，只注重金钱，有的女青年认为嫁给有钱人，自己就能够少奋斗几十年，甚至还有女骗子用"富婆"的名义征婚，结果使那些有不正确货币观的人上了当、受了骗。

第五，在货币面前表现出高尚的道德情操。在困难面前，在别人极需要帮助时，能否献出爱心，用货币支援那些急需用钱治病、上学的人，也是对人的货币观的检验。许多人慷慨解囊，用货币支援急需帮助的人，宁肯自己省吃俭用。在我国路不拾遗的感人事迹经常发生，例如，出租车司机、宾馆服务员拾到旅客的钱包、贵重物品，想方设法找到失主归还，这些事例充分反映出他们高尚的道德情操，反映出他们正确的货币观，也生动、具体地反映了他们具有正确的人生观和世界观。

第六，在生活上追求享乐至上还是坚持艰苦奋斗，也是对人们的货币观、人生观、世界观的检验。在经济发展的基础上，人们的货币收入普遍提高，人们在物质生活水平和精神生活水平逐步提高的基础上，讲究生活质量，享受健康美好的生活，使生活更加丰富多彩，这是完全应该的。社会主义社会生产的目的，就是满足人民日益增长的美好生活需要。

但是，极少数人追求资产阶级腐朽的生活方式，穷奢极欲，纸醉金迷，荒淫无度，而且即使没有钱也向往和追求这样的生活，这种向往和追求暴露了这些人资产阶级的货币观、人生观、世界观。

其实，在资本主义制度下，那些有理想、有抱负的优秀企业家以及社会上的有识之士也坚持艰苦奋斗，他们的生活是很俭朴的，他们将节省下来的钱用于社会公益事业和慈善事业，甚至死后不把遗产留给子女。因此，富人不一定都是拜金主义者。在我国社会主义制度下更是如此，绝大多数企业和公司的领导都能够坚持艰苦奋斗的精神，吃苦在前，享受在后，反对享乐主义。

（四）建立社会主义核心价值体系，树立正确的货币观

只有建设社会主义核心价值体系，才能树立正确的货币观。马克思主义是社会主义核心价值体系的灵魂。建设社会主义核心价值体系，第一位的就是坚持马克思主义的指导地位。马克思主义是关于自然界、人类社会和人类思维发展普遍规律的科学，是关于建设社会主义和实现共产主义的科学，是我们立党立国的根本指导思想，是社会主义意识形态的旗帜和灵魂。在社会主义核心价值体系中，马克思主义提供的是科学的价值观、人生观和世界观，其也是树立正确货币观的指导思想。只有坚持马克思主义的指导思想地位，才能消除和战胜各种不正确的货币观，树立和巩固正确的货币观。

中国特色社会主义的共同理想是社会主义核心价值体系的主题。这个共同理想指明了建设社会主义的正确道路，赋予民族复兴强大的生机。

这个理想把国家、民族与个人紧紧地联系在一起，强调国家要实现现代化，民族要实现伟大复兴，人民要过上富裕生活。这个理想体现了现阶段党的奋斗目标，又体现了党的最终目标。共产主义理想是人生观的航标，人要度过漫长的一生，离不开人生的航标——理想。有了共产主义理想，才有强大的精神支柱，才能逐步树立起共产主义的人生观、无产阶级的世界观、正确的货币观。

民族精神和时代精神是社会主义核心价值体系的精髓。民族精神和时代精神是一个民族赖以生存和发展的精神支撑。一个民族没有振奋的精神和高尚的品格就不能自立于世界民族之林。在中华民族五千多年的发展史中，中华民族形成了团结统一、爱好和平、勤劳勇敢、自强不息的民族精神，爱国主义是民族精神的核心、创新是民族精神的灵魂。只有坚持民族精神和时代精神，才能冲破资产阶级的货币观，冲被一切不合时宜的、不正确的货币观，树立符合民族精神和时代精神的正确的货币观。

社会主义荣辱观是社会主义核心价值体系的基础。"八荣八耻"是当代社会主义人生观、价道观、道德观的核心内容之一。要在全社会大力弘扬爱国主义、集体主义、社会主义思想，倡导社会主义基本道德规范，促进良好的社会风气的形成和发展。坚持以热爱祖国为荣、以危害祖国为耻，以服务人民为荣、以背离人民为耻，以崇尚科技为荣、以愚昧无知为耻，以辛勤劳动为荣、以好逸恶劳为耻，以团结互助为荣、以损人利己为耻，以诚实守信为荣、以见利忘义为耻，以遵纪守法为荣、以违法乱纪为耻，以艰苦奋斗为荣、以骄奢淫逸为耻。

以"八荣八耻"为主要内容的社会主义荣辱观旗帜鲜明地批判了资产阶级的货币观，有利于树立和巩固社会主义正确的货币观。

社会主义核心价值体系是社会主义制度的内在精神和生命之魂，它反映社会意识的性质，涵盖社会发展的指导思想、意识形态和价值取向，影响人们的思想观念、思维方式和行为规范，是引导社会前进的精神旗帜。只有建设社会主义核心价值体系，才能树立和巩固正确的货币观。

用社会主义核心价值体系引领新思潮，最大限度地形成社会思想共识。主动做好意识形态工作，既要尊重差异、包容多样，又要抵制各种错误腐朽思想的影响。社会思潮是特殊的社会意识现象，是一定时期存在的反映。在多样化的社会思潮中，有与历史前进方向一致的正确思想，也有与历史前进方向相背离的思想。因此，必须巩固社会主义意识形态的主导地位，必须对当代中国的各种社会思潮进行有效的引领。要用社会主义核心价值体系引领多样化的社会思潮，主动吸取多样化社会思潮中的各种积极因素，既要不断追求自身的发展和创新，又要不断寻求和扩大社会思想共识。以发展扩大共识，要尊重差异，充分包容社会思潮中的合理因素。在坚持马克思主义指导思想的前提下，只有尊重差异，才能扩大社会认同，只有包容多样，才能增进思想共识，才能团结不同认识水平的人们，才能充分挖掘和鼓励不同阶层、不同群体蕴含的积极向上的思想精神，也才能最大限度地形成思想共识、凝聚力量，万众一心地建设中国特色社会主义，助力实现第二个百年奋斗目标。要批判多样社会思潮中的有害因素。错误思潮的存在和传播，不可避免地带来了货币观、人生观、世界观方面的一些问题。对于多样社会思潮中的消极有害因素，特别是各种反马克思主义的社会思潮，我们绝不能退缩，任其蔓延滋生，必须积极主动地开展旗帜鲜明的思想斗争和批判，只有这样才能树立正确的货币观。

三、货币观论的理论意义和实践意义

在我国社会主义市场经济条件下，人们树立正确的货币观、人生观、世界观是十分重要的。货币观论的理论意义和实践意义主要包括以下七个方面：

第一，充分发挥货币对经济、社会发展的作用。货币对人类社会的发展曾经起过并且依然起着重要作用。在市场经济条件下，货币对市场经济的重大作用归纳起来就是促进了社会分工的大发展，促进了社会生产力的大发展，促进了社会各方面的大发展。在我国现阶段的生产、分配、交换、消费各个环节中，货币发挥着重要作用。一切经济活动都离不开货币，无论是促进生产、建设和投资，还是从事新技术开发、开展国际贸易、动员和分配资金、进行宏观调控等都离不开货币。货币在促进经济高质量发展、促进实现中国式现代化、促进区域经济协调发展等方面发挥着重要作用。一切政治、社会、文化活动都离不开货币，货币在促进社会和谐发展、促进人与自然协调发展等方面发挥着重要作用。因此，人们必须树立正确的货币观，这样才能充分发挥货币的作用。

第二，树立正确的货币观是头等大事。古今中外许多人把拜金主义产生的客观条件与拜金主义产生的主观原因相混淆。因此，他们将拜金主义给人们带来的严重后果都归咎于货币，说货币是"万恶之源"，诅咒货币。其实，这些人不懂得拜金主义造成的严重后果，是由当时社会实行的剥削制度及其社会生产关系决定的。

在我国社会主义市场经济中，拜金主义产生的主观原因是极少数人存在错误的货币观、人生观和世界观，祸根是极少数人的主观世界，而不是货币，因此，树立正确的货币观、人生观、世界观对每个人来说都是头等大事。

第三，正确对待还没有树立正确货币观的人们。要把有这样或那样错误货币观的人与拜金主义者严格区别开来。只要有这样或那样错误货币观的人没有违反党纪国法，他们的问题就仍然属于思想意识方面的问题，我们要耐心帮助他们提高认识，改正错误的思想，树立正确的货币观、人生观和世界观，而且这往往需要一定的时间，需要一个过程，同时，也要警告他们，拜金主义者错误的思想意识来自错误的货币观，如果不及时改正错误的货币观，那是很危险的。

第四，正确对待劳动的货币收入。每个人获得正当的货币收入，是每个人付出辛勤劳动后应该得到的劳动报酬，是劳动者创造的必要产品的货币表现。每个劳动者向社会提供一定形式的劳动，从社会获得一定数量的货币收入，这是受国家法律保护的。劳动者的货币收入越多，说明他们对社会的贡献越大。社会主义生产的目的，就是满足人民日益增长的美好生活需要。在社会主义经济增长的基础上，人们的货币收入必然也逐步增长。这与不劳而获、非法追求货币是根本不同的。

第五，正确对待创造利润的货币收入。任何企业、经济单位的合法利润，都是它们为扩大再生产和满足社会需要而创造的社会财富的一部分，是社会积累的重要来源，是为社会创造更多的价值、实现更大的经济效益的表现。每个企业、经济单位都要贯彻执行国家的方针政策，遵守国家的财经纪律，努力生产，保证产品质量，通过不断创新，增产节约，改善经营管理，创造更多的利润，为社会作更大的贡献。这和通过非法手段不劳而获、追逐货币是根本不同的。

第六，社会主义物质利益原则是社会主义经济工作的一项根本原则。它要求在社会主义的生产、分配、交换、消费各个环节正确处理国家、集体和个人的经济利益关系，把劳动者的个人利益与国家和集体的利益正确地结合起来，把长远利益与当前利益、局部利益与全局利益结合起来，使每个经济单位和个人都能够从本身利益上关心社会生产的发展。在强调国家利益和集体利益时，绝不能忽视个人的物质利益；在强调局部利益服从国家利益时，绝不能忽视企业、单位的局部利益，使个人、企业都能从物质利益上关心整个社会的经济发展。要把政治思想教育和物质利益原则相结合，充分调动人们生产和工作的积极性和创造性，为促进经济高质量发展、实现中国式现代化贡献力量。为社会多劳动、多贡献，这样才能够获得更多的货币报酬，获得更多的荣誉，这将激励人们不断前进，取得更大的成就。这与不劳而获、非法获取货币，把人们引到邪路上是根本不同的。

第七，迈向共同富裕的道路。改革开放以来，由于经济的发展，人民的物质文化生活水平不断提高，货币收入日益增加，货币收入来源渠道也不断拓宽，人们逐步过上富裕的生活，富裕的人越来越多，这是中国经济发展生动的、具体的表现。同时，鼓励一部分人通过诚实的劳动先富起来，让他们带动全体人民共同富裕。富裕的人付出了更多劳动，因此作出了更多贡献。我国涌现出许多优秀的企业家，他们有理想、有抱负，他们经营的企业为国家作出了巨大贡献，企业生产的产品远销国际市场，为国家争得了荣誉。这些企业家很富裕，但是他们中有许多人生活很俭朴，坚持艰苦奋斗的精神，为企业的员工树立了榜样。

从以上分析可知，在社会主义市场经济条件下，人们时时处处都离不开货币，时时处处都和货币打交道，货币观论对于人们树立正确的货币观、人生观、世界观是十分重要的，货币观论具有重要的理论意义和实践意义。

货币观论是我提出的第二十三个货币创新理论，请读者批评指正。

复习思考题

1. 什么是货币观？有哪两种根本对立的货币观？对立的主要表现是什么？

2. 为什么说人生观、世界观决定货币观？

3. 为什么说货币观是价值观、人生观、世界观最集中和具体的体现？

4. 人们应该如何正确对待货币？

5. 简述树立正确货币观的重要意义。

6. 简述社会主义核心价值体系与树立正确货币观之间的关系。

7. "八荣八耻"的主要内容是什么？它与树立正确货币观之间是什么关系？

8. 怎样用社会主义核心价值体系引领社会思潮？